시장보다 나를 먼저 읽는 법

흔들리지 않는 심리, 경제적 자유의 시작

글. 양경배·근배

책을 펴내며

한 사람은 학술과 연구 지원의 현장에서 조용히 흐르는 땀과 노력의 결을 가까이서 지켜보며 일해왔습니다. 결과를 세상에 내놓기까지의 모든 과정을 뒤에서 묵묵히 받쳐 주며 겉으로 드러나지 않는 수많은 수고를 이어주는 징검다리를 놓았습니다. 언제나 앞에 나서기보다는 정작 필요한 때, 필요한 자리에 조용히 머무르며 불확실한 결과 앞에서 긴장한 이들의 결을 지켜왔습니다.

또 한 사람은 경매와 집행의 한복판에서 삶의 궤적이 남긴 흔적과 책임을 가까이서 마주해 왔습니다. 소유와 상실, 책임과 정리가 교차하는 자리에서 숫자와 문서로는 담기지 않는 사연들을 받아들이며 사람들의 삶이 어디에서 비틀리고 무너지는지를 조용히 지켜봤습니다. 남들이 스쳐 지나가는 현실의 이면을 묵묵히 감당하며 그는 사회 틈에서 번져 나오는 감정의 잔향을 마음속에 깊이 새겨왔습니다.

삶을 살아가는 방식도 달랐고 하루를 견뎌내는 리듬도 서로 달랐습니다. 누군가는 사람을 상대하며 감정의 결을 헤아렸고 또 다른 이는 숫자와 책임의 언어로 삶의 단면을 마주했습니다. 그러나 시장 앞에서는 우리 모두 똑같이 흔들렸습니다.

차트 앞에서는 직업도 경력도 배경도 더 이상 위안이 되지 않았습니다. 쌓아온 이력은 단 한 순간의 판단 앞에서 힘을 잃었습니다. 그리고 그 흔들림은 외부 요인보다 내 안에서 먼저 시작된 것이었습니다.

가격의 등락이나 뉴스의 소란이 아닌 내면 깊숙한 불확실함과 두려움이 기준을 뒤흔들었다. 결국 우리가 맞서야 한 것은 시장이라는 이름의 상대가 아닌 그 안에서 끊임없이 요동하는 자기 자신이었습니다.

시장은 거울처럼 우리 내면의 결을 고스란히 비췄습니다.

처음 투자를 시작했을 때는 기술만 익히면 충분하다고 믿었습니다. 차트를 공부했고 패턴을 외우며 시장을 분석했습니다. 매일 복기를 반복했고 기준을 세우고 루틴을 만들었습니다. 머리로는 완벽에 가까운 준비를 마쳤다고 생각했습니다.

그런데 이상했습니다. 모든 조건이 충족되었는데도 손은 움직이지 않았습니다. 기준이 분명히 있었지만, 마음은 자꾸 다른 종목을 향했습니다. 타당한 판단을 제쳐 두고 근거 없는 직감에 기대려는 나 자신이 낯설게 느껴졌습니다.

후회했고 자책했습니다. 다시는 그러지 않겠다고 다짐했지만, 같은 실수를 되풀이했습니다. 알고 있었지만 멈출 수 없었습니다. 문제는 기술이 아닌 그 기술을 작동시키는 '내 마음'이라는 것을 그제야 조금씩 깨닫기 시작했습니다.

기준은 분명히 있었습니다. 그러나 그 기준을 끝까지 지켜내지 못했습니다. 진입 버튼을 누르기 직전마다 마음이 흔들렸고 계획은 눈앞의 감정 앞에서 자주 무너졌습니다. 복기를 통해 결국 깨달은 것은 단 하나였습니다. 문제는 기술이 아닌 감정이었습니다.

공포, 기대, 조급함, 무기력, 자만, 복구 심리…

그때마다 다른 이유로 실패했다고 믿었지만, 실은 같은 감정이 모습만 바꿔 다시 찾아온 것에 불과했습니다. 감정을 구조화하지 못하면 어떤 기준도 제자리를 지킬 수 없다는 사실을 수많은 시행착오와 후회 끝에 깨달았습니다.

트레이딩은 흔히 이성과 분석이 지배하는 영역으로 여겨집니다. 그러나 실제 시장에서는 감정이 훨씬 더 강하게 작동합니다. 감정이 먼저 몸을 움직이고 이성은 뒤늦게 따라가며 이미 내려진 선택을 논리로 정당화합니다. 그래서 논리는 언제나 한발 늦습니다. 결국 최초의 움직임은 생각이 아니라 본능처럼 앞서 솟구치는 감정에서 비롯됩니다.

그래서 차트를 보기 전에 무엇보다 먼저 내 감정을 들여다보는 훈련을 시작했습니다. 시장을 분석하기에 앞서 스스로를 점검하는 나만의 루틴을 만든 것입니다.

'지금, 이 진입은 분석인가, 아니면 감정인가?'

이 질문을 습관처럼 스스로에게 던지기 시작하면서 판단이 흔들리는 빈도는 눈에 띄게 줄었습니다. 결정의 순간마다 감정을 인식하는 그 짧은 멈춤이 나를 충동에서 한 걸음 물러서게 했습니다.

감정을 억누르려 할수록 기준은 더 쉽게 무너졌습니다. 억제하려 애쓸수록 감정은 거세게 반발했고 그 충돌 속에서 기준은 설 자리를 잃어갔습니다. 그래서 나는 감정과 더 이상 싸우지 않기로 했습니다.

감정을 억제하는 대신 읽기 시작했습니다. 외면하는 대신 정면으로 마주했습니다. 내 안에서 일어나는 감정을 들여다보고 그것을 언어로 옮기며 복기했고 되풀이되는 감정을 구조화하는 나만의 루틴을 완성했습니다. 그 변화의 출발점은 놀랍도록 단순한 질문들이었습니다.

'지금, 이 진입은 분석인가, 감정인가?'

'오늘 나를 가장 크게 흔든 감정은 무엇이었는가?'

'그 감정은 내 기준을 밀어냈는가, 아니면 기준안에 머물렀는가?'

이 질문들은 매매를 새로운 시각으로 바라보게 했습니다. 감정의 파도가 밀려오는 순간에도 내가 기준으로 돌아올 수 있는 발판이 되었습니다. 그리고 그 반복 속에서 감정을 억제하기보다 이해하고 구조화할 때 비로소 흔들림 없는 나만의 리듬이 만들어진다는 사실을 깨달았습니다.

시장에서 마주한 감정은 언제나 같은 얼굴로 돌아왔습니다. 두려움, 기대, 조급함, 허탈함, 자만, 무기력… 형태와 상황은 달랐지만, 본질은 늘 같았습니다. 우리는 그 감정들을 억누르지 않기로 했습니다.

감정은 제거해야 할 장애물이 아닌 설계하고 체계화해야 할 핵심 정보 자산이었습니다. 감정을 있는 그대로 인식할 때 비로소 기준은 '기준'으로 작동하기 시작합니다. 감정을 억누르기보다 그 흐름을 읽고 구조화할 줄 아는 사람만이 기준을 일관되게 지켜낼 수 있습니다.

이 책은 그런 훈련의 기록입니다. 감정에서 출발해 다시 기준으로 돌아오는 반복 가능한 여정을 담았습니다. 매매는 기술에서 시작되지 않습니다. 매매는 감정에서 시작됩니다. 기술보다 먼저 작동하는 감정을 이해하고 그 위에 기준을 세워 구조화하며 반복하는 과정이야말로 흔들림 없는 매매의 출발점이라고 믿습니다.

이 책이 당신의 매매 루틴에 단 하나의 질문만을 남길 수 있다면

'오늘 나를 흔든 감정은 무엇이었는가?'

그것으로 충분하다고 생각합니다.

2025년 여름 용산에서

양경배·근배

감사의 글

이 책을 세상에 내놓기까지 보이지 않는 곳에서 묵묵히 힘이 되어주신 부모님과 형에게 깊은 감사를 드립니다.

부모님은 언제나 저희 형제의 선택을 믿어주시고 끝까지 흔들림 없이 지켜봐 주셨습니다. 걱정이 앞서는 순간에도 단 한 번도 발걸음을 막지 않으셨고 넘어질 때마다 말없이 일으켜 세워 주셨습니다. 그 조용한 믿음과 기다림이야말로 저희가 이 길을 끝까지 걸어올 수 있었던 가장 큰 원동력이었습니다.

형은 교수로서 강의실과 연구실에서, 때로는 삶의 치열한 한복판에서 성실함과 책임감을 보여주며 저희에게 귀한 본보기가 되어주었습니다. 바쁜 일상에서도 시간을 할애해 나눈 대화와 격려 그리고 불안한 순간에 건네준 한마디는 마음을 단단히 붙잡아 주었습니다. 형의 묵직한 존재감은 기준을 세우고 지켜내는 데 있어 든든한 버팀목이었습니다.

그리고 우리의 곁을 환하게 밝혀주는 승우, 재원, 재혁, 승현에게도 깊은 감사를 전합니다. 너희들의 웃음과 맑은 마음은 집필 과정에서 지친 마음을 위로해 주었고 다시 앞으로 나아갈 힘이 되어주었습니다. 그 존재는 저희 두 사람 모두에게 가장 소중한 격려였습니다.

이 책의 모든 페이지 뒤에는 그들의 손길과 마음이 고스란히 스며 있습니다. 그 따뜻한 뿌리 위에서 우리는 쓰고, 다듬고, 완성할 수 있었습니다. 원고의 한 줄 한 줄, 마침표마다 그들의 기도와 응원이 깃들어 있음을 압니다.

진심으로, 그리고 오래도록 감사드립니다.

목 차

 이 형상은 파도 위를 달리는 빛과 같습니다. 감정이라는 파동 위에 이성의 빛이 스며들어 흐름 속에서도 흔들리지 않는 기준과 판단을 세우는 순간을 그립니다.

- 감정 위에 세워진 기준
- 마음의 파동을 인식하고 그 위에 판단을 더하는 구조
- 감정과 이성이 조화를 이루며 내면의 기준이 탄생하는 과정을 상징

 이 형상은 감정의 흐름 속에서 반짝이는 깨달음이 피어나고 그 빛이 결단과 인식으로 이어지는 순간을 담고 있습니다.

- 끊임없이 변화하는 감정과 생각
- 그 흐름 속에서 포착되는 결정적 순간, 점
- 그 순간이 '기준'과 '판단'으로 이어짐을 상징

제 1 장

감정은 기준을 침식한다

매매의 실패는 기술 부족이 아니라 감정에서 비롯된다. 공포, 기대, 조급함 같은 감정들이 기준을 흐리게 하고 진입을 왜곡한다. 감정은 억누를 수 없지만, 그것을 정확히 인식하고 언어화할 때 비로소 조율이 가능하다.

진정한 고수는 감정을 제거하려는 사람이 아니다. 오히려 그 감정을 읽고 활용하는 데 능숙한 사람이다. 결국 기준은 차트 위가 아니라 감정이라는 토대 위에서 세워져야 한다.

진입보다 먼저 반응한 감정

당신이 매수 버튼을 누르기까지 실제 결정은 언제부터 시작됐는가? 우리는 흔히 매매의 출발점을 '차트를 분석하고 조건을 채운 뒤'라고 생각한다. 그러나 실제 작동 구조는 훨씬 더 본능적이고 복합적이다. 이미 당신의 뇌는 차트를 펼치기 전부터 반응하며 감정은 언제나 기술보다 먼저 움직인다. 이 책의 시작을 '감정'으로 여는 이유가 바로 여기에 있다. 매매란 결국 감정과 기준이 부딪히는 과정이며 그 싸움은 진입 이전에 이미 결론이 나는 경우가 많다.

감정은 형태는 없지만 영향력은 실제로 강하고 결정적이다. 기술적 분석, 거래량 해석, 시나리오 설계 등 모든 전략의 출발점은 결국 '지금, 이 진입을 해도 괜찮은가?'는 내면의 판단에서 시작된다. 이 판단은 이성의 산물처럼 보이지만 실제로는 감정이라는 바다 위에 떠 있는 고립된 섬과도 같다. 감정이 고요할 때는 기준이 뚜렷하게 보이지만, 흔들리는 순간 기준은 흐릿해지고 해석은 왜곡된다.

"우리는 감정을 단순히 느끼는 것이 아니라, 해석하고 구성한다. 그러나 그 해석은 언제든 잘못될 수 있다." (Lisa Feldman Barrett, 『감정은 어떻게 만들어지는가?』, 2017)

문제는 대부분의 트레이더가 자신이 감정의 영향을 받고 있다는 사실조차 인식하지 못한 채 그 결과를 전략의 한계나 기술 부족으로 착각한다는 점이다. 실패의 원인은 외부에 있는 듯 보이지만, 실상은 감정에 의해 이미 내부에서 결정되는 경우가 많다. 우리는 종종 '기준이 없었다', '손절을 못 했다', '시점을 잘못 잡았다'고 말한다. 그러나 이는 모두 결과에 대한 진술일 뿐, 근본 원인에 대한 통찰은 아니다.

중요한 질문은 이보다 앞서 있다. '왜 기준을 지키지 못했는가?' 기준은 분명 존재했지만, 작동하지 않은 이유는 기술 부족이 아니라 감정의 개입이었다. 대부분의 실패는 감정에서 비롯된다. 기준을 흔드는 것은 시장이 아니라 내면의 정서적 반응이며 그 감정은 진입보다 먼저 움직인다. 핵심은 '속도'다. 감정은 논리보다 빠르다. 우리는 스스로 논리적으로 판단한다고 믿지만, 실제 구조는 정반대다.

"감정은 사고보다 먼저 작동하며, 뇌는 감정적 결정을 내린 후에 논리적 설명을 덧붙인다." (Antonio Damasio, 『느끼고 아는 존재』, 2021)

즉 매수 버튼을 누르기 전, 이미 우리의 뇌는 감정적으로 결정을 내려놓았으며 분석은 종종 그 결정을 합리화하는 도구로 변한다. 감정이 앞서고 논리는 뒤따른다. 이처럼 손실에 대한 두려움이나 수익에 대한 기대가 전제된 상태에서는 차트가 객관적 정보가 아니라 감정의 렌즈를 거친 주관적 해석이 된다.

감정과 사고는 분리될 수 없다. 감정은 판단을 방해하는 변수가 아니라 판단을 가능하게 하는 심리적 토대다. 트레이딩에서 감정은 제거해야 할 장애물이 아니라 함께 다뤄야 할 전략적 구성 요소다. 진정으로 중요한 것은 감정이 언제, 어떻게 작동하는지를 의식하는 일이다. 대부분의 트레이더는 감정을 억제하려 하지만, 감정은 억제의 대상이 아니다. 감정은 인식하고 체계화해야 할 정보 자산이다.

트레이더가 겪는 대부분의 심리적 동요는 진입 직전에 집중된다. 손이 멈추거나 기준에 부합하지 않는 종목에 충동적으로 진입하는 모든 행위는 감정이 개입한 결과다. 두려움, 지나친 낙관, 피로감, 과도한 자신감 등 형태는 달라도 귀결은 같다. 기준이 흐려지고 판단이 왜곡되며 진입은 감정 주도 반응으로 변질된다.

시장 상황을 마주했을 때 어떤 이는 그것을 위기로, 또 다른 이는 기회로 받아들인다. 차이를 만드는 것은 정보가 아니라 그 해석 방식이다. 감정은 단순한 느낌이 아니라 뇌가 경험과 기억을 기반으로 구성한 심리 시나리오다. 이 시나리오가 인식의 방향과 판단의 흐름을 결정한다. 초심자와 고수의 차이는 이 감정 시나리오를 자각하느냐에 달려 있다. 초심자는 그것을 '현실'로 받아들이고 즉각 반응하지만, 고수는 그것이 감정이 만들어 낸 인지 프레임임을 인식한다.

"감정은 우리가 누구이며 무엇을 할 수 있을지를 추정하는 뇌의 가설이다. 그래서 감정은 단순한 느낌이 아니라 행동의 방향을 만든다." (Lisa Feldman Barrett, 『감정은 어떻게 만들어지는가?』, 2017)

감정은 피할 수 없다. 그러나 그 존재를 인식하는 순간 흐릿해졌던 기준은 다시 뚜렷해진다. 판단의 주도권은 감정 그 자체가 아니라 그 감정을 해석하는 태도에서 나온다. 대부분의 실패는 진입 이후가 아닌 진입 직전의 감정 작용에서 이미 시작된다. 손절을 미루거나 익절 타이밍을 놓친 것도 모두 기준이 감정에 잠식당한 결과다. 이것은 기술의 실패가 아니라 감정이 기준을 다시 써버린 결과다.

차트를 보기 전, 먼저 나의 감정을 점검한다.

- 오늘 나는 어떤 기분을 느끼고 있는가?
- 시장에 대해 내가 품고 있는 기대는 무엇인가?
- 과거의 실패가 오늘의 판단에 영향을 미치고 있지는 않은가?

이 질문을 반복할 때 기준은 진정한 기준으로 작동한다. 감정을 억누르려 하지 말고 감정을 언어로 표현하라. 언어화된 감정만이 기준의 동반자가 될 수 있다. 감정은 차트보다 빠르며 기준보다 강하다. 그러나 감정을 언어화하고 구조화할 수 있다면 그것은 더 이상 위협이 아니라 기준을 강화하는 자원이 된다. 결국 핵심은 감정을 가장 먼저 인식하는 것이다. 이 인식이 흔들림 없는 매매의 단 하나의 출발점이 된다. 그래서 다시 묻는다.

- 진입 전에 무엇이 흔들렸는가?
- 차트인가, 호가창인가?
- 아니면 나 자신인가?

대부분의 흔들림은 외부 요인이 아니라 내면의 감정 반응에서 비롯된다. 매매의 출발점은 차트가 아니라 감정이다.

공포, 손끝을 멈추게 한 감정

매수 타이밍이 분명한데도 손이 움직이지 않는 순간이 있다. 조건은 충족되었고 차트는 열려 있으며 거래량과 흐름 모두 사전에 세운 기준에 완벽히 맞아떨어진다. 그럼에도 손끝은 얼어붙은 듯 움직이지 않는다. 그런 순간을 여러 번 경험했고 매번 내면의 어떤 감정이 나를 붙잡는 듯한 강한 저항감을 느꼈다. 그것은 기술 분석의 오류도 아니었고 데이터의 불확실성도 아니었다. 모든 조건이 충족되었음에도 마지막 실행의 문턱에서 나를 가로막은 것은 보이지 않는 심리적 장벽이었다. 바로 '공포'라는 감정이었다.

공포는 트레이더에게 가장 원초적이고 강력한 본능적 감정이다. 손실을 피하려는 충동은 인간 생존 본능의 가장 깊은 곳에 뿌리내리고 있다. 이성은 차트를 분석하고 기준을 세우지만, 감정은 과거의 실패를 떠올리며 몸을 무의식적으로 경직시킨다. 공포는 언제나 이성보다 더 빠르게 반응한다.

"공포 반응은 의식적 사고보다 먼저 발생하며, 뇌는 해석 이전에 이미 신체를 준비시킨다." (Joseph LeDoux, 『불안과 공포의 뇌과학』, 2017)

위험 신호가 뇌에 도달해 전신에 경계 명령을 내리는 순간 우리는 이미 논리적 해석을 준비할 수 없는 상태에 놓이게 된다. 공포는 특히 과거의 손실 경험과 깊이 연결되어 있다. 비슷한 형태의 차트를 마주하는 순간 과거 실패의 장면이 자동으로 재생되며 즉각적인 신체 반응을 일으킨다. 이는 조건반사적으로 작동하고 감정은 '이번에도 같은 결과가 나올 것'이라는 비이성적 확신을 만든다. 이러한 반응 구조는 확증 편향과 감정 기억이 맞물려 형성된 결과이며 기억은 공포를 되살리는 강력한 방아쇠가 된다.

더 복잡한 점은 이 공포가 종종 무의식 속에서 작동한다는 데 있다. 단순히 '무섭다'는 감정으로 드러나는 것이 아니라, '지금은 타이밍이 아닌 것 같다', '오늘은 시장 분위기가 애매하다'는 식의 내면적 판단으로 위장된다. 이렇게 위장된 공포는 판단을 미루고 결정의 시점을 흐릿하게 만든다. 매매를 회피하거나 시세를 외면하게 만드는 이 감정은 겉으로는 조용하지만, 내면에서는 훨씬 더 깊고 강하게 작용하는 일종의 심리적 마비 상태다.

공포는 종종 자각되지 않은 채 작동한다. '무섭다'는 감정 대신 '지금은 타이밍이 아니다', '시장 분위기가 애매하다'는 판단의 형태로 위장된다. 이 감정은 결정을 미루게 하고 겉으로는 조용하지만 내면 깊숙이 판단력을 마비시킨다.

"감정은 이성적 사고의 토대이며, 우리의 많은 결정은 감정이 남긴 흔적 위에서 이루어진다." (Antonio Damasio, 『느끼고 아는 존재』, 2021)

특히 중요한 점은 이 공포가 완전히 사라지는 감정이 아니라는 것이다. 우리는 종종 공포를 없애야 한다고 믿지만 공포는 인간의 뇌가 진화 과정에서 설계한 생존 경보 시스템으로 결코 무시할 수 없는 필수 신호다. 진짜 위험은 그 감정을 억누르거나 회피할 때가 아니라 그것을 곧 자신과 동일시할 때 발생한다.

'나는 두렵다'와 '나는 두려움을 느끼고 있다'는 문장은 단순한 표현의 차이를 넘어 인식 구조 자체가 다르다. 전자는 감정과의 동일화를, 후자는 감정에 대한 관찰을 뜻한다. 감정을 자신과 동일시하면 그 감정에 휘둘리게 되지만, 관찰자의 시선으로 감정을 바라볼 때 비로소 감정은 해석할 수 있는 데이터로 전환된다.

우리는 감정을 억누르려 하기보다 차트를 해석하듯 감정을 읽어내는 훈련이 필요하다. 그것이 감정에 휘둘리지 않고 감정을 매매 시스템의 일부로 흡수하는 첫걸음이 된다.

공포는 언제나 올바른 판단으로 이어지지 않는다. 공포 때문에 매수를 주저한 날에는 종목이 급등했고 스스로 자책했다. 반대로 공포를 억누르고 무리하게 진입한 날에는 손실을 감당하며 깊은 후회를 남겼다. 이렇게 상반된 결과는 트레이더의 내면에 모순된 기억을 새기고 다음 판단에 대한 불확실성과 불신을 키운다. 반복될수록 공포는 더 쉽게 증폭되고 기준은 점차 흐려진다.

결국 트레이더는 객관적인 매매 기준보다 주관적 감정에 더 크게 의존하게 된다. 이 시점부터 매매는 기술이 아니라 감정의 리듬에 따라 움직이는 게임으로 변질된다. 감정의 흐름이 매수와 매도의 타이밍을 지배하고 기준은 그 감정을 정당화하는 명분으로 전락한다. 기준은 판단의 근거가 아니라 감정을 포장하는 껍데기로 남는다.

이 흐름을 끊어내기 위해 필요한 것은 공포를 없애려는 억제 전략이 아니다. 진정으로 필요한 것은 그 감정을 인식하고 구조화할 수 있는 역량이다. 감정이 올라오는 순간을 포착해 의식의 표면으로 끌어올리는 자기 질문이 훈련의 시작이다.

- 나는 왜 주저하는가?
- 어떤 기억이 지금의 판단을 방해하는가?

이 질문들은 감정을 억누르기보다 언어화하고 외부로 드러내는 훈련의 출발점이 된다. 감정을 피하지 않고 정확한 표현으로 드러낼 수 있을 때 비로소 트레이더는 감정에 휘둘리지 않고 그것을 하나의 정보로 다룰 수 있다. 감정은 제거의 대상이 아니라 구조화해야 할 대상이다. 감정을 해석할 수 있는 언어로 전환할 수 있을 때 감정은 매매 시스템의 위험 요소가 아니라 작동 조건으로 편입된다.

트레이딩 루틴에 '감정 점검' 절차를 의도적으로 포함시켰다. 매매에 앞서 손실에 대한 두려움이 지금 얼마나 강한지, 그리고 그 감정이 어떤 과거의 경험에서 비롯되었는지를 스스로 점검한다. 이 과정을 거치면 공포는 더 이상 마비를 일으키는 장애물이 아니라 분석 가능한 변수로 전환된다.

공포가 지나간 자리는 곧 무기력과 자기합리화로 채워진다. '지나갔으니 어쩔 수 없었다', '다음 기회는 또 올 것이다'와 같은 위로나 자기 설득은 결국 회피를 정당화하는 언어일 뿐이다. 그러나 다음 날도 똑같은 장면이 반복되고, 손끝은 여전히 멈춰 선다. 공포는 그렇게 트레이더의 루틴을 조금씩 갉아먹는다. 매매는 멈추고 관망은 습관으로 굳어지며, 시장에서 존재감은 점차 희미해진다. 이때 감정은 더 이상 일시적 반응이 아니라 행동을 지연시키고 시스템을 침식하는 구조적 요인으로 작용하기 시작한다.

공포는 단순한 순간의 감정이 아니라 반복된 경험 속에서 하나의 태도로 굳어진다. 이는 매매 자체를 회피하려는 것이 아니라 실패에 대한 두려움이 기준 위에 군림하는 심리 구조를 만든다.

트레이더는 기술적 분석과 매매 기준, 시나리오 작성을 통해 진입 조건을 체계적으로 구축하지만 정작 감정은 이 모든 준비를 무력화하는 가장 강력한 변수로 작동한다. 분석은 계속되지만, 매수 버튼은 좀처럼 눌러지지 않는다. 그 결과는 기술 부족의 문제가 아니라 감정 마비로 인한 실행력 상실이다. 결국 진입을 가로막는 것은 차트의 불확실성이 아니라 그 순간 마음속에서 치솟는 두려움이다.

가장 두려운 것은 '공포를 피하려 아무것도 하지 않는 상태에 머무는 것'이다. 그것은 실패의 고통보다 더 큰 리스크다. 행동을 멈추면 실패는 피할 수 있을지 몰라도, 동시에 시장에서 어떤 기회도 얻을 수 없다. 시장은 절대 기다려주지 않는다. 기준이 있어도 실행하지 않는다면 그 기준은 종이에 적힌 문구에 불과하다. 감정이 반복되면 기준은 흐려지고 자신감은 사라지며, 결국 트레이더는 자신이 만든 시스템조차 신뢰하지 못하게 된다.

공포를 이긴다는 것은 두려움을 없애는 것이 아니라 그 감정을 '지나가는 감정'으로 객관화하는 것이다. 오늘의 두려움은 내일도 찾아올 수 있다. 그러나 그 감정을 구조화하고 이름 붙일 수 있는 사람만이 다음 진입을 설계할 수 있다. 감정은 계속 되살아난다. 하지만 감정을 언어화한 사람은 더 이상 그것에 흔들리지 않는다.

"감정은 정보다. 억누르려 하기보다 해석하고 이름 붙일 때, 우리는 감정에 휘둘리지 않고 오히려 그 힘을 활용할 수 있다." (Susan David, 『Emotional Agility』, 2016)

감정은 날씨와 같다. 오는 것은 막을 수 없지만 준비된 사람은 우산을 펴고 길을 바꾼다. 두려움은 사라지지 않는다. 그러나 그 두려움을 인식하는 순간 더 이상 우리를 지배하지 못한다.

기대는 기준을 무너뜨린다

트레이더에게 '기대'란 때로는 희망의 얼굴로, 때로는 낙관의 말투로 다가온다. 그러나 이 감정은 은밀히 기준을 갉아먹는 내면의 힘을 지닌다. 기대는 확신으로 위장된 감정이며 그 감정이 기준보다 앞설 때 분석은 판단의 도구가 아니라 감정을 합리화하는 수단으로 변질된다.

기대는 대개 과거의 성공 경험에서 비롯된다. 이전에 동일한 차트 패턴으로 수익을 낸 기억은 지금 유사한 상황에서도 같은 결과를 기대하게 만든다. 문제는 그 기대가 분석보다 앞설 때 시작된다. 과거의 기억은 감정을 강화하고 강화된 감정은 현재 정보를 왜곡하기 시작한다. 우리는 어느 순간 '이번에도 수익이 날 거야'라는 분석이 아니라 기억 속 감정으로 매매하게 된다.

"트레이더에게 가장 큰 위험은 시장이 아니라 자기 확신이다. 그 확신은 근거 없는 기대에서 비롯되며, 결국 판단을 흐리게 만든다." (Mark Douglas, 『심리투자 불변의 법칙』, 2021)

그리고 차트를 바라보며 자신에게 유리한 신호만 선택적으로 받아들이게 된다. 이것이 바로 확증 편향의 전형적인 작동 방식이다. 즉 '기대'는 단순한 희망이 아니라 그럴듯한 논리를 동반한 감정이다. 기대는 겉으로는 분석처럼 보이지만 실제로는 판단을 흐리는 방식으로 조용히 작동한다. 특히 시장에서의 기대는 '충분히 가능해 보이는 흐름'이라는 외형을 띠고 나타나 트레이더가 스스로 기준을 유연하게 수정하도록 유도한다.

예를 들어 원래의 기준이 '5일선 지지와 거래량 동반 상승'이었다면 기대가 강해질수록 우리는 이렇게 자신을 설득한다. '거래량은 조금 부족하지만 캔들 모양이 좋다.’ 결국 기준은 낮아지고 그 낮아진 기준은 합리적 판단으로 위장된다. 기대는 이렇게 ‘기준을 고치는 감정’이다. 분석의 외형을 띠고 들어와 기준의 구조를 서서히 침식시킨다.

기대는 현재의 신호를 미래의 결과로 오인하게 만든다. 아직 아무 일도 일어나지 않았음에도 예상 수익을 먼저 상상하며 현재의 조건을 자기에게 유리하게 해석하기 시작한다. 이 심리적 착시는 대부분 패턴 유사성에 대한 믿음에서 비롯된다. 차트 구조나 시세 흐름이 과거와 비슷해 보이면 결과 역시 같을 것이라는 착각에 빠진다. 그러나 시장은 결코 과거의 반복이 아니다. 형태는 유사할 수 있지만 내면의 심리와 외부 환경은 매번 다르다. 기대는 이 본질적인 차이를 지우고 ‘그때처럼’이라는 환상을 만든다.

이 기대는 특히 뉴스 자극을 받을 때 더욱 커진다. M&A 루머, 외국인 순매수 보도처럼 아직 실현되지 않은 정보조차 곧 시세로 이어질 것이라는 확신으로 비약되기 쉽다. 뉴스는 표면적으로는 객관적 정보처럼 보이지만 그 해석은 철저히 감정의 프레임 안에서 이루어진다.

"시장은 정보 그 자체보다, 그 정보를 감정적으로 해석한 투자자들의 반응에 훨씬 더 민감하다." (Robert J. Shiller, 『비이성적 과열』, 2015)

기대는 뉴스를 분석이 아닌 확신의 근거로 착각하게 만들고 그 결과는 기준 기반 판단이 아니라 충동적 진입으로 이어진다. 특히 기대는 손실을 경험한 직후 더욱 쉽게 트레이더를 지배한다. 큰 손실 뒤에는 그것을 빠르게 만회하려는 심리가 강해지며 ‘이번엔 반드시 회복해야 한다’는 강한 기대가 무의식 속에 자리 잡는다. 이때의 매수는 수익을 위한 전략적 행위가 아니라 내면의 균형을 되찾으려는 감정 반응으로 변한다. 당연히 기준은 뒤로 밀리고 기대가 매매의 목적과 방향을 왜곡한다.

기대의 가장 큰 위험은 기준을 '대체한다'는 데 있다. 더 이상 명확한 조건을 따르지 않고 기대라는 감정의 흐름에 따라 매매한다. 조건을 충족하기 위해 차트를 해석하는 것이 아니라 기대를 합리화하기 위해 조건을 끼워 맞추기 시작한다. 그리고 이 기대는 진입 이후의 해석마저 왜곡한다. 상승하지 않는 종목을 보며 '조금만 더 기다리면 오를 거야'라고 믿게 되고 손절 타이밍을 끝없이 미루게 된다.

"트레이더가 기대가 규칙을 압도하게 두는 순간, 그는 실제가 아니라 보고 싶은 것을 거래하기 시작한다." (Mark Douglas, 『심리투자 불변의 법칙』, 2021)

기대는 기준을 무너뜨리는 감정일 뿐 아니라 결정을 지연시키는 심리적 유예다. 나는 이러한 흐름을 여러 차례 경험했다. 명백히 기준에 어긋나는 상황이었지만 '이번만은 다를 것'이라는 생각에 진입했고 결과는 예외 없이 손실로 이어졌다. 당시에는 그 진입이 분석에 기반한 판단이라고 믿었지만 복기해보면 그것은 '기대'라는 감정이 만든 정교한 착시였다. 기대는 기준을 흉내 내는 감정이며 때로는 실제 기준보다 더 설득력 있게 위장된다.

기대를 다루는 핵심은 억제나 제거가 아니다. 무엇보다 중요한 출발점은 그 감정을 자각하고 있는 그대로 인식하는 것이다. 기대가 강해질수록 한 걸음 물러서서 흐려진 기준을 선명하게 복원하고 기대를 감정의 자리로 되돌리기 위해 다음과 같은 질문을 던져야 한다.

- 지금, 이 조건이 아니라 이 '결과'를 원해서 진입하려는가?

기대는 실패의 원인이 되기 쉽지만 동시에 자신을 이해하는 심리적 거울이 된다. 왜 우리는 그렇게까지 기대하는가? 대부분 그 기대는 강렬한 과거의 기억이거나 현재의 결핍에서 비롯된다. 기대를 의식하는 행위는 곧 투자 심리를 성찰하는 깊은 관찰이자 내면의 감정과 마주하는 첫걸음이다.

감정은 언제나 존재한다. 그러나 그 감정이 지금 내 매매를 좌우하고 있다는 사실을 자각하는 순간부터 우리는 다시 기준으로 돌아갈 수 있다. 기대는 반복된다고 해서 무뎌지지 않는다. 오히려 더 정교해지며 기준을 교묘하게 위장한 채 다시 나타난다.

나는 그런 기대의 언어를 익혀 왔다. '이번엔 지난번과 다르다', '이 뉴스는 진짜다'라는 말들은 겉으로는 분석처럼 보이지만 본질은 감정의 정당화다. 기대는 언제나 그럴듯한 이유를 만든다. 그리고 그 이유가 논리처럼 들릴수록 나는 오히려 멈춰야 한다. 진짜 기준은 조용하고 단단하지만 기대는 시끄럽고 설득력 있다. 우리는 그 두 목소리의 차이를 구별할 수 있어야 한다. 그래서 기대를 다루기 위한 루틴을 만들었다. 진입 전에 스스로에게 묻는다.

- 지금, 이 매수는 감정이 개입된 선택인가, 아니면 구조적 분석에 기반한 판단인가?

만약 대답이 명확하지 않다면 10분을 더 기다린다. 감정은 기다림 속에서 본색을 드러낸다. 기다릴 수 있다면 그 감정은 기준이 될 수 없다. 감정을 억누르지 않는다. 대신 그 감정을 구조화하고 그 위에 다시 기준을 세운다. 그렇게 할 때 매매의 흐름은 변동 속에서도 중심을 유지할 수 있다.

스스로 아래 질문에 정직하게 답할 수 있을 때 비로소 나는 흔들렸던 감정에서 벗어나 기준으로 돌아올 수 있다. 기대는 절대 사라지지 않는다. 그러나 그 존재를 자각하고 인식하는 사람만이 그 기대에 휘둘리지 않고 거리 두기를 유지하며 관찰할 수 있다.

그래서 나는 다시 묻는다.

- 지금 내가 진입하려는 이유는 무엇인가?
- 기준이 나를 부르고 있는가, 아니면 감정이 나를 밀어붙이고 있는가?

정보는 감정의 필터를 통과한다

시장은 끊임없이 정보를 흘려보낸다. 뉴스, 공시, SNS, 유튜브, 투자자 커뮤니티 등 다양한 경로를 통해 유입되는 정보는 단순한 데이터가 아니라 우리의 감정을 자극하고 판단에 영향을 주는 심리적 요인으로 작동한다. 트레이딩은 고립된 행위처럼 보이지만 실제로는 외부 정보의 흐름에 늘 노출되어 있다. 문제는 이 정보들이 단지 '자료'에 머무르지 않는다는 점이다. 정보는 감정을 일으키고 감정은 판단을 움직이며 결국 기준을 흐리게 만든다.

"사람들은 정보를 객관적으로 분석하기보다, 기존의 감정과 신념을 강화하는 방식으로 해석한다." (Lisa Feldman Barrett, 『감정은 어떻게 만들어지는가?』, 2017)

즉 정보는 중립적인 데이터가 아니라 감정이라는 필터를 거치며 '기대'라는 방향성을 갖게 된다. 외부 정보는 때로 유용한 단서가 되지만 동시에 기준을 무너뜨리는 유혹이 되기도 한다. 특정 종목에 관한 뉴스가 나왔을 때 우리는 그것을 단순한 데이터로 받아들이지 않는다. 그 위에 감정을 덧입히고 그 감정을 시세와 자동으로 연결한다. 예를 들어 '신약 임상 결과가 긍정적이다'라는 뉴스는 곧바로 '오르겠다'는 기대를 불러일으킨다. 이러한 기대는 분석이 아니라 감정의 해석이며 사실보다는 상상에 가깝다.

정보 소비는 대체로 선택적으로 이루어진다. 우리는 관심 있는 종목의 호재성 뉴스에는 예민하게 반응하면서도 부정적인 내용은 무시하거나 축소하는 경향이 있다. 이것은 감정과 기대가 결합된 정보 해석의 전형적인 구조이며 그 과정에서 원칙은 점차 흐려진다.

예를 들어 '5일선 돌파 + 거래량 증가'와 같은 명확한 진입 기준도 '이번 뉴스는 다를 것 같다'는 감정 섞인 추론 앞에서는 쉽게 무너질 수 있다. 정보는 기준을 우회해 침투하는 감정의 매개체다. 결국 진입을 결정짓는 것은 정보 자체가 아니라 그 정보를 해석하는 당시의 감정 상태다.

더 심각한 문제는 정보가 뉴스에만 머무르지 않는다는 점이다. 유튜브 알고리즘이 추천하는 영상, 커뮤니티에서 반복 거론되는 종목, 전문가의 발언, 심지어 댓글 하나까지도 모두 기대를 자극하는 심리 신호로 작용한다. 이 흐름은 매우 빠르고 대부분 무의식적으로 진행된다. 어떤 종목을 '상승할 것 같은 종목'으로 인식하는 순간 이후 접하는 모든 정보는 그 기대를 정당화하는 쪽으로 선택 해석되기 시작한다.

"감정은 정보를 선택적으로 지각하게 만든다. 우리는 보고 싶은 것만 보고, 믿고 싶은 것만 믿으며, 이 모든 과정은 거의 무의식적으로 진행된다." (Daniel Kahneman, 『생각에 관한 생각』, 2018)

이것이 감정이 정보를 받아들이는 방식이다. 우리는 정보를 있는 그대로 수용하는 것이 아니라 감정이 원하는 방향으로 선택하고 해석한다. 많은 트레이더는 '뉴스가 나왔다', '기관이 매수했다', '전문가가 긍정적으로 말했다'는 이유로 진입을 정당화한다. 그러나 이러한 정보는 상당수가 이미 시장에 반영되었거나 실제로는 영향이 미미한 경우가 많다. 그럼에도 우리는 그것을 과도하게 해석한다. 왜냐하면 이런 정보가 우리의 기대를 뒷받침하고 감정에 확신을 불어넣기 때문이다.

외부 정보가 감정과 결합되는 순간 그것은 신호가 아니라 유혹으로 변한다. 유혹은 언제나 기준의 경계를 시험한다. 처음에는 '조금 더 지켜보자'에서 시작하지만, 곧 '이 정도면 진입해도 되겠지'라는 내면의 속삭임으로 바뀐다. 이 속삭임은 차트를 보는 내내 귓가를 맴돌며 우리는 무의식적으로 커뮤니티를 살피고 '혹시 나만 빼고 들어가지 않은 건 아닐까?' 하는 불안을 키운다. 그 시점부터 트레이더는 기준이 아니라 군중 심리에 휩쓸려 움직이기 시작한다.

외부 정보는 감정의 기폭제이자 판단을 왜곡하는 렌즈다. 겉보기에는 객관적인 데이터처럼 보이지만 실제로는 감정을 자극하는 트리거에 가깝다. 정보의 영향력이 커질수록 기준은 약해지고 감정은 더욱 증폭된다. 그리고 감정이 진입을 이끄는 순간 결과는 실패로 이어질 가능성이 높다. 이유는 분명하다. 진입의 출발점이 '기준'이 아니라 외부의 자극이었기 때문이다.

이 흐름을 끊기 위해 가장 먼저 해야 할 일은 정보에 반응하는 자신의 감정을 감지하는 것이다. 뉴스나 소문을 접했을 때는 이 질문을 던져야 한다.

- 이 기대감은 어디에서 오는가?

외부 자극이 내 감정에 어떤 반응을 일으켰는지 인식하는 것이 기준을 되찾는 첫 번째 단계다. 트레이딩은 정보의 싸움이 아니라 정보가 유발한 감정과의 대결이다.

실제로 외부 정보에 휘둘려 손실을 본 날의 매매일지를 복기한 적이 있다. 호재 뉴스만 믿고 성급하게 진입한 종목은 시가가 고점이었고 이후 급락했다. 복기 과정에서 깨달은 것은 문제의 원인이 뉴스 자체가 아니라 이미 그전에 내 안에 자리 잡고 있던 '기대'였다는 사실이다. 그 기대는 차트를 객관적으로 분석하지 못하게 만들었고 결과적으로 기준이 아니라 감정이 내 손을 움직이게 했다. 결국 내가 실제로 보고 있던 것은 차트가 아니라 내 안에서 일어나고 있던 감정의 흐름이었다.

이후 매매 루틴에 한 가지 절차를 추가했다. 외부 정보를 접했을 때 느끼는 감정을 말로 표현하는 것이다. 예를 들어 진입 전에 스스로에게 다음과 같은 질문을 던진다.

- 이 뉴스는 어떤 기대를 불러왔는가?
- 나는 지금 어떤 흐름을 상상하고 있는가?

이 절차는 정보보다 감정을 먼저 점검하기 위한 장치다. 감정이 드러나야 비로소 기준이 작동할 수 있다. 감정을 무시한 채 기준을 적용하면 그 기준은 결국 감정에 끌려 변형된다.

"감정을 자각하지 못한 채 내리는 결정은, 사실상 감정이 이미 내려놓은 결정일 수 있다." (Antonio Damasio, 『느끼고 아는 존재』, 2021)

기준은 감정을 기반으로 세워져야 한다. 그렇지 않으면 기준은 감정을 정당화하는 도구로 전락한다. 정보는 넘쳐나지만, 그 해석은 결국 현재의 심리 상태에 달려 있다. 정보는 기준을 보완하는 재료일 뿐 그 자체가 되어서는 안 된다. 우리는 정보를 피할 수 없다. 그렇다면 감정을 먼저 인식해야 한다. 감정 위에 기준을 세우고 그 위에 전략을 쌓아야 한다. 이 순서를 지키지 않으면 정보는 방향을 제시하기보다 혼란을 키우는 수단이 된다.

외부 정보는 판단을 위한 참고 자료가 될 수 있다. 그러나 그것이 기준의 자리를 대신하는 순간 매매는 감정에 휘둘리기 시작한다. 정보보다 감정을 먼저 살펴라. 그것이 외부 자극이 만든 기대의 함정에서 벗어나는 유일한 방법이다.

조급한, 기준의 우선순위를 바꾼 감정

트레이딩에서 마주치는 수많은 감정 가운데 가장 자주 나타나는 것은 조급함이다. 상승 기회를 놓치고 싶지 않은 마음, 다른 사람보다 뒤처질까 하는 초조함, 오랫동안 매매를 하지 않았다는 압박감까지 결국 하나의 흐름으로 모인다. 이는 '지금 아니면 기회가 없다'는 강박으로 굳어지며 기준보다 감정이 먼저 손을 움직이게 만든다. 결국 기준은 분석의 오류가 아니라 감정이라는 무형의 흐름 속에서 서서히, 그리고 조용히 사라진다.

조급함은 시장의 움직임에서 비롯되는 것이 아니다. 내면의 압력이 외부 자극에 반응할 때 발생한다. 이 감정이 커질수록 우리는 기준보다 타이밍을 앞세우게 되고 결과적으로 분석적 사고는 흐려지고 무뎌진다. 조급함의 본질은 결국 '놓침에 대한 공포'다.

"우리는 통제할 수 없는 상황에서 가장 충동적으로 행동한다. 조급함은 상실된 통제를 회복하려는 감정적 시도다." (Susan David, 『Emotional Agility』, 2016)

강한 상승 흐름이 나타나는 순간, 트레이더는 조건보다 먼저 '지금 타야 한다'는 압박감에 흔들린다. 시장은 기회를 반복하지만 조급함은 현재를 단 하나의 유일한 찬스로 왜곡한다. 이러한 왜곡은 대부분 감정에서 비롯되며 감정은 판단의 흐름 전체를 지배한다. 분석은 밀려나고 조급함은 사고를 건너뛴 채 손을 먼저 움직이게 만든다. 이때 트레이더는 사고하는 주체라기보다 감정에 반응하는 몸에 가까워진다.

조급한 상태에서는 기준이 오히려 진입을 방해하는 장애물처럼 느껴진다. 예를 들어 '눌림목 확인 후 진입'이라는 명확한 원칙이 있음에도, 시세가 이미 움직였다는 이유로 '이번만은 예외일 것 같다'는 생각이 앞선다. 이 순간 기준은 폐기되는 것이 아니라 잠시 미뤄진다. 문제는 이러한 유예가 반복될 때 기준의 권위가 점차 약해지고, 결국에는 형식적인 껍데기로 전락한다는 점이다.

"조급함은 자기통제의 가장 큰 적이다. 순간의 보상을 좇는 충동은 원칙을 약화시키고, 그것이 반복되면 규율은 껍데기에 불과해진다." (Roy Baumeister, 『의지력의 재발견』, 2011)

조급함은 특히 비교 심리와 결합할 때 파괴력이 커진다. 커뮤니티의 수익 인증과 유튜브의 실시간 종목 추천, SNS에 쏟아지는 매매 사례들은 '나만 뒤처지고 있다'는 감정을 자극하며 결국 '일단 들어가자'라는 충동으로 이어진다. 이때 진입의 동기는 분석이 아니라 불안을 해소하려는 본능적 대응이다. 조급함은 즉각적인 행동을 끌어내지만, 끝내 깊은 후회를 남긴다.

기준 없이 진입한 상태에서 가격이 흔들리면 명확한 손절 기준이 없어 오히려 더 오래 버티게 된다. '늦게 탔으니, 반등까지만 기다려보자'라는 무의식적 기대가 손절을 지연시키며 손실을 더욱 키운다. 조급함은 단순한 진입 오류를 넘어 이후 대응 전략까지 흔드는 내면의 구조다.

트레이딩에서의 시간 압박은 실제 조건이 아니라 감정에서 비롯된 인식 착시인 경우가 많다. 특히 장 초반 급등 종목 앞에서는 단 몇 초의 지체도 '기회를 놓쳤다'는 감정으로 이어지며 이는 곧 기준을 무시한 진입을 정당화한다. 감정은 기준보다 먼저 반응하고 손은 기준을 확인하기도 전에 움직인다.

그러나 이 조급함을 억누르려 하지 않는다. 오히려 그것을 내면이 흔들리고 있다는 신호로 받아들인다. 중요한 것은 감정을 억제하는 것이 아니라 그 감정이 매매에 개입하려는 순간을 포착하는 훈련이다. 그래서 매매에 들어가기 전 반드시 스스로에게 다음 질문들을 던진다.

- 나는 왜 이 종목에 진입하려는가?
- 지금, 어떤 기준이 충족되었는가?
- 지금, 내가 느끼는 이 감정이 혹시 기준을 대신하려는 건 아닌가?

이 질문들은 단순한 자문이 아니다. 감정을 억제하기 위한 장치가 아니라 감정이 개입할 가능성을 미리 점검하고 흐려진 기준을 회복하는 절차다. 중요한 것은 감정을 없애는 것이 아니라 그것을 언어화하고 구조화함으로써 감정과 기준을 분리하고 매매를 다시 기준 위에 올려놓는 일이다.

한 번은 장 시작 직후 상한가에 진입한 종목이 있었다. 많은 이들이 그 흐름에 올라탔고, 나 역시 조급함을 이기지 못한 채 아무런 기준 없이 뛰어들었다. 그러나 그 자리는 내 기준에 없는 영역이었고 불과 몇 초 만에 시세는 고점에서 급격히 밀려났다. 손절 기준조차 없었던 나는 당황했고 그 대가는 컸다. 그날의 매매일지에는 차트나 기술적 분석이 아닌 오직 감정의 흔적만 남았다. 그리고 그제야 조급함은 기술 부족이 아니라 감정을 인식하지 못한 데서 비롯된다는 사실을 깨달았다.

그래서 조급함이 느껴질 때마다 스스로에게 세 가지 질문을 던진다.

- 지금, 이 종목은 내 기준에 맞는가?
- 지금, 이 감정은 과거 어떤 실패에서 비롯된 것인가?
- '지금, 아니면 안 된다'라는 생각은 어디에서 비롯된 것인가?

이 질문은 진입을 막기 위한 장치가 아니다. 감정과 기준을 분리하고,

나 자신을 관찰자의 위치에서 바라보게 하는 도구다. 감정을 억누르기보다 그 정체를 붙잡는 행위다.

기준은 곧 감정과의 거리다. 조급함이 짙어질수록 우리는 기준을 감정적으로 해석한다. '이 정도면 괜찮겠지'라는 자기 설득은 기준이 아니라 감정이 만든 편향이다. 따라서 기준을 복원하려면 기준을 고치기에 앞서, 그것을 무력화시키는 감정부터 인식해야 한다.

나는 기준 위에 조건을 쓰고 그 아래에는 지금 느끼는 감정을 기록한다. 그리고 그 감정이 판단에 어떤 영향을 주는지 분석한다. 이렇게 세운 감정-기준-판단의 3단 구조는 조급함을 방어하는 나만의 루틴이다. 진입의 이유가 단순히 타이밍에서 비롯되었다면 멈춰야 한다. 반면 기준에 근거한 진입이라면 그때 비로소 행동할 수 있다. 이 단순한 구분이야말로 조급함이 판단을 집어삼킬 때 기준의 자리를 지켜주는 심리적 방어선이다.

"멈춤은 단순한 중지가 아니다. 그것은 자기와 다시 연결되고, 반응이 아닌 선택의 자유를 회복하는 행위다." (Tara Brach, **『진정한 나로 살아갈 용기』**, 2018)

손이 먼저 나가기 직전, 감정으로부터 목적을 분리할 마지막 기회는 '질문'에 있다. 그리고 이 질문을 습관처럼 반복하는 사람만이 기준을 본래의 모습으로 지켜낼 수 있다.

- 지금, 내가 이 선택을 하려는 진짜 이유는 무엇인가?

손실 후, 복구 심리가 기준을 침식한다

트레이딩에서 가장 파괴적인 감정은 손실 그 자체가 아니다. 진짜 위험은 손실 이후에 생겨나는 '복구 욕구'에서 비롯된다. 대부분의 트레이더는 손실이 발생한 순간보다 그 직후의 매매에서 더 큰 위험을 떠안는다. '이번에는 반드시 회복하겠다'는 다짐은 곧 집착으로 변하고 그 순간 기준은 흐려지며 차트 해석마저 복구 본능에 의해 왜곡된다.

이 시점의 매수 결정은 전략이 아니라 감정에 의해 좌우된다. 복구 욕구가 강해질수록 기준보다는 보상의 유혹에 쉽게 흔들린다. 손실은 단순히 계좌의 감소에 그치지 않고 자기 실망이라는 공허함을 남긴다. 이 감정은 후회에서 멈추지 않으며 즉각적인 보상 심리로 이어진다. 그러나 이런 반응은 전략적 판단이라기보다 무의식적인 균형 회복 본능에 가깝다.

"감정적 상처는 행동을 통해 보상을 추구하게 만든다. 우리는 심리적 균형을 회복하려는 무의식적 충동에 이끌려, 이성보다 먼저 결정을 내린다."
(Susan David, 『Emotional Agility』, 2016)

복구 매매는 기준에 따른 판단이 아니라 감정의 상처를 덮으려는 반사적 대응이다. 이 상태의 매매는 확신이 커질수록 더 빠른 진입과 더 높은 수익에 대한 환상으로 번진다. 그러나 그 확신은 사실 감정이 위장한 모습일 뿐이다. 이 시점에서 전략은 감정의 논리에 종속되고 기준은 의사결정을 제어하지 못한 채 뒤따르는 존재로 전락한다.

복구 심리는 차트 해석까지 감정의 틀에 가둔다. 평소라면 지나쳤을 구간도 '이번엔 괜찮다'는 자기합리화로 진입하게 되고 차트는 데이터가 아니라 기대를 비추는 거울로 변한다. 결국 분석은 사라지고 감정에 의존한 해석만 남는다.

더 큰 문제는 이러한 복구 심리가 누적될수록 전체 매매가 단 하나의 목적, 즉 손실 만회에 종속된다는 점이다. 오늘의 진입은 어제의 실패를 회복하려는 시도가 되고 내일의 매매는 또 다른 감정적 반작용이 된다. 이 구조는 시스템이 아닌 감정의 사슬에 시장을 묶어둔다.

"감정은 반복될수록 사고의 경로를 만든다. 우리는 감정의 패턴을 따라 행동하고, 그 행동은 다시 감정을 강화해 결국 정서적 루틴으로 굳어진다." (Lisa Feldman Barrett, 『감정은 어떻게 만들어지는가?』, 2017)

과거 나는 이 루프에 갇힌 적이 있었다. 손절 직후 곧바로 다음 종목에 진입했는데 그 결정은 기준이 아니라 감정의 충동이 이끌었다. 차트는 익숙했고 거래량도 괜찮아 보였지만, 실제로는 '이번엔 올라야 한다'는 강박이 판단을 집어삼켰다. 그것은 분석이 아니라 집착이었고 결과는 다시 손실로 이어졌다.

이 반복을 끊기 위해 세운 첫 번째 규칙은 '손실 후 2시간 매매 금지'였다. 이 간격은 단순히 시간을 벌기 위한 장치가 아니라 감정의 자동 반응을 차단하기 위한 설계였다. 감정은 즉각적으로 반응하지만, 그것을 인식하기 위해서는 시간이 필요하기 때문이다.

"충동은 즉각적이지만 자각은 시간이 필요하다. 멈춤은 반응을 선택으로 전환하는 유일한 심리적 공간이다." (Tara Brach, 『진정한 나로 살아갈 용기』, 2018)

시간은 감정을 언어화할 기회를 제공하고 그 인식은 기준을 다시 세우는 힘이 된다. 손실 직후 진입 충동이 밀려올 때 나는 먼저 이렇게 자문한다.

- 나는 지금 왜 이 매매를 하려는가?

- 이 판단은 복구 심리에 기초한 것은 아닌가?

이후에는 다음 세 가지 질문을 반드시 스스로에게 던진다.

- 이 매매는 원래 전략안에 포함되어 있었는가?
- 전날, 이 종목을 봤더라도 같은 결정을 내렸을까?
- 지금, 이 판단에 감정 개입의 명백한 흔적은 없는가?

하나라도 '아니오'라면 매매는 즉시 중단한다. 이 루틴은 나를 수많은 충동에서 지켜냈고 큰 손실을 예방했다. 감정은 순간적이지만 기준은 반복할 수 있는 구조다. 이 질문들은 감정과 기준 사이를 가르는 현실적인 경계선이다.

복구 본능은 누구에게나 자연스럽게 일어난다. 그러나 시장은 개인의 감정을 고려하지 않는다. 기준은 감정보다 늦게 움직이지만, 훨씬 오래 지속된다. 손실은 기준의 실패가 아니라 기준 없이 시도한 복구가 만든 실패의 출발점이다.

감정이 기준을 밀어낸 자리를 되찾는 첫걸음은 바로 다음 질문에서 시작된다.

- 지금, 이 매매는 기준에 충실한가, 아니면 감정의 반작용인가?

이 짧은 자문 하나가 실패와 통제의 경계를 만든다. 복구 욕구가 강할수록 감정을 더 선명히 인식하고 기준을 더욱 의식적으로 되새겨야 한다. 트레이딩의 주도권은 감정에 있지 않다. 그것은 감정을 먼저 읽고 체계화할 수 있는 사람에게 주어진다.

자만과 무감정, 감정을 위장한 또 다른 감정

트레이딩의 시간이 길어질수록 우리는 감정을 드러내지 않는 태도를 성숙한 매매 방식으로 믿게 된다. 감정을 배제한 듯한 표정과 아무 일도 없었던 듯한 자세는 냉정함의 상징처럼 보인다. 그러나 감정이 겉으로 드러나지 않는다고 해서 사라진 것은 아니다. 오히려 인식되지 못한 채 내면에 숨어 있을 때, 감정은 훨씬 더 은밀하게 판단을 흔들기 시작한다.

특히 자만과 무감정은 조용하지만, 치명적으로 트레이더를 무너뜨리는 감정이다. 손실 앞에서 분노하는 초보자보다 연속된 수익에도 무표정한 고수가 더 위험하다. 수익이 이어지면 감정은 점차 무뎌지고 무뎌진 감정은 '나는 이제 흔들리지 않는다'는 착각을 강화한다. 이것이 바로 자만이다. 자만은 감정이 사라져서 생기는 것이 아니라 인식되지 못한 채 내면에 정착할 때 나타난다.

더 위험한 점은 이 숨겨진 감정이 오히려 '나는 객관적이다'라는 믿음을 강화한다는 것이다. 그러나 감정을 부정하는 행위는 이성의 증거가 아니라, 이미 감정에 지배당하고 있다는 명백한 신호다.

"감정을 부정할수록 감정에 지배될 가능성은 더 커진다. 인식되지 않은 감정은 판단을 은밀히 조종한다." (Susan David, 『Emotional Agility』, 2016)

진정한 성숙함은 감정을 억제하거나 외면하는 데 있지 않다. 감정을 정확히 인식하고 그것을 구조화된 언어로 다룰 수 있을 때 비로소 전략의 일부가 된다.

무감정은 종종 무감각과 혼동된다. 손실이 누적될수록 감정은 소진되고 마침내 아무런 감정도 느끼지 못하는 지점에 도달한다. 많은 트레이더가 이를 '멘탈이 강해졌다'고 착각하지만, 실제로는 감정을 억눌러 감정과의 연결을 끊은 상태일 뿐이다. 이때의 매매는 겉으로는 기준을 따르는 듯 보이나 실제로는 어떤 판단에도 저항하지 못하는 수동적 흐름에 불과하다.

자만은 기준을 생략하게 만들고 무감정은 기준의 당위성을 흐리게 한다. 자만은 '이건 다 해본 패턴'이라는 자기 확신 속에서 기준을 불필요하게 여기며 무감정은 감정이 없다는 이유로 기준을 무의미하게 느낀다. 결국 자만과 무감정은 서로 다른 방향에서 기준을 지워 나가는 이중 구조다. 감정을 느끼지 않는다는 것은 통제하고 있다는 뜻이 아니라 이미 판단이 감정에 침식되었다는 경고 신호일 수 있다.

수익이 이어지던 시절 나는 기준을 무시한 매매를 무의식적으로 반복했다. 당시에는 기준을 어기고 있다는 자각조차 없었고 '이 정도는 감으로도 된다'는 막연한 자신감이 모든 판단을 지배했다.

그러나 지금 돌아보면 그 시기는 감정이 마비된 상태에서 무감각하게 결정을 내리던 위험 구간이었다. 마치 경고등이 꺼진 조종석에 앉은 조종사처럼 매매를 단순히 하나의 '일'로 흘려보냈고 그 고요 속에서 이미 통제력을 잃고 있었다. 결국 손실은 격렬한 감정의 폭발이 아니라 침묵 속에서 마비된 감정 상태에서 시작되었다는 사실을 뒤늦게 깨달았다.

감정이 사라진 듯 보이는 순간이야말로 가장 치명적인 착각이 시작되는 지점이다. 무감정은 단순한 차분함이 아니라 자기 인식의 결여다. 감정을 드러내는 것과 감정을 인식하지 못하는 것은 전혀 다른 문제다. 트레이딩에서 감정은 억제하거나 숨겨야 할 대상이 아니다. 오히려 판단의 방향을 결정짓는 심리적 나침반이다. 감정이 느껴지지 않는다고 생각될수록 그 흔적을 더욱 정밀하게 추적해야 한다. 기준보다 먼저 무너지는 것은 언제나 감정에 대한 자각이다.

"자기 인식이 사라지는 순간, 감정은 은밀하게 우리의 선택을 지배한다." (Susan David, 『Emotional Agility』, 2016)

감정이 느껴지지 않는다고 생각될 때 그것은 이미 감정이 판단 깊숙이 스며들었다는 신호일 수 있다. 그래서 이제 나는 감정이 느껴지지 않는 날에는 매매하지 않는다. 감정이 없다는 상태는 기준을 철저히 따를 수 있는 최적의 조건이 아니라 감정 구조 자체가 무너졌다는 경고음이기 때문이다. 감정은 과잉일 때보다 결핍될 때 더 위험하다. 느끼지 못하는 상태는 통제된 상태가 아니라 감정이 보이지 않는 자리를 차지한 상태다.

트레이딩에서 자만은 보이지 않는 편견이고 무감정은 느껴지지 않는 방치다. 자만은 '나는 옳다'는 믿음으로 기준을 생략하게 만들고 무감정은 '아무것도 상관없다'는 무표정한 태도로 기준을 무의미하게 만든다. 이 두 감정의 공통점은 초기에 문제가 없어 보인다는 점이다. 그러나 그 침묵 속에서 기준은 서서히 침식되고 결국 되돌릴 수 없는 실패로 이어진다.

그래서 수익이 쌓일수록 감정 상태를 먼저 점검한다. 내가 느끼는 이 자신감이 전략적 성과에서 비롯된 것인지 아니면 인식되지 않은 자만의 부산물인지 자주 되묻는다. 흐름이 익숙해질수록 오히려 질문을 더 많이 던지는 이유가 여기에 있다. 반복된 실패 속에서 가장 위험한 순간은 '지금은 안전하다'고 느껴질 때라는 사실을 배웠다. 기준은 감정을 없애는 데서 시작되지 않는다. 감정을 인식하고 그 위에 세워질 때 비로소 유지될 수 있다.

자만이 위험한 이유는 단순한 자신감 때문이 아니라 기준을 생략하면서도 그 사실을 깨닫지 못하기 때문이다. 감정을 억누를수록 의심은 사라지고 의심이 멈춘 자리에서는 질문조차 사라진다. 질문이 사라지면 매매는 구조를 잃고 구조 없는 매매는 결국 우연에 의존하게 된다. 트레이딩은 질문의 연속이며 자만은 그 질문을 멈추게 만든다.

무감정 또한 본질적으로 같은 위험을 품고 있다. 겉보기에는 평온해 보이지만 그 안에는 억눌린 감정이 차곡차곡 쌓인다. 자만이 확장된 자아의 산물이라면 무감정은 억압된 감정의 그림자다. 감정은 억제한다고 해서 사라지지 않는다. 오히려 의식의 바깥에서 힘을 키우며 잠복하다가 예기치 못한 순간에 터져 나와 매매를 기준이 아닌 충동으로 이끈다.

"감정을 억제한다고 통제되는 것은 아니다. 억눌린 감정은 잠복하다가 결국 행동을 지배한다." (Lisa Feldman Barrett, 『감정은 어떻게 만들어지는가?』, 2017)

그 순간이 오면 아무리 정교하게 설계된 전략도 감정의 폭발 앞에서는 힘없이 무너질 수밖에 없다. 감정은 통제되지 않을 때보다 스스로조차 알아채지 못할 때 훨씬 더 위험하다. 자만은 '나는 흔들리지 않는다'는 착각이고 무감정은 '나는 아무것도 느끼지 않는다'는 위장이다. 둘은 겉으로는 달라 보여도 결국 감정에 대한 인식을 함께 가린다. 감정이 인식되지 않으면 기준은 서서히 사라지고 감정이 드러나지 않는 이 상태를 '통제'라 착각하는 순간이야말로 가장 위험한 심리적 함정이다.

감정을 숨기지 마라. 감정을 외면하는 사람은 결국 그 감정에 가장 크게 흔들린다. 무표정한 얼굴 뒤에 숨어 있는 자만과 고요한 태도 속에 감춰진 무감정은 겉으로는 차분해 보이지만 결국 기준을 무너뜨리는 감정의 또 다른 얼굴이다. 감정을 인식하는 사람만이 그 위에 기준을 세울 수 있으며 그래야 흔들림 없는 매매로 이어진다.

무기력, 루틴을 마비시키는 감정

트레이딩의 흐름이 무너질 때 그 이면에는 종종 '무기력'이라는 감정이 조용히 숨어 있다. 무기력은 분노나 절망처럼 격렬하지 않다. 열정이 사라진 것도 아니고 목표가 꺼진 것도 아닌데 어느 순간 모든 행동이 무의미하게 느껴진다. 차트를 켜는 손은 무겁고 기준 복기는 짐처럼 다가오며 종목을 보는 눈에는 더 이상 생동감이 없다. 이것이 무기력이다. 가장 조용하면서도 가장 깊게 루틴을 무너뜨리는 감정. 무기력은 소리 없이 스며들고 깨달았을 때는 이미 기준이 희미해져 있다.

무기력은 단순한 나태가 아니라 오래된 피로와 거듭된 실패에서 비롯된 정서적 마비다. 수익 없는 시간이 길어질수록 우리는 점차 더 지쳐간다. 처음에는 부족한 분석을 깨닫고 보완하려 애쓰지만, 시간이 흐를수록 '어차피 안 될 것'이라는 의심이 자라난다. 그 의심은 감정을 갉아먹고 소진된 감정은 루틴을 붙잡을 동기를 서서히 약화시킨다. 결국 트레이더는 아무것도 하지 않는 것이 아니라 '할 이유를 잃어버린 상태'에 머문다.

"무기력은 감정이 사라진 상태가 아니라, 감정과의 연결이 끊어진 상태다. 그것은 동기 부족이 아니라 정서적 단절의 결과다." (Tara Brach, 『진정한 나로 살아갈 용기』, 2018)

무기력의 진짜 위험은 기준을 정면에서 파괴하지 않는다는 점이다. 기준은 여전히 남아 있지만 그것을 실행할 에너지와 의지는 사라진다. 매매 전 체크리스트는 건너뛰고 복기 노트는 덮여 있으며 리스크 계산은 잊힌다. 겉보기에는 매매가 이어지는 듯하지만, 내면에서는 이미 '의식'이 이탈한 상태다. 루틴은 껍데기만 남고 본질은 작동하지 않는다.

이 상태는 매매를 단순한 반복으로 떨어뜨린다. 판단은 분석이 아니라 관성에 기대어 이루어지고 감정은 점차 무뎌진다. 우리는 여전히 매매하는 듯 보이지만 실제로는 감정 없이 버튼만 누르는 존재가 된다.

"지속되는 행동이 항상 의식적인 것은 아니다. 감정이 빠진 반복은 무의식적 순응을 강화하며, 결국 방향 없는 관성으로 굳어진다." (Tara Brach, 『진정한 나로 살아갈 용기』, 2018)

과거 무기력에 빠졌던 시기를 복기하며 나는 루틴이 무너진 것이 아니라 그 루틴을 붙잡을 감정적 이유를 잃고 있었다는 사실을 뒤늦게 깨달았다. 기준은 알고 있었지만 더 이상 실행할 동기가 없었다. 손실보다 두려웠던 것은 차트를 켜는 행위 자체가 점점 무의미해진다는 사실이었다.

복기와 조건 정리, 감정 점검이 모두 사라진 상태에서 기준은 남아 있어도 작동하지 않는다. 이 멈춤의 구조가 바로 무기력의 본질이다. 무기력은 겉으로는 고요하지만, 내면을 서서히 마비시키는 정서적 침투다. 행동은 이어지지만, 감정과 의식은 비어 있는 상태, 그것이 무기력이다. 멈춤보다 더 위험한 '움직이는 정지 상태'. 진짜 위기는 기준이 없는 것이 아니라 기준이 작동하지 않는 순간이다.

무기력에서 벗어나는 출발점은 루틴이 아니라 감정의 회복이다. 매매루틴을 억지로 이어가기보다 먼저 자신의 감정 상태를 살펴야 한다. 트레이딩이 무의미해지는 까닭은 결과가 아니라 그 과정을 떠받치던 감정이 의미를 잃었기 때문이다.

무기력이 느껴질 때마다 매매를 멈추고 스스로에게 질문을 던진다.

- 나는 지금 왜 이걸 계속하려고 하는가?

이 단순한 질문은 트레이딩의 본질을 떠올리게 하고 출발점에서 느꼈던 감정을 다시 불러낸다. 단기 수익의 기쁨과 장기 목표의 의미, 성장의 여정까지 새삼 되새기게 한다. 잊었던 감정이 되살아나면 동기도 회복된다. 감정이 복원될 때 루틴 역시 살아난다.

그러나 이 회복은 의지만으로 이루어지지 않는다. 어느 겨울 무기력에 잠겨 있던 나는 일주일간 매매를 멈추고 트레이딩 일지를 처음부터 끝까지 다시 읽었다. 뜻밖에도 손실보다 무의미한 반복 매매가 훨씬 많았고 바로 그 지점에서 감정의 단절이 시작되었다는 사실을 깨달았다. 그 경험은 내게 분명한 진실을 알려주었다. 감정을 회복하려면 기억을 불러와야 한다. 내가 왜 이 길을 선택했는지 다시 떠올리는 것, 그것이야말로 무기력에서 벗어나는 핵심이다.

"삶의 의미를 발견하는 순간, 인간은 어떤 상황도 견뎌낼 수 있다."
(Viktor E. Frankl, 『죽음의 수용소에서』, 2020)

지금도 감정이 메말라 간다는 느낌이 들면 하루를 '루틴 복원의 날'로 정한다. 그날은 차트를 열지 않고 매매도 하지 않는다. 대신 내가 세운 기준을 다시 써보고 복기 노트를 펼쳐 과거에 흔들림과 그때의 마음을 다시 마주한다. 이날의 목적은 수익이 아니라 잊힌 감정과 동기를 되살리는 데 있다. 그 과정을 거치며 루틴의 뿌리가 감정임을 다시금 실감한다. 루틴은 감정 위에 세워진다. 감정이 메마른 자리에서는 어떤 전략도 오래 버티지 못한다.

무기력은 실패의 원인이자 침묵 속 경고다. 그러나 그 감정을 단순한 기분이 아니라 행동과 판단에 영향을 미치는 내면의 틀, 곧 정서 구조로 바라보는 순간 우리는 다시 '이유'를 회복할 수 있다. 루틴은 정서 위에 세워진다. 감정이 회복되어야 체계도 다시 움직인다. 마음이 메말라 버리면 우리는 멈춘다. 정교한 기준도 정서적 지지가 없으면 작동하지 않는다.

무기력 앞에서 가장 먼저 할 일은 억지로 무언가를 시도하는 것이 아니라 조용히 스스로에게 질문을 던지는 일이다.

- 나는 왜 이 자리에 있는가?

이 질문이 시작되는 순간 닫혀 있던 감정의 문이 열리고 멈춘 루틴에 다시 의미가 깃든다. 무기력에서 벗어나는 힘은 감정을 억누르는 데 있지 않고 감정을 되살릴 줄 아는 데 있다. 감정과 다시 이어진 사람만이 멈춘 자리에서 앞으로 나아갈 수 있다.

무기력, 감정 마비의 초기 징후를 포착하라

무기력은 결코 갑자기 다가오지 않는다. 그것은 침묵 속에서 아주 천천히 방향을 세우며 우리의 내면을 파고든다. 처음에는 별다른 변화가 감지되지 않는다. 차트를 여는 손놀림도 예전처럼 자연스럽고 루틴도 겉으로는 변함없이 이어진다. 진입 전 체크리스트를 가끔 건너뛰고 복기 노트를 며칠씩 미루는 일조차 단순히 바쁜 탓이라 여긴다.

그러나 그 반복은 어느새 하나의 패턴으로 굳어지고 그 흐름은 정서가 서서히 메말라 간다는 은밀한 신호가 된다. 겉으로는 여전히 '매매 중'처럼 보이지만 실제로는 감정의 동력이 조금씩 사라지는 상태다.

"감정은 행동의 연료다. 그 연료가 고갈되면 우리는 목적이 아닌 습관만을 반복하게 된다." (Susan David, 『Emotional Agility』, 2016)

이 시기의 트레이딩은 감정이 배제된 기계처럼 반복된다. 체결음은 들리지만, 마음은 반응하지 않는다. 수익이 나도 예전처럼 설레지 않고 손실이 나도 긴장되지 않는다. 종목을 고르는 기준은 겉으로는 유지되는 듯하지만, 확신이나 몰입은 조용히 사라진다. 매수 버튼을 누르는 손가락은 여전히 움직이지만, 그 안에서 작동하던 감정과 의식은 점차 옅어진다.

그러다 문득 아무 감정 없이 버튼을 누르고 있다는 사실을 깨닫는다. 이는 기준이 사라진 것이 아니라 감정이 기준과 더 이상 이어지지 않은 상태다. 매매는 계속되지만, 중심에는 '나'가 없다. 더 정확히는 '의식하는 나'가 사라진다. 문제는 이 무기력한 흐름이 초반에는 오히려 안도감을 줄 수 있다는 점이다. 감정의 기복이 줄어 실수가 줄어든 것처럼 보이고 이전보다 냉정해졌다고 착각하기 쉽다. 그러나 냉정함과 무감정은 본질적으로 다르다. 냉정함은 감정을 구조화한 상태지만 무감정은 감정 자체가 차단된 상태다.

구조를 잃은 감정은 언제든 다른 모습으로 터져 나올 수 있다. 특히 외부 자극이 강해질 때 억눌린 감정은 충동의 형태로 다시 드러난다. 이 시기에는 설명하기 어려운 돌발적 매수 욕구나 회피 행동이 잦다. 평소라면 진입하지 않을 자리에 손이 뻗고 제외했던 종목에 다시 시선이 쏠린다. 이는 감정이 사라진 것이 아니라 언어화되지 못한 채 깊숙이 잠들어 있기 때문이다.

무기력의 가장 큰 위험은 기준을 정면으로 무너뜨리지 않는다는 점이다. 기준은 문서에 여전히 남아 있고 복기 노트에도 기록되어 있다. 그러나 그 기준은 더 이상 손과 이어져 있지 않다. 알고 있으면서도 실행하지 않는 상태에 이르면 매매는 겉보기엔 여전히 시스템 기반처럼 보이지만 내면에서는 감정과 기준이 단절된 채 기계적으로 반응하는 수준에 머무른다.

과거 무기력에 빠졌던 시기를 단순히 성과 부진이라 정의하지 않는다. 오히려 그것은 감정이 내게서 멀어져 있던 시기였다. 매매는 번거롭게 느껴졌고 트레이딩 일지를 펼치기조차 싫었다. 리스크 계산은 어느새 생략됐고 진입 전 자기 점검 루틴도 서서히 사라졌다. 겉으로는 매매가 이어졌지만, 내면의 기준 실행 체계는 이미 꺼져 있었다.

"감정은 이성보다 먼저 결정을 이끈다. 감정이 마비되면 판단과 행동도 멈춘다." (Antonio Damasio, 『스피노자의 뇌』, 2007)

겉보기에는 매매가 이어지고 있었지만, 그 안에는 의식도 의도도 빠진 빈 껍데기 루틴만 남아 있었다. 이러한 무기력은 단순히 성과로 설명되지 않는다. 오히려 수익이 나는 시기에도 모습을 드러낸다. 반복된 수익 속에서 트레이딩의 목적이 희미해지거나 장기간의 긴장감이 쌓일 때 감정은 스스로를 차단한다. 이는 감정 소진(burnout)의 전형적 신호이며 본질적 문제는 감정과 동기의 연결이 끊어진 데 있다.

이 단절은 처음에는 위기감을 크게 주지 않지만, 시간이 흐르면서 기준 없는 매매를 스스로 정당화하게 만들고 결국 왜곡된 루틴이 무의식적으로 굳어지는 심각한 위험으로 이어진다. 무기력 상태를 조기에 포착하려면 감정 변화를 더 섬세하고 예민하게 감지할 수 있어야 한다.

복기 노트를 미루는 날, 진입 전 스스로에게 던지던 질문이 흐려지는 순간, 거래가 끝났는데도 감정이 전혀 움직이지 않는 시간 등 겉으로는 사소해 보이지만 내면에 생긴 작은 균열이 포착될 때 시스템은 이미 붕괴의 신호를 보내고 있다.

문제는 이 신호들이 너무 조용하고 은밀하게 다가온다는 점이다. 실패처럼 명확한 결과나 경고음이 없기에 많은 트레이더는 이 상태를 위기로 인식하지 못한 채 쉽게 지나친다. 그러나 바로 그 고요함이야말로 감정이 정지 국면에 들어가고 있음을 알리는 강력한 내면의 경고다. 이 미세한 감정 흐름을 제때 알아차릴 수 있는지가 결국 무기력에서 벗어나는 사람과 그렇지 못한 사람을 가르는 분기점이 된다.

그래서 나는 무기력의 전조를 구체적인 감정 단절 체크리스트로 만들었다. 감정 기록이 끊기고 진입 이유가 희미해지며 복기 노트가 단순한 설명이나 변명으로 채워지는 날을 '경고일'로 규정한다. 이때는 매매를 이어가기보다 모든 거래를 멈추고 감정 회복에 집중한다.

"감정을 무시하는 것은 진실을 외면하는 것이다. 감정을 인식하는 것, 바로 그것이 회복의 출발점이다." (Brené Brown, 『The Gifts of Imperfection』, 2022)

무기력은 감정이 서서히 말라가는 과정이다. 이 건조한 흐름을 제때 감지하지 못하면 시스템은 아무런 소리도 없이 조용히 무너진다. 무기력은 단순한 실수보다 훨씬 치명적이다. 실수는 복기할 수 있지만 무기력은 복기의 동기와 의지를 빼앗는다. 침묵 속에서 무너지는 루틴은 소리 없이 스며들어 결국 손실로 귀결된다. 오직 감정을 인식할 줄 아는 사람만이 그 침묵을 깨고 루틴을 다시 세울 수 있다.

감정은 전략의 적이 아니다. 오히려 전략을 지탱하는 기반이다. 감정이 꺼진 상태에서 벗어나는 유일한 길은 다시 질문을 시작하는 것이다.

- 나는 지금 무엇을 느끼고 있는가?

이 단순하면서도 깊은 질문이야말로 무기력이라는 침묵을 흔들어 깨우는 가장 근본적 출발점이다.

감정의 고갈과 포기로 위장된 침식

트레이딩의 시간이 길어질수록 정서적 에너지는 서서히 그리고 눈에 띄지 않게 고갈된다. 단기 손실보다 더 깊은 상처를 남기는 것은 누적된 만성 피로와 정서 소진이다. 처음에는 열정과 몰입만으로도 충분하다고 믿었다. 그러나 반복되는 복기와 끝없는 기준 점검, 끊임없이 오가는 감정 기복과 잦은 실패가 쌓이면서 몸과 마음은 점점 무거워지고 지쳐간다. 그러다 어느 순간 우리는 조용히 스스로에게 묻게 된다.

- 이제는 그만해야 할 때인가?

대부분의 트레이더는 포기를 격렬한 감정 폭발이나 극적인 순간으로 상상한다. 그러나 실제의 포기는 극심한 절망의 한순간이 아니라 감정이 마비된 무감각과 침묵 속에서 조용히 스며든다. 흐름이 끊기고 감정이 말라버렸을 때 우리는 빠른 결론과 명확한 해답을 본능적으로 갈망한다. 그리고 바로 그때 가장 단순하고 즉각적으로 떠오르는 선택지가 '포기'임을 깨닫는다.

"포기는 종종 이성적 판단으로 위장되지만, 실제로는 감정 소진이 빚어낸 가장 조용한 도피다." (Brené Brown, 『The Gifts of Imperfection』, 2022)

이 선택이 반드시 끝을 의미하는 것은 아니다. 피로는 감정 고갈을 알리는 신호일뿐이며 멈추라는 명령이 아니라 회복하라는 내면의 요청에 가깝다. 중요한 것은 '결정' 그 자체가 아니라 감정이 고갈된 상태에서는 모든 결정을 잠시 미루고 자신에게 시간을 허락하는 태도다. 감정이 다시 흐르기 시작하면 같은 상황도 전혀 다른 빛으로 보인다. 결국 포기보다 먼저 필요한 것은 감정을 회복할 충분한 시간과 공간을 자신에게 주는 일이다.

피로는 인식을 왜곡한다. 트레이딩이 더 이상 자신과 맞지 않는 것처럼 느껴지고 시장이 달라진 듯 보이며 스스로 재능이 없다고 여기기 쉽다. 그러나 이런 판단은 현실의 반영이라기보다 고갈된 감정에서 비롯된 왜곡된 해석에 가깝다. 피로는 이성을 흐리게 하고 관찰보다 감정적 반응을 앞세운다. 포기는 그 감정을 해석할 기회조차 빼앗는다. 그래서 포기는 겉보기에 이성적 판단 같지만 실제로는 지친 감정에서 벗어나려는 탈출 기제로 작동하는 경우가 많다.

"정서적 피로는 세상을 보는 렌즈를 흐리게 하며, 그 왜곡을 진실로 착각하게 만든다." (Lisa Feldman Barrett, 『감정은 어떻게 만들어지는가?』, 2017)

그 지점을 안다. 진입 버튼을 누를 힘은 남아 있어도 복기 노트를 펼 용기는 남지 않은 날이 있다. 매매를 쉬면 불안하고 매매를 해도 묘하게 공허하다. 감정의 흐름이 진입과 복기 두 영역 모두에서 멈췄을 때 '포기'는 가장 쉬운 선택처럼 다가온다. 그러나 그 선택이 진짜 이성적 판단인지 아니면 단순히 피로에서 비롯된 착각인지 스스로 가려내는 것이 중요하다.

트레이더에게 피로는 단순한 육체적 피곤이 아니다. 그것은 판단을 흐리게 하는 감정 마비이며 기준을 직접 무너뜨리지는 않더라도 점검하려는 의지를 서서히 약화시킨다. 기준 없는 매매보다 더 위험한 것은 기준을 알면서도 무기력에 젖어 외면하는 상태다. 이때 점검해야 할 것은 전략이 아니라, 감정이 회복되고 있는지 여부다. 나 역시 피로가 극심했을 때조차 매매를 멈추지 못한 적이 있다. 다만 그 순간의 감정을 짧은 문장으로 꾸준히 기록하며 버텼다.

- 오늘은 차트를 켜기 싫었다.
- 집중이 되지 않는다.

- 진입 전 생각이 너무 많다.

이 기록들은 감정을 인식하는 출발점이 되었고 피로가 정서적 거리의 지표임을 깨닫게 했다. 한 번은 3일 연속 손실을 본 뒤 '이젠 정말 아닌가?'라는 생각이 머릿속을 떠나지 않았다. 손을 놓고 싶던 그날 밤 나는 매매 대신 과거 복기 노트를 꺼내 읽었다. 반복된 실수 하나가 눈에 들어왔다. 손실이 커질수록 감정을 기록하지 않았다. 감정이 빠진 복기는 어떤 단서도 남기지 않는다. 그 사실을 깨닫고 다시 감정을 쓰기 시작했다.

포기는 감정이 정리된 상태에서만 가능하다. 그렇지 않다면 그것은 도피일 뿐이다. 쉬고 싶다는 감정은 정당하다. 그러나 그 감정이 기준을 지키는 의지마저 앗아가고 있다면 지금 필요한 것은 멈춤이 아니라 회복이다. 감정이 회복되지 않은 상태에서의 휴식은 도피로 변질될 수 있고 오히려 판단을 왜곡시킬 위험이 된다.

"감정은 단순한 느낌이 아니라 행동의 방향을 알려주는 데이터다. 이 데이터를 무시하면 행동은 곧 충동으로 변한다." (Tasha Eurich, 『자기통찰: 어떻게 원하는 내가 될 것인가』, 2018)

지금도 피로를 느낄 때마다 스스로에게 묻는다.

- 지금, 나는 감정이 고갈된 상태인가, 아니면 단순히 결과에 실망한 상태인가?

이 질문은 내 감정을 되돌아보게 한다. 단지 결과에 실망했다면 기준으로 돌아가면 된다. 그러나 감정이 고갈됐다면 필요한 것은 전략이 아니라 정서의 재충전이다. 피로는 감정의 언어가 멈춘 상태이고 포기는 그 침묵을 해석하지 못한 채 내려지는 성급한 결론이다.

우리는 종종 '이제는 의미가 없다'는 생각에 빠진다. 그러나 의미가 사라진 것이 아니라 그것을 감지할 정서적 여유가 잃어버린 것일 수 있다. 포기가 떠오를 때는 스스로에게 물어야 한다.

- 나는 감정이 회복되지 않아 그만두고 싶은가 아니면 정말로 트레이딩을 멈출 이유가 있는가?

이 질문에 솔직히 답할 수 있다면 그 판단은 감정적 착각이 아니라 인식의 결과일 것이다. 감정은 길을 잃을 수 있지만, 인식할 수 있다면 우리는 언제든 다시 길을 찾을 수 있다. 감정이 멈추면 기준은 흐려지고 기준이 흔들리면 판단은 왜곡되며 매매는 감정 착시 위에서 불안정하게 흔들린다.

피로는 '멈추라'는 경고가 아니라 '다시 돌아올 준비를 하라'는 메시지다. 중요한 것은 그 쉼이 회복인지 도피인지 명확히 구분하는 일이다. 감정을 언어로 표현하지 못하는 상태가 진짜 포기의 징후다. 그러나 감정을 표현할 수 있다면 우리는 언제든 다시 시작할 수 있다.

반복되는 감정, 전략으로 바꾸는 구조화

트레이딩에서의 실패는 겉으로는 새로운 문제처럼 보이지만 실제로는 이미 경험한 감정이 다른 모습으로 되돌아온 반복일 때가 많다. 손절을 미루거나 조급하게 진입하고 기준을 무시하는 여러 행동은 각기 다른 실수처럼 보이지만 그 뿌리에는 동일한 감정 구조가 작동한다. 결국 우리가 되풀이하는 것은 실수 자체가 아니라 자각되지 않은 감정 회로의 재가동이다.

"감정은 과거 경험의 흔적이며, 뇌는 익숙한 자극에 자동 반응한다. 이 회로가 바뀌지 않는 한 우리는 같은 실수를 형태만 달리 되풀이한다." (Lisa Feldman Barrett, 『감정은 어떻게 만들어지는가?』, 2017)

감정은 순간적인 반응이 아니라 특정 조건에서 반복적으로 활성화되는 심리 회로다. 급등 종목을 보면 조급함이, 진입 후에는 기대가, 하락이 시작되면 공포가 뒤따른다. 이 흐름은 거의 반사에 가깝게 자동으로 작동하며 그 근원은 외부 자극이 아니라 내면에 축적된 감정 습관에 있다. 감정은 사건에 반응하기보다 기억된 경로를 따라 되풀이된다.

이 회로의 가장 큰 문제는 판단보다 감정이 먼저 작동한다는 점이다. 기준에 앞서 감정이 반응하고 판단보다 행동을 서두르게 만든다. 인식하기도 전에 이미 행동의 방향이 정해져 버리는 것이다. 그래서 스스로에게 묻는다.

- 왜 그렇게 급하게 진입했지?
- 왜 손절을 미뤘지?

이 질문이 생기는 이유는 논리가 아니라 감정이 앞섰기 때문이다.

복기를 통해 깨달은 것은 실수가 단발적 사건이 아니라 반복되는 감정 패턴의 재현이었다. 수익 직후에는 과감한 진입이 늘었고 연속 손실 후에는 의도적으로 진입을 회피했다. 상승장에서는 자신감이 과도하게 커졌으며 박스권에서는 금세 무기력에 빠졌다.

결국 감정은 시장의 움직임보다 나 자신의 행동 변화에 더 예민하게 반응했다. 트레이딩은 외부 자극에 단순히 끌려가는 행위가 아니라, 내면에 각인된 감정 회로가 끊임없이 작동하며 점차 강화되는 과정이었다. 이는 단순히 실수가 쌓이는 것이 아니라 굳어진 조건 반사 회로가 더욱 공고 해지는 현상이었다.

"감정은 반복될수록 신경 회로를 강화해 자동화된 행동으로 굳어진다. 이를 인식하지 못하면 같은 반응을 끝없이 되풀이한다." (Joseph LeDoux, 『불안과 공포의 뇌과학』, 2017)

나는 특정 종목군에서 반복적으로 불안을 경험했고 그 감정을 억누르려 할수록 성급한 진입으로 이어졌다. 흐름은 언제나 같은 심리적 경로를 따랐고 결말은 빠짐없이 손실이었다. 감정은 기술적 신호보다 더 규칙적이고 안정적으로 되풀이된다. 따라서 이 회로를 끊는 가장 효과적인 방법은 감정을 명확히 언어화해 체계적으로 설계하는 것이다.

- 이런 차트에서는 늘 긴장된다.
- 이 구간에선 원칙을 자주 무시한다.
- 뉴스가 강할 때마다 기대가 커진다.

감정을 문장으로 표현할 수 있을 때, 우리는 그 반복 구조를 더 분명하게 포착할 수 있다.

트레이더에게 중요한 역량 중 하나는 감정의 흐름을 인식하고 되돌아보는 힘이다. 이는 수익을 극대화하기 위한 능력이 아니라, 손실을 줄이고 같은 실수를 반복하지 않기 위한 기본기다. 감정이 어떻게 유혹하고 기준을 흔들며 판단을 정당화하는지를 꾸준히 기록하고 자각하는 것, 그것이 실패의 고리를 끊는 출발점이다.

나는 복기 노트에 '감정 트리거' 항목을 따로 만들었다. 종목 조건이나 기술적 흐름이 아니라 당시의 감정 반응에 집중했다. 언제 조급해졌는지, 어떤 상황에서 무기력해졌는지, 어떤 뉴스에 기대가 과도했는지를 구체적으로 기록했다. 기록이 쌓이자 실수는 서로 다른 모습으로 나타났을 뿐 결국 같은 감정 패턴의 반복이었다는 사실이 선명히 드러났다.

감정은 반복될 때마다 형태를 바꾸지만, 그 본질은 변하지 않는다. 같은 감정은 끝없이 되풀이된다. 그러나 그 패턴을 인식하는 순간 우리는 그것을 단순한 반사가 아닌 예측할 수 있는 구조로 전환할 수 있다. 이 예측은 시장을 향한 것이 아니라 오직 나 자신을 향한 것이다. 감정의 흐름을 아는 사람은 실패를 두려워하지 않는다. 그는 이미 실패의 메커니즘을 이해하고 있기 때문이다.

그래서 매매 전 늘 스스로에게 묻는다.

- 지금, 이 판단은 새로운가, 아니면 익숙한 감정의 재현인가?

이 질문 하나만으로도 수많은 충동적 진입을 멈출 수 있었다. 감정은 빠르지만, 기록은 그보다 더 빠르다. 기록된 감정은 행동을 바꾸는 나침반이 된다.

또한 매매 후 루틴에는 반드시 감정 복기 항목을 추가했다.

- 방금 진입에 작용한 감정은 무엇이었는가?

- 그 감정은 과거에도 비슷한 결과를 낳았는가?

이 질문은 감정과 결과 사이의 숨은 인과관계를 드러내며 내가 반복해 온 심리적 패턴을 한층 더 선명하게 보여준다. 감정의 반복은 사라지지 않는다. 그러나 그 반복을 기록하고 해석할 수 있다면 스스로 그 사슬을 끊어낼 수 있다. 중요한 것은 반복을 없애는 것이 아니라 그 흐름을 인식하는 힘이다. 감정은 사라지지 않는다. 하지만 그것을 구조화할 수 있다면 더 이상 장애물이 아니라 전략의 구성 요소가 된다.

복기는 단순한 회상이 아니라 감정 회로를 드러내고 반복되는 심리 패턴을 식별하며 재구성하는 과정이다. 감정은 언제나 존재한다. 그러나 그것을 제대로 인식하는 사람만이 동일한 자극 앞에서 다른 대응을 선택할 수 있다. 감정은 반복되지만, 그 흐름을 꾸준히 기록한 사람만이 새로운 결정을 내릴 수 있다. 이것이야말로 감정의 반복을 전략으로 전환하는 유일한 방법이다.

"감정은 제거해야 할 대상이 아니라, 이해하고 설계해야 할 정보다. 감정이 구조화될 때에만 전략으로 전환된다." (Lisa Feldman Barrett, 『감정은 어떻게 만들어지는가?』, 2017)

복기 없는 감정, 실패를 반복시킨다

트레이딩의 실패는 자주 '새로운 문제'처럼 보이지만 대부분은 이미 겪은 감정이 형태만 달리 되돌아온 것일 뿐이다. 손절을 미루고 조급하게 진입하며 기준을 무시하는 등 겉모습은 달라 보여도 그 배경에는 반복되는 감정의 틀이 자리 잡고 있다. 트레이더는 실수를 반복하는 것이 아니다. 감정의 구조를 보지 못한 채 같은 흐름을 또다시 따라가고 있을 뿐이다.

감정은 일회성 반응이 아니다. 그것은 구조화된 상태로 일정한 조건에서 반복적으로 재점화되는 하나의 회로다. 급등 종목이 나타나면 조급함이 유발되고 진입 후에는 기대감이 부풀며 하락이 시작되면 공포가 작동한다. 이 감정의 흐름은 거의 자율신경계 반응처럼 자동화된 경로를 따른다.

"감정은 생존을 위해 진화한 회로다. 뇌는 위협이나 기회를 감지하는 즉시 자동적으로 행동을 촉발한다." (Joseph LeDoux, 『불안과 공포의 뇌과학』, 2017)

그 감정 회로는 외부 자극이 아닌 내부에 학습된 반응 경로에서 형성된다. 이 회로의 핵심은 의식적 사고보다 먼저 감정이 이미 반응한다는 점이다. 기준보다 감정이 먼저 작동해 판단보다 앞서 행동을 이끈다. 그래서 우리는 종종 '이상하게 손절을 미뤘다', '무의식적으로 진입했다'고 말한다. 이는 감정이 논리적 판단보다 먼저 행동을 촉발했기 때문이다.

반복된 실수를 분석하는 과정에서 그 원인이 기술 부족이 아니라 복기하지 못한 감정의 잔재였음을 깨달았다. 수익 후에는 자신감이 과도해졌고 손실 후에는 조급함이 커졌으며 연속 매매 뒤에는 피로가 쌓여 판단력이 흐려졌다. 이 감정들은 충분히 복기할 수 있었던 것들이었다. 그러나 내가 그것을 '지나간 일'로 넘긴 순간 감정은 다시 돌아올 준비를 하고 있었다.

트레이딩에서 가장 위험한 감정은 격렬한 감정 그 자체가 아니다. 더 위험한 것은 '감정이 없다고 믿는 상태'나 '이미 정리했다고 착각하는 순간'이다. 이때 판단은 이미 흔들리고 있다. 언어화되지 않은 감정은 기준을 흐리게 하고 결국 매매 전체를 보이지 않는 방식으로 흔든다.

"언어화되지 않은 감정은 은밀히 우리를 지배하며, 결국 우리의 결정과 행동을 모르게 이끈다." (Susan David, 『Emotional Agility』, 2016)

감정은 겉으로 드러나지 않지만 매매 전반의 질서를 바꾸는 근본 요인이다. 특히 복기하지 못한 감정은 특정 패턴과 조건이 반복될 때 더욱 강하게 재현된다. 시장의 리듬, 포지션 규모, 특정 종목군 같은 트리거가 겹치면 감정은 본능처럼 되살아난다. 우리는 그때마다 '또 실수했다'고 자책하지만, 실상 그것은 새로운 실수가 아니라 과거의 감정이 불러낸 반복일 뿐이다.

감정 복기의 핵심은 속도다. 감정은 시간이 흐른다고 해서 사라지지 않는다. 오히려 기억 속에서 합리화되며 점점 왜곡된다. 복기는 판단이 아니라 감정을 기록하는 작업이며 그날의 감정을 그날의 언어로 표현하는 것에서 시작된다. 날것 그대로의 감정을 담은 문장이야말로 감정 구조를 가장 투명하게 보여준다.

매매를 복기할 때는 수익이나 손실보다 먼저 '진입 직전의 감정'을 기록한다. 긴장·기대·압박·불신 같은 짧은 단어들이 반복되어 쌓이면서 나만의 감정 반응 지도가 차곡차곡 그려지기 시작했다. 이 지도는 다음 매매에서 작동하는 일종의 경보 시스템이 되었다. 익숙한 감정이 다시 나타나면 그것이 과거 어떤 실수와 연결되었는지 떠올릴 수 있었다. 이제는 그 감정을 억누르거나 피하는 대신 다르게 반응할 수 있는 선택지를 인식하게 되었다.

복기 루틴에는 감정을 언어화하는 작업뿐 아니라 그 감정이 어떤 행동으로 이어졌는지 파악하고 연결하는 과정까지 포함되어야 한다. 특정 감정이 반복적으로 동일한 행동을 유도한다는 사실을 인식한 뒤, 감정 복기 항목에 '예상되는 반응 패턴'을 함께 기록하기 시작했다.

"감정은 단순한 행동의 원인이 아니라 반복되는 반응 패턴을 지탱하는 축이다. 감정을 기록하는 순간, 행동의 방향까지 예측할 수 있다." (Tasha Eurich, 『자기통찰: 어떻게 원하는 내가 될 것인가』, 2018)

조급함은 빠른 진입과 손절 회피로 이어졌고 과도한 자신감은 포지션의 과도한 확대로 연결되었다. 이 구조를 인식한 뒤부터는 감정을 알아차리는 것만으로도 행동 패턴을 바꾸는 전환점이 되었다.

복기는 단순한 복습이 아니다. 복기는 감정의 순환 고리를 차단하는 전략적 행위다. 실패를 복기하면서도 감정을 기록하지 않으면 그 실패는 기술적으로만 인식되고 감정적으로는 반복될 여지를 남긴다. 한동안 수익률 곡선과 체결 데이터를 중심으로 복기를 진행했지만 그 결과는 더 정교한 기술 분석이 아니라 동일한 감정의 재현이었다. 심지어 수익이 났던 순간조차 '왜 그 자리에 진입했는가?'라는 질문에 감정적 이유 없이 넘어간 경우도 많았다.

가장 큰 문제는 실수 이후의 복기 과정이다. 감정을 복기하지 않으면 실수의 원인은 '기술 부족'으로만 해석되고 감정적 요인은 무의식적으로 지워진다. 그렇게 다음 매매는 기술 보완에만 집중하게 되고 같은 감정 회로는 저항 없이 그대로 반복된다. 트레이딩의 실패는 기술의 결핍이 아니라 감정 구조를 인식하지 못한 데서 비롯될 수 있다.

복기를 마무리할 때 나는 항상 스스로에게 자문한다.

- 지금, 이 복기에 감정이 들어 있는가?

이 질문이 없다면 그 복기는 단지 숫자의 나열일 뿐이며 다음 매매에서 감정을 방어할 방패가 되지 못한다. 감정은 복기하지 않으면 사라지지 않는다. 감정은 휘발되는 것이 아니라 반복될 조건이 갖춰지기를 기다리며 조용히 잠복한다. 감정의 구조를 인식하지 못하면 우리는 그 구조에 따라 동일한 판단을 되풀이한다.

트레이딩은 차트의 패턴을 해석하는 일이기도 하지만 감정의 흐름을 판독하는 과정이기도 하다. 감정은 언제나 새롭게 느껴지지만, 사실은 반복된다. 감정을 복기하라. 그것은 실패를 정리하는 것이 아니라 실패의 재발을 막는 행위다. 복기하지 않은 감정은 사라진 것이 아니라 다른 모습으로 돌아올 준비를 하고 있다.

감정 설계자가 기준을 지킨다

기준은 전략이고 감정은 반응이다. 우리는 흔히 '기준이 감정을 이길 수 있다'고 믿는다. 그러나 감정은 언제나 기준보다 빠르고 깊고 더욱 본능적으로 작동한다. 기준이 아무리 정교해도 감정이 미리 구조화되어 있지 않으면 결국 감정이 기준을 앞지르고 그 틀은 제 역할을 잃는다. 실패는 기준이 잘못된 것이 아니라 판단 체계가 감정보다 느렸기 때문에 반복되는 경우가 많다.

"감정은 언제나 이성보다 먼저 작동한다. 이성은 이미 내려진 선택에 뒤늦은 근거를 덧붙일 뿐이다." (Antonio Damasio, 『느끼고 아는 존재』, 2021)

'감정을 설계한다'는 개념은 다소 낯설게 들릴 수 있다. 대부분의 사람은 감정을 통제하거나 억누를 대상으로 생각한다. 그러나 트레이딩에서 감정은 배제해야 할 대상이 아니라 시스템 속에 포함되어야 할 핵심 변수다. 감정이 언제 어떻게 어떤 방식으로 판단에 개입하는지 예측할 수 있다면 감정은 기준의 방해 요소가 아니라 든든한 조력자가 된다.

실전에서 감정은 매우 정교하게 작동한다. 조건이 부족한 종목 앞에서는 '이번엔 다를 거야'라는 기대가, 손절 구간에서는 '조금만 더'라는 미련이, 수익이 났을 때는 '다음 매매도 잘될 것'이라는 자만이 드러난다. 감정은 특정 상황과 흐름에 맞춰 되풀이되며 선택을 교묘하게 왜곡한다. 기준이 있어도 감정을 반영하지 않으면 그것은 실행력을 잃은 형식적 원칙에 불과하다.

그런 순간 앞에서 수없이 흔들렸다. 아무리 기준을 잘 세워도 감정이 설계되지 않으면 그 기준은 무력화된다. 특히 뉴스 속보나 급변하는 호가창처럼 긴장을 유발하는 순간 감정이 기준보다 먼저 움직이며 충동 매매로 이어졌다. 이 반복 속에서 확신했다. 기준이 작동하려면 먼저 감정이 구조화되어야 한다는 것을. 감정 없이 세운 기준은 모래 위의 집과 같고 방향 없이 흐르는 감정은 그 집을 무너뜨리는 파도다.

"감정은 제거해야 할 장애물이 아니라 설계 가능한 시스템의 일부다. 구조화되지 않은 감정은 언제든 기준을 무력화한다." (Lisa Feldman Barrett, 『감정은 어떻게 만들어지는가?』, 2017)

감정 설계의 핵심은 예측에 있다. 내가 어떤 조건에서 어떤 감정에 취약한지 알면 판단이 왜곡되기 전에 개입할 기회를 확보할 수 있다. 예컨대 수익이 큰 날에는 다음 매매를 쉬고 손실이 난 날에는 체크리스트를 두 번 점검하는 루틴을 적용하는 것이 감정 예측 기반 설계다. 중요한 것은 기준보다 감정이 먼저 움직인다는 사실을 시스템적으로 인정하는 것이다.

실전 루틴에 '감정 시뮬레이션' 항목을 추가했다. 이는 매매 전에 특정 조건이 발생했을 때 예상되는 감정 반응을 미리 점검하는 훈련이다. 예를 들어 종목이 급등하면 충동적 진입 욕구가 생기고 그 순간 체크리스트를 생략할 가능성이 커진다. 이러한 감정 예측과 언어화가 반복될수록 감정은 더 이상 통제 불가능한 요소가 아니라 구조화 가능한 전략 변수로 바뀐다.

또한 기준을 세울 때부터 감정 개입 가능성을 명확히 드러냈다. 예를 들어 '5% 이상 수익 시 절반 익절'이라는 기준을 정했다면 곧바로 '익절 후 추가 상승 기대감 때문에 매도를 망설일 수 있음'과 같은 감정 반응을 덧붙였다. 이처럼 감정 요인을 미리 구조화하고 그에 대응하는 방어 루틴까지 설계하는 방식은 기준과 감정을 함께 포괄하는 실행형 전략이 된다.

감정이 설계되지 않으면 기준은 실제 행동으로 이어지지 않는다. 문서상의 규칙에 불과하다. 기준이 실전 전략이 되려면 감정의 흐름 위에 세워져야 한다. 기준이 무너진 진짜 이유는 전략의 부재가 아니라 감정 설계 부족이다. 감정이 먼저 움직이고 기준은 그 뒤를 따른다. 이 순서를 인정하는 것이 감정 설계의 출발점이다.

실전에서 감정이 통합된 기준과 그렇지 않은 기준의 차이는 분명했다. 감정 설계가 포함된 기준은 실제 시장에서 나를 지켜줬지만 그렇지 않은 기준은 예외 상황 앞에서 쉽게 무너졌다. 예를 들어 '거래량 없는 상승은 진입 금지'라는 기준이 있었지만, 강한 뉴스가 붙은 종목 앞에서는 반복적으로 예외가 발생했다. 이후에는 '뉴스에 흔들릴 가능성이 크므로 반드시 거래량 확인 루틴 삽입'이라는 구체적 실행 조건으로 기준을 바꿨다.

"성공적인 트레이더는 감정을 배제하지 않고, 감정을 시스템에 흡수해 일관된 기준으로 작동시킨다." (Mark Douglas, 『심리투자 불변의 법칙』, 2021)

그 결과 해당 기준은 실전에서도 안정적으로 기능하기 시작했다. 시간대별 감정 패턴도 따로 인식하고 루틴을 분리했다. 시초가에는 조급함이, 종가에는 기대감이 강하게 작동했다. 이후 각 시간대에 맞춰 감정 체크리스트를 별도로 적용했다. 이는 감정이 발생하는 타이밍을 시스템 안에서 관리할 수 있는 기반이 되었다.

감정을 예측한다는 것은 억제하려는 시도가 아니다. 그 흐름을 받아들이고 그에 맞는 구조를 설계하는 일이다. 감정은 더 빠르고 더 강력하며 더 집요하게 작동한다. 그러나 그것을 읽고 예측해 시스템에 통합할 수 있다면 기준은 비로소 실행력 있는 전략이 된다.

기준을 지키는 힘은 전략의 복잡성에서 나오지 않는다. 감정을 사전에 구조화한 사람의 준비성에서 비롯된다. 감정이 전략보다 강하다는 사실을 인정하는 순간 기준은 본래 역할대로 온전히 작동한다.

감정을 구조한 자, 시장을 만든다

모든 트레이더는 감정을 느낀다. 그러나 감정을 관리하고 체계화하는 트레이더는 드물다. 많은 사람이 감정을 무시하거나 휘둘리지만, 오랫동안 살아남는 유형은 단 하나다. 감정을 설계하는 트레이더는 억누르지 않는다. 그들은 감정을 인식하고 언어화하며 그 흐름을 기준과 루틴에 구조적으로 통합한다. 감정이 언제 어떻게 어떤 방식으로 판단에 영향을 미칠지 미리 파악하고 그 영향이 기준을 침범하지 않도록 경로를 사전에 설계해 둔다.

감정을 설계한다는 것은 감정을 제거하는 것이 아니다. 감정은 언제나 일어나는 본능적 반응이면서 트레이딩에서 반드시 고려해야 할 핵심 변수 중 하나다. 그러나 감정이 반복적으로 기준을 무너뜨린다면 우리는 전략이 아니라 감정의 흐름에 좌우되고 있다는 사실을 분명히 인식해야 한다.

"감정은 정보를 해석하는 렌즈다. 우리는 그 렌즈를 통해 세상을 보지만, 문제는 그 렌즈가 쉽게 왜곡된다는 점이다." (Lisa Feldman Barrett, 『감정은 어떻게 만들어지는가?』, 2017)

반면 감정을 설계하는 트레이더는 자신의 감정 반응을 예측 가능한 패턴으로 파악하고 그 흐름을 기준 체계에 통합한다. 급등장에서는 흥분이 고조되는 양상을, 연속 손실 후에는 조급함이 밀려오는 과정을 미리 인식한다. 그리고 이러한 감정 반응이 기준을 침범하지 않도록 사전 대응 시스템을 마련한다. 이들은 감정을 억누르지 않는다. 대신 감정이 개입되는 시점을 정량적·정성적으로 구조화하고 그에 맞는 대응 전략을 명확히 선택한다.

실전에서 몇몇 뛰어난 트레이더를 직접 관찰할 기회가 있었다. 그들은 기준을 일관되게 지키며 리스크를 철저히 관리했고 감정의 흐름도 안정적으로 유지했다. 손실에도 흔들리지 않았고 수익에도 자만하지 않았다. 처음에는 기술적 분석 능력에 감탄했지만 시간이 지나면서 진정한 차이를 만드는 요소가 감정 인식의 수준임을 깨달았다. 이들은 자신의 감정을 명확히 인식했고 감정이 기준과 충돌할 순간을 미리 포착할 수 있었다.

이들이 실천한 감정 기반 전략은 다음과 같다.

- 하루에 손실이 한 번 이상 발생하면 매매를 중단한다.
- 진입 후 3분 내 반응이 없으면 자동 손절한다.
- 매매 시작 전 감정 상태를 반드시 기록한다.

그들에게는 예외가 없었다. 감정이 격해질 때도 기준이 흔들릴 때도 원칙을 벗어난 적은 단 한 번도 없었다. 그들은 감정을 억누르지 않았고 오히려 기준과 감정이 함께 작동하도록 미리 구조를 설계해 두었다.

"규율은 감정을 배제하는 것이 아니라, 감정을 시스템 속에 포함시켜 예측 가능하게 만드는 과정이다." (Mark Douglas, 『Trading in the Zone』, 2021)

감정을 배척하지 않고 패턴화해 시스템에 통합했기에 기준은 감정의 흐름에 흔들리지 않았다. 오히려 그 흐름을 발판 삼아 더 단단하게 유지될 수 있었다. 이들의 전략을 참고해 세 가지 루틴을 만들었다.

- 매매 전 감정 점검
- 매매 중 정지 버튼
- 매매 후 감정 복기

처음에는 낯설었지만 이 루틴은 내 감정 곡선을 시각적으로 드러내는 장치가 되었다. 감정의 흐름이 일정해지자 기준은 그 리듬을 따르면서도 흔들림 없이 유지되기 시작했다. 그 순간 기준은 비로소 지속 가능한 전략이 되었다.

매매 루틴 안에 감정 점검 지점을 명확히 설정했다.

- 오전 10시 이전 진입은 조급함이 높았기에 '3초 호흡 정지'와 '마우스 손 떼기' 루틴을 추가했다.
- 종목별 감정 반응도 라벨링했다. 정치 테마주는 '불안', 바이오주는 '기대', 전기차주는 '낙관'으로 나타났다.

이처럼 감정을 명확히 구분하고 이름 붙이는 능력은 감정 라벨링(emotion labeling)[1)]이라 불린다. 이는 '불안', '분노', '슬픔' 등 감정 상태를 정확히 식별하고 체계화하는 방법이다. 나아가 감정을 종목 성향이나 신체 반응과 연결하면 감정이 기준을 넘어 개입하기 전에 대응할 여유를 확보할 수 있다.

감정을 설계한 이후에도 실수는 완전히 사라지지 않았다. 그러나 같은 실수가 되풀이되는 일은 눈에 띄게 줄었다. 실수는 인간의 본성이지만 구조화되지 않으면 반복된다. 감정을 구조화한 뒤에는 원인을 더 빠르게 인식할 수 있었고 동일한 패턴은 점차 사라졌다.

감정을 설계하는 트레이더는 감정이 격해진 날일수록 매매를 줄이거나 멈춘다. 이들은 감정이 기준을 무너뜨릴 수 있다는 점을 정확히 이해한다. 그들에게 중요한 것은 수익보다 감정의 평형을 유지하는 일이다. 감정을 다루는 방식 자체가 이미 시스템의 일부로 통합되어 있다.

---

1) 감정 상태를 '불안', '분노', '슬픔' 등으로 정확히 명명하는 능력

이 원칙을 실천하기 위해 '감정 지수 체크' 루틴을 도입했다.

- 감정 지수가 4 이상으로 높을 때는 수익률이 낮고 기준 이탈이 자주 발생했다.
- 감정 지수가 낮을 때는 기준 준수율이 높고 성과도 안정적이었다.

이 기록은 단순한 복기를 넘어 감정의 구조를 시각화하고 전략에 통합하는 핵심 도구가 되었다. 결국 기준을 지킬 수 있는 트레이더는 감정을 설계한 사람이다. 그들은 감정을 억누르지 않는다. 감정을 언어로 표현하고 반복을 포착하며 흐름을 예측 가능한 구조로 전환한다.

이들은 기준이 감정보다 느리게 반응한다는 사실을 알기에 전략보다 먼저 감정을 설계한다. 트레이딩은 감정을 억누르는 싸움이 아니라 감정을 구조화하는 과정이다. 성공하는 트레이더는 모두 자신만의 감정 설계도를 갖고 있다.

"감정을 전략의 일부로 편입해야만 투자자는 일관성을 유지할 수 있다."
(Daniel Crosby, 『행동 투자자』, 2020)

기준은 감정 위에 세워져야 한다

기준은 원칙이자 기술이며 시스템이다. 트레이딩에서 기준은 매매의 방향을 정하고 판단의 기준선을 제시한다. 그러나 기준만으로는 부족하다. 실전에서 마주하는 '감정'이라는 실시간 변수 앞에서 기준은 종종 무기력하게 흔들린다. 기준이 감정을 이기려면 단순히 세워 두는 것을 넘어 행동으로 전환되는 구조로 설계되어야 한다. 작동하는 기준은 머릿속에만 머무르지 않고 손끝에서 실행되어야 한다.

대부분의 트레이더는 기준을 세우는 데 집중한다.

- 매수 조건
- 손절 기준
- 리스크 비중
- 진입 타이밍

이 모든 항목은 문서로 정리되어 있다. 그러나 실전에서는 이 기준이 제대로 지켜지지 않는다. 이유는 단순하다. 기준이 부족해서가 아니라 감정이 먼저 반응하고 그 감정을 기준이 버티지 못했기 때문이다. 감정은 빠르고 본능적이며 즉각적이다. 반면 기준은 느리고 절차적이다. 이 속도 차이를 인식하지 못하면 아무리 훌륭한 기준이라도 실전에서 작동하지 않는다.

"감정은 즉각적으로 반응하는 반면, 기준은 인내와 훈련 없이는 실전에서 작동하지 않는다." (Mark Douglas, 『심리투자 불변의 법칙』, 20210)

감정을 이기는 기준에는 특별한 기술이 필요하다. 단순히 '어떻게 진입할 것인가'가 아니라 '기준이 언제 흔들릴지를 어떻게 감지할 것인가'에 대한 설계 역량이 요구된다. 이를 위해 필요한 것이 '사전 시나리오'와 '후속 행동 루틴'이다. 예를 들어 진입 전 체크리스트에 감정 상태를 점검하는 항목을 추가하고 진입 후 일정 시간 내 가격 움직임에 따라 사전에 정의된 대응 절차를 설정하는 방식이다. 이는 감정을 억누르는 것이 아니라 감정을 반영한 기준이 작동하도록 만드는 구조다.

기준을 감정보다 앞서 점검하는 습관을 들이자, 실수 빈도가 뚜렷하게 줄었다. 특히 기준이 모호해지기 쉬운 시점, 즉 시세 급변이나 시장 전반의 흔들림이 감지될 때 사전에 설정한 '중단 기준'이 작동하도록 설계했다. 이 기준은 기술적 조건뿐 아니라 감정 조건까지 포함한 심리적 안전장치였다. 이것이야말로 감정을 이기는 기준의 기술이며 반복과 복기를 통해 점점 더 정교하게 다듬어진다.

"트레이딩 성공은 감정을 통제하려는 데서 오지 않는다. 오히려 감정이 개입할 틈을 주지 않는 명확한 규율을 반복하는 데서 온다." (Brett Steenbarger, 『The Psychology of Trading』, 2002)

기준이 무너진 순간을 복기하고 감정을 분석하며, 실행 조건을 감정 구조에 맞게 조정한다. 이 과정을 거듭할수록 기준은 감정의 흔들림에도 무너지지 않는 실전형 시스템으로 성장한다. 이 과정을 구조화하기 위해 '기준 점검 루틴'을 만들었다.

- 매일 아침, 그날 적용할 기준을 다시 확인한다.
- 매매 전 감정 상태에 따라 기준의 유연 적용 여부를 메모한다.
- 하루가 끝난 뒤, 기준이 실제로 어떻게 작동했는지를 감정 중심으로 복기한다.

기준은 감정으로부터 나를 격리하는 장치가 아니다. 오히려 감정의 한가운데서도 나를 붙잡아주는 내면의 구조물이다. 시장이 급등락을 반복하는 순간에도 기준이 작동하려면 감정을 인식하고 조절할 수 있도록 사전에 설계되어 있어야 한다.

각 기준에 '감정 트리거'를 함께 정의해 두었다. 예를 들어 특정 종목에 급등 뉴스가 발표되어 충동 진입 가능성이 높아질 때 다음과 같은 대비 구조를 미리 설정한다.

- 진입 전 5분간 대기하여 감정의 흥분을 가라앉힌다.
- 체결 강도를 확인한 후 진입 여부를 판단한다.

이처럼 나의 기준은 단순한 수치 나열이 아니라 감정 반응까지 포함한 실행 중심 시스템으로 발전했다.

"감정을 억누르는 것이 아니라, 그것을 의식적으로 인식하고 구조 속에 배치할 때 비로소 통제가 가능해진다." (Antonio Damasio, 『The Strange Order of Things』, 2018)

기준이 감정을 고려하는 순간 비로소 실전에서 제 기능을 발휘하기 시작한다. 감정을 고려하지 않은 기준은 언제나 예외 상황 앞에서 무너진다. 기준이 흔들린 날일수록 복기하며 그 안에서 감정의 흔적을 추적했다.

- 이 기준은 어떤 감정 앞에서 작동하지 못했는가?

질문을 반복할수록 문제의 본질은 기술의 한계가 아니라 감정을 설계하지 않은 데 있음을 깨달았다. 기준을 강화한다는 것은 단순히 조건을 늘리는 것이 아니라 감정의 영향 속에서도 실제로 기능하도록 구조를 재정비하는 일이다.

감정보다 기준에 우선순위를 둔다는 말은 감정을 배제하겠다는 뜻이 아니다. 그것은 감정보다 먼저 기준이 작동하도록 체계를 설계한다는 의미다. 감정은 억누를 대상이 아니라 해석하고 구조화해야 할 신호다. 기준이 실전에서 힘을 발휘하려면 감정을 거스르는 억제력이 아니라 이를 다루는 기술이 필요하다. 기준은 단순한 규칙이 아니라 감정까지 포괄하는 실행의 틀이다. 이 틀은 감정을 인식하고 조율할 때만 생존력을 갖는다. 감정 위에 세운 기준만이 시장의 거친 파도 속에서도 균형을 지키며 버틸 수 있다.

제 2 장

감정을 구조로 바꾸는 기술

기준은 감정을 방어할 수 있는 가장 강력한 구조적 장치다. 기준 없는 매매는 감정의 파동에 휘둘릴 수밖에 없으며 기준은 반드시 감정보다 먼저 설정되어야 한다. '기준–감정–판단'으로 이어지는 3단계 루틴은 심리적 흔들림을 줄이고 일관성 있는 매매를 가능하게 한다.

또한 감정을 구조화한 복기 시스템은 기준을 유지하는 핵심 메커니즘이자 심리적 안전망이 된다. 감정을 깊이 인식할수록 기준은 단단해지고 기준이 견고할수록 감정의 영향에서 벗어날 수 있다.

감정은 구조화될 수 있는가

트레이딩에서의 실패는 결국 감정으로 귀결된다. 손실을 키운 것도, 무리하게 진입한 것도, 기준을 어긴 것도 모두 감정에서 비롯된다. 우리는 감정을 억누르거나 없애려 하지만 감정은 억제의 대상이 아니다. 감정은 자극에 대한 자동 반응이며 본능적 작용이다. 이 반응은 인지보다 빠르고 의식보다 먼저 작동한다.

"감정은 본능적 회로를 통해 의식보다 훨씬 먼저 반응하며, 우리의 의사결정은 그만큼 자주 감정에 의해 앞서 이끌린다." (Joseph LeDoux, 『불안과 공포의 뇌과학』, 2017)

그렇다면 질문을 바꾸어야 한다. 이제는 '억제 가능한가'가 아니라 '설계 가능한가'를 물어야 한다. 감정 설계란 감정을 통제하는 것이 아니라 예측하고 구조화하는 일이다. 감정이 발생하는 조건과 그 흐름을 파악해 판단에 미치는 영향을 미리 인식하고 시스템에 반영하는 것이다.

이 전략의 목적은 감정을 회피하거나 억제하는 것이 아니라 의사결정 체계에 적극적으로 통합하는 데 있다. 감정은 실전의 일부이며 구조화되지 않은 감정은 기준을 반복적으로 약화시킨다. 따라서 감정을 설계하지 않으면 어떤 기준도 실제 상황에서 제대로 작동할 수 없다. 특히 고속 판단이 요구되는 단기 매매에서는 감정이 한 번 흐트러지는 순간 기준은 즉시 제 역할을 잃는다.

감정은 빠르고 직관적이며 강력하다. 반면 기준은 느리고 논리적이다. 실전에서 승부를 가르는 것은 이 느린 기준이 감정의 속도에 얼마나 효과적으로 대응하느냐에 달려 있다. 대부분의 트레이더는 매수 조건, 손절 지점, 리스크 한도, 수익 목표 등 '기준'만 정교하게 설계한다.

그러나 그 기준이 실전에서 무너지는 근본 원인은 단 하나, 감정을 충분히 고려하지 않았기 때문이다.

기준은 차트 위에 놓여 있지만 매매는 감정의 기반 위에서 실행된다. 감정이 불안정하면 아무리 정교한 기준도 현실에서는 제대로 작동하지 않는다. 설계되지 않은 감정은 결국 모든 전략을 무력화한다. 기준은 언어로 정의되지만, 감정은 본능적으로 반응한다. 우리는 책에서 익힌 기준을 기억하면서도 실제 매매 버튼을 누르기 직전에는 감정의 명령에 쉽게 흔들린다. 바로 이 '이론과 반사' 사이의 간극은 감정이 먼저 반응하고 기준이 그 뒤를 따르는 순간 발생하는 판단의 시차와 왜곡을 뜻한다.

표면적으로는 기준이 충족되어 진입한 것처럼 보였지만 실제로는 마음속에서 이미 '이번엔 다를 거야'라는 감정이 먼저 반응하고 있었다. 행동을 움직인 것은 기준이 아니라 바로 그 감정이었다. 손실 직후 자신감이 꺾였거나 연속 수익에 들떠 판단이 흐려졌을 때, 그 모든 순간이야말로 감정이 시스템을 압도한 결정적 장면이었다. 그제야 깨달았다. 트레이딩 시스템의 핵심은 기술이 아니라 감정이었다. 실전에서는 차트 분석보다 감정의 해석이 훨씬 더 큰 힘을 발휘한다.

이론적으로는 충분히 옳은 자리였지만, 그날따라 높아진 불안을 무시한 채 진입하자 손실은 어김없이 반복되었다. 실패의 원인은 기준에 있지 않았다. 감정이 기준을 덮어버린 데 있었다. 감정 설계의 첫걸음은 바로 이처럼 반복되는 감정 패턴을 인식하는 것이다.

- 어떤 조건에서 조급해지는가?
- 어떤 상황에서 자만이 작동하는가?

- 손실 후 어떤 감정이 무기력으로 이어지는가?

감정은 무작위로 분출되지 않는다. 특정 조건이 갖춰지면 자동으로 활성화되는 고유한 반응 구조를 따른다. 이 구조를 관찰하고 기록하며 시각화할 때, 감정은 더 이상 통제 불가능한 변수가 아니라 예측 가능한 흐름으로 바뀐다.

"감정은 무작위가 아니라 반복되는 패턴을 따른다. 그리고 그 반복은 곧 예측 가능한 구조를 형성한다." (Lisa Feldman Barrett, 『감정은 어떻게 만들어지는가?』, 2017)

감정은 상황마다 다르게 나타나지만, 개인에게는 반복되는 고유한 패턴이 존재한다. 이를 인식하지 못하면 매번 다른 이유로 실패했다고 착각하지만, 실제로는 같은 구조 속에서 실패를 반복하는 것이다.

매매일지에 '감정 구간'을 추가해 진입 전, 보유 중, 손절 직후, 복기 후의 감정을 시간순으로 기록하자, 그 안에 숨어 있던 일정한 패턴이 점차 모습을 드러냈다.

- 조급함이 잦은 시간대
- 과감한 진입이 많은 종목 유형
- 집중력이 흐려지는 장세의 특징

이러한 감정의 흔적은 하나의 지도처럼 연결되어 트레이딩 시스템의 토대가 되었다. 감정을 수치나 색상으로 시각화하자 흐름은 더욱 뚜렷해졌다. 루틴은 단순한 습관이 아니라, 예상되는 감정을 미리 고려해 설계한 전략 장치였다.

나는 진입 전 감정을 한 문장으로 기록하고 기준을 재확인한 뒤, 그 감정이 판단에 미치는 영향을 간단히 분석했다. 이 작은 습관은 실전에서 감정과 기준 사이의 균형을 유지하는 심리적 안전장치가 되었다. 예를 들어 '오늘 조급함이 예상된다'라고 적어 두면 '3초 멈춤'이나 '소액 진입' 같은 대응 루틴이 자동으로 작동했다. 결국 설계된 감정은 전략을 강화하지만, 방치된 감정은 기준을 무너뜨린다.

감정은 예외가 아니다. 트레이딩 시스템의 일부이며 기준과 동등한 비중으로 다루어져야 한다. 감정은 억제의 대상이 아니라 분석하고 구조화해야 할 핵심 요소다. 기준이 전략의 언어라면 감정은 그 전략의 맥락이다. 따라서 기준이 감정에 침식되지 않으려면 반드시 감정 자체를 설계해야 한다.

"직관은 마음의 속삭임이고, 자기 대화(self-talk)는 자아의 외침이다. 생각의 소음이 커질수록 우리는 직관을 잃는다." (Brett Steenbarger, 『TraderFeed 블로그』, 2021)

그 순간부터 비로소 감정 위에 기준을 세울 수 있다. 시장은 언제나 예측의 바깥을 흐르고 매매는 종종 계획에서 벗어난다. 그러나 감정이 구조화되어 있다면 그 틈조차 심리적 균형을 회복하는 발판이 된다. 감정을 체계화한 사람만이 감정에 흔들리지 않고 끝까지 매매를 실현할 수 있다.

감정을 구조로 읽는 첫 단계

감정은 흔히 순간적이고 단발적인 반응으로 보이지만 실제로는 일정한 구조와 흐름 그리고 고유한 서사를 따른다. 특정 자극에서 발생한 감정은 곧바로 반응으로 이어져 판단을 흐리고 행동을 유도하는 연쇄를 만든다. 감정은 무작위로 흘러가는 것이 아니라 반복되는 자극과 반응의 패턴 속에서 구조화된다. 바로 이 구조를 식별하는 지점에서 감정 설계가 출발한다.

감정은 인식되지 않을 때 우리를 지배하지만 구조로 해석되는 순간 우리는 감정을 다룰 수 있는 주체가 된다. 감정은 돌발적 폭발이 아니라 예측 가능한 반응의 서사다. 이 서사를 읽어내는 힘이야말로 트레이더가 실전에서 살아남는 핵심 기술이다.

"감정을 의식하지 못하면 우리는 그것을 통제할 수 없다. 감정을 관찰하고 구조화할 때 비로소 그 흐름에 주도권을 가질 수 있다." (Susan David, 『Emotional Agility』, 2016)

감정 구조는 '자극 → 반응 → 왜곡 → 행동'의 네 단계로 설명할 수 있다. 예를 들어 시세가 급등하면 곧바로 기대감과 조급함이 살아난다. 이어 '이번엔 다를 거야'라는 내면의 왜곡이 개입하고, 결국 기준을 무시한 진입이나 손절 회피 같은 행동으로 연결된다. 이 과정은 거의 무의식적 속도로 전개되며 논리적 기준을 압도한다.

기준은 머릿속에서 준비되어 있으나 감정은 손끝에서 먼저 움직인다. 감정 구조는 이렇게 판단을 앞질러 지나치게 빠른 속도로 의식을 관통하며 '기준을 잊었다'는 착각을 남긴다. 그러나 우리는 기준을 놓친 것이 아니라 감정 구조에 대응하지 못해 그 흐름에 휩쓸린 것이다.

대부분의 트레이더는 실수를 복기할 때 마지막 행동에만 주목한다. 진입이 성급했는지 손절이 늦었는지 혹은 비중이 지나쳤는지를 결과 중심으로 되짚는다. 겉으로 드러난 결과에 집중하다 보면 실수의 근본 원인에는 닿지 못한 채 행동의 표면만 반복해서 살피게 된다. 그러나 그 행동을 이끈 핵심 이유를 추적해 보면 언제나 앞선 단계에 자리한 감정적 왜곡을 발견할 수 있다.

감정이 왜곡되면 해석이 달라지고 해석이 흐려지면 판단은 힘을 잃는다. 결국 기술적 실수는 감정 구조가 만들어 낸 부산물일 뿐이다. 진정한 복기는 단순한 기술 분석이 아니라 감정 구조 전체를 추적하는 과정이다. 실수의 재발을 막으려면 행동을 바로잡기보다 그 행동을 이끈 감정 구조부터 개입해야 한다. 감정 구조를 읽지 못하면 전략은 언제나 상황의 뒤를 따른다.

반복적으로 기준을 무시한 패턴을 돌아보며 감정 구조의 필요성을 절실히 깨달았다. 특히 '기대감'이 개입하는 순간에는 기준보다 직감이 앞서기 쉬웠다. 기대는 판단을 단순화하고 기준을 부분적으로만 해석하게 하며 긍정적 신호를 과도하게 평가하도록 만든다. 이런 왜곡이 쌓이면 기준은 선언에 머물고 실제 실행은 결국 감정에 지배된다.

기대감이 커질수록 '나만은 다를 것이다'라는 자기 확신이 강해지고, 이는 실전에서 무리한 진입을 합리화하는 논리로 이어진다. 감정은 때로 이성의 언어로 모습을 바꾸며 이 왜곡을 자각하지 못하면 우리는 기준을 저버리면서도 그 행동을 스스로 정당화한다.

"감정은 종종 이성의 얼굴을 하고 나타나며, 우리는 그것을 합리적 판단으로 착각한다." (Lisa Feldman Barrett, 『감정은 어떻게 만들어지는가?』, 2017)

감정 구조를 인식하려면 관찰의 초점을 외부가 아니라 자기 자신에게로 돌려야 한다. 차트를 분석하는 것만큼이나, 그 차트를 바라보는 '나'를 지켜보는 훈련이 필요하다. 손이 조급하게 움직일 때 스스로에게 물어야 한다.

- 나는 어떤 감정을 느끼고 있었는가?
- 기준을 생략한 순간 내면에서는 어떤 합리화가 작동하고 있었는가?

이런 질문을 꾸준히 던지다 보면 감정의 구조는 점차 구체적인 형태로 드러난다. 감정은 직접 눈에 보이지 않지만, 그 흔적은 때로 차트보다 더 선명하게 남는다. 트레이더가 손이 움직이기 직전의 생각을 포착할 수 있을 때 비로소 감정을 명확하고 구체적으로 인식하기 시작한다.

가장 효과적인 방법 가운데 하나는 '감정 플로우 차트'를 작성하는 일이다. 이는 단순히 감정을 기록하는 수준을 넘어, 감정의 발생 과정을 시간순으로 배열하고 각 감정이 판단에 미친 영향을 원인과 결과로 연결하는 과정이다.

예를 들어

- 장 초반 변동성 자극 → 조급함 → 기준 생략 → 돌파 추격 진입

이런 흐름은 정형화된 감정 플로우의 전형적 사례다. 기록이 쌓이면 각자에게 반복적으로 나타나는 감정 패턴이 자연스럽게 드러난다. 감정이 언제, 어떤 조건에서 활성화되고 어떤 왜곡을 일으키는지 시각적으로 확인할 수 있다. 구조를 파악하면 그에 맞춘 사전 대응 전략을 설계할 수 있다. 감정 플로우는 더 이상 추상적이고 통제 불가능한 흐름이 아니라 반복 패턴을 시각화한 전략적 분석 도구로 전환된다.

이 흐름을 도식화하는 순간, 실수가 나타나기 전 단계에서 감정의 경고 신호를 조기에 포착하는 시스템이 완성된다. 감정 플로우는 복기를

감정 중심으로 확장할 뿐 아니라 기준이 감정 위에서 안정적으로 작동하도록 설계의 토대를 제공한다. 감정은 흘러가지만, 반복되는 감정은 결국 구조로 바뀐다. 그리고 그 구조를 읽는 능력이야말로 실전에서 살아남는 진정한 힘이다.

실제 복기 노트에서 감정 플로우를 도식화하는 과정을 거치며, 감정이 특정 조건에서 반복적으로 나타난다는 사실을 선명히 확인할 수 있었다. 감정은 예측 불가능한 공포가 아니라 되풀이되는 구조적 패턴이었다. 이 패턴이 구조화되는 순간 흐름은 예측 가능해지고 예측 가능한 흐름은 곧 통제 가능한 전략으로 전환된다. 이런 인식의 전환을 통해 감정은 더 이상 시스템의 약점이 아니라 핵심 설계 요소로 자리매김했다.

특히 감정 플로우를 시계열로 정리했을 때 심리적으로 취약한 시간대, 반복적으로 흔들리는 종목 유형, 그리고 기준이 자주 무너지는 진입 조건이 구체적으로 드러났다. 흐릿하게만 느껴지던 감정의 움직임이 명확한 패턴으로 정리되면서 대응 전략 또한 훨씬 더 정밀하게 설계할 수 있었다.

'감정도 구조를 갖는다'는 단 하나의 사실이 내 복기 시스템을 단순한 반성에서 구조적 분석으로 이끄는 결정적 전환점이 되었다. 감정은 복잡하게 보이지만 그 안에는 분명한 구조와 반복되는 리듬이 숨어 있다. 이 리듬은 겉으로는 매번 달라 보이는 감정 반응 속에서도 일정한 흐름을 드러나게 한다. 따라서 감정 구조를 인식하는 일은 단순히 실수를 줄이는 절차가 아니라 감정 기반 실전 매매 시스템을 설계하는 출발점이다.

감정은 흘러가는 현상이 아니라 구조화할 수 있는 흐름이다. 감정을 읽어낼 수 있는 사람만이 감정 위에 기준을 세울 수 있으며 그렇게 세운 기준만이 실전의 격류 속에서도 흔들리지 않는다. 감정 구조를 인식한다는 것은 감정을 억누르는 일이 아니라 그 방향을 예측하고 기준이 변화를 어떻게 견딜지를 설계하는 과정이다. 결국 시스템은 언제나 감정에서 시작된다.

"성공적인 트레이더는 감정을 제거하려 하지 않는다. 그들은 감정을 인식하고, 그것을 무력화할 수 있는 신념과 규율을 시스템 안에 구축한다."
(Mark Douglas, 『심리투자 불변의 법칙』, 2021)

감정은 말로 붙잡아야 한다

트레이딩에서 가장 소홀히 다뤄지는 영역은 감정이다. 특히 단순한 감정의 '인식'을 넘어 이를 '언어화'하는 과정은 거의 언급되지 않는다. 대부분의 트레이더는 감정을 느끼지만, 그 감정을 구체적 언어로 명확히 표현하는 경우는 드물다. 감정은 머릿속을 스치듯 떠올랐다가 곧 사라지고 그 빈자리에 남는 것은 불분명한 해석뿐이다. 복기와 기록을 거치지 않은 감정은 구조화되지 못한 채 반복적으로 판단을 흐리고 기준을 허물어뜨린다. 감정의 언어화는 단순한 기록이 아니다. 그것은 기준을 지키기 위한 심리적 방어 장치다. 언어로 표현된 감정은 비로소 '객체화'되어 인식되고 분석 가능한 대상으로 바뀐다. 감정을 다룰 수 있는 첫 번째 관문은 바로 언어화를 통해 감정을 붙잡는 일이다.

"감정은 이름 붙여질 때 비로소 인식된다. 언어는 감정에 형태를 부여해, 그것을 다루고 통제할 수 있는 대상으로 바꾼다." (Lisa Feldman Barrett, 『감정은 어떻게 만들어지는가?』, 2017)

감정을 언어화한다는 것은 그 감정에 이름을 붙이는 일이다. '무섭다', '조급하다', '긴장된다', 혹은 '지금은 아무 감정도 없다'와 같은 단순한 표현이라도 언어로 바뀌는 순간 감정은 추상적 감각이 아니라 구체적 정보가 된다. 언어화되지 않은 감정은 시간 속에 흩어지지만, 언어화된 감정은 기록되고 재인식되어 전략적 대응이 가능하다. 감정은 물처럼 흘러가지만, 언어는 그 흐름에 이름을 붙이고 방향을 정하는 도구가 된다. 결국 감정에 정확히 이름을 붙이는 행위가 곧 그 흐름을 붙잡아 복기와 전략으로 이어주는 첫걸음이다.

매매일지에 처음 감정을 기록했던 순간을 아직도 선명히 기억한다.

- 지금 손끝이 떨린다.
- 진입 버튼을 누르기 전 가슴이 답답하다.
- 손절하려는데 내면에서 자책이 올라온다.

처음에는 어색했고 실전과도 조금은 동떨어져 보였다. 그러나 시간이 지나자 이 짧은 감정 문장들이 경고 신호처럼 작동하기 시작했다. 동일한 감정을 마주하는 순간, 과거의 실수가 즉시 떠올랐고 감정에 휘둘리지 않을 수 있었다. 감정의 반복은 단순한 느낌의 반복이 아니라 행동 패턴의 반복이다. 언어화는 그 고리를 끊어내는 가장 효과적인 단서다.

"감정을 붙잡는 가장 실용적인 방법은 그것을 짧고 단순한 언어로 표현하는 것이다. 언어화되지 않은 감정은 통제할 수 없다." (Susan David, 『Emotional Agility』, 2016)

많은 이들이 감정을 해석하려 한다. 왜 그렇게 느꼈는지를 분석하고 설명하는 데 에너지를 쏟는다. 그러나 정작 그 감정을 있는 그대로 포착하는 일에는 소홀하다. 감정은 해석보다 기록이 먼저다. 언어화는 설명이 아니라 감정에 대한 단순하고 명료한 진술이다. 실전에서 감정을 한 문장으로 정확히 붙잡는 일은 가장 실용적이고 강력한 감정 통제의 출발점이 된다. 지나친 해석은 오히려 판단을 흐리게 한다. 실전에서는 짧고 명료한 감정 언어가 기준을 지키는 심리적 방어막이 된다.

감정이 언어로 표현되는 순간, 감정과 나 사이에는 심리적 거리가 생긴다. 그 거리가 사라지면 감정은 매매를 지배하고 기준은 무너진다. 반대로 언어는 감정과 나 사이에 사고의 틈을 만든다. 그 틈이 사고를 가능하게 하고 사고는 다시 기준을 불러온다. 감정을 언어화한다는 것은 곧 기준을 회복하는 통로를 여는 일이다. 이 틈이 바로 심리적 완충지대이며 기준이 감정에 잠식되지 않도록 지켜주는 시스템의 여유 공간이 된다.

나는 매매 루틴 속에 감정 언어화 단계를 명확히 통합했다. 진입 직전 10초 동안, 그 순간 느끼는 감정을 한 문장으로 기록하는 방식이다. 예를 들어 '지금 급하게 들어가고 싶다.' '지금 감정이 없다. 그래서 더 위험하다.'와 같은 문장들은 단순한 메모가 아니다. 그것은 경고이자 구조이며, 감정에 매매를 맡기지 않겠다는 의식적 선언이다. 언어로 꺼낸 감정은 구조화되지만, 말로 드러나지 않은 감정은 무의식 속에서 계속 작동한다. 실전에서 가장 위험한 감정은 자각되지 않은 감정이다. 언어화는 이 숨은 감정을 의식 위로 끌어올리는 가장 강력하고 효율적인 도구다.

"언어로 표현된 감정은 통제가 가능하지만, 이름 붙여지지 않은 감정은 무의식에서 우리의 판단을 지배한다." (Lisa Feldman Barrett, 『감정은 어떻게 만들어지는가?』, 2017)

나는 반복되는 감정의 흐름에 이름을 붙이기 위해 '감정 사전'을 만들기 시작했다. 조급함이 올라오면 '기대 과부하', 불안이 커지면 '정보 공백', 지나친 확신이 나타나면 '판단 통제 상실'과 같이 감정에 구조화된 언어를 부여했다. 이런 명명은 복기 과정에서 감정 패턴을 식별하는 핵심 도구가 되었다. 감정은 모호한 언어로 표현되면 반복되지만, 구조적 언어로 분류될 때 비로소 분석과 대응이 가능해진다. 결국 감정 사전은 감정 관리 매뉴얼로 작동한다.

감정을 언어화하라. 그것은 감정을 억누르거나 회피하는 일이 아니라 감정을 붙잡아 흐름 속에서 구조로 바꾸고 실수를 반복하지 않기 위한 심리 시스템을 세우는 일이다. 기준이 언어로 정의되듯 감정도 언어로 표현될 때 비로소 기준과 연결된다. 감정이 기준을 압도하지 않게 하려면 무엇보다 감정을 정확히 불러야 한다. 말로 표현되지 않은 감정은 흐름에 휩쓸리지만, 언어로 붙잡힌 감정만이 전략으로 전환된다. 트레이더에게 가장 절실한 언어는 기술적 용어가 아니라 흔들리는 감정을 붙잡는 자기만의 언어다. 때로는 그 한 문장이 기준을 지켜주는 마지막 끈이 된다.

감정과 판단 사이, 기준이 들어설 틈

트레이딩에서 가장 결정적인 순간은 진입과 청산이다. 이때의 판단은 수익과 손실을 가르는 칼날 위에 서 있다. 하지만, 이 중요한 결정에 감정이 개입하는 순간 기준은 쉽게 왜곡되고 실수는 되풀이된다. 우리는 감정을 느끼지만, 그 감정이 판단에 어떤 방식으로 작동하는지는 제대로 인식하지 못한다. 그래서 필요한 것이 바로 '감정과 판단을 분리하는 훈련'이다.

감정과 판단 분리는 감정을 억누르는 기술이 아니라 감정과 판단 사이에 간격을 확보하는 기술이다. 이 간격은 기준을 회복할 수 있는 실전적 여유이자 돌이킬 수 없는 실수를 막아주는 심리적 안전지대다. 이 기술은 단순한 정서 통제를 넘어 실전에서 실제로 손을 멈추고 기준을 호출하게 만드는 '감정 인터셉트(intercept)'[2]로 작동한다. 감정 인터셉트란 감정이 무의식적으로 행동을 지배하기 전에 그 발생을 인식하고, 중단하거나 방향을 조절하는 심리적 개입 행위를 말한다.

"감정을 억제하려 하지 말고, 감정과 반응 사이에 공간을 확보하라. 그 공간이 곧 선택의 자유를 만든다." (Viktor Frankl, 『삶의 의미를 찾는 인간의 힘』, 2020)

감정과 판단은 거의 동시에 일어난다. 차트를 보는 순간 기대가 피어나고 거래량이 급증하면 곧바로 조급함이 따라온다. 이 감정은 즉시 판단으로 옮겨붙으며 언제나 기준보다 앞서 반응한다. 문제는 이 반응이 너무 빠르다는 데 있다. 기준이 개입할 틈조차 남기지 않는다. 그래서 우리는 기준을 가지고 있으면서도 실행하지 못한다. 감정이 이미

2) 감정이 무의식적으로 행동을 지배하기 전에 그 감정의 발생을 인식하고 중단하거나 방향을 조절하는 심리적 개입 행위입니다.

판단을 선점했기 때문이다.

감정과 판단을 분리하는 훈련의 핵심은 판단을 잠시 늦추는 데 있다. 그 짧은 지연 속에서 기준이 끼어들 여지가 생긴다. 감정이 차지한 자리를 기준이 되찾으려면 의도적으로 마련한 심리적 여백이 반드시 필요하다. 이 여백은 판단이 감정의 하위 기능으로 떨어지지 않도록 막아주는 결정적 장치다.

판단 속도가 빨라질수록 기준이 사라진다는 사실을 여러 차례 경험했다. 특히 상승 돌파 구간에서는 감정이 판단보다 먼저 움직였고 손이 머리보다 앞서 클릭했다. 그래서 '1분 지연 진입' 훈련을 도입했다. 매수 신호가 잡혀도 즉시 진입하지 않고 정확히 1분 동안 감정과 판단을 분리하는 시간을 확보하는 것이다.

이 짧은 지연은 기준을 다시 점검할 여유를 주었고 수많은 충동 진입을 사전에 차단했다. 이는 감정을 억누른 것이 아니라 감정이 판단을 선점하지 못하도록 반응의 순서를 재배치한 것이다. 겉보기에는 단순한 습관처럼 보이지만, 실제로는 기준을 다시 호출하는 강력한 실전 전략으로 작동했다.

감정과 판단을 분리하는 방법은 다양하다. 첫째, 판단 직전에 감정의 이름을 붙이는 것이다.

- 지금, 나는 조급하다.
- 지금, 나는 확신이 과도하다.
- 지금, 나는 아무 감정이 없다.

짧은 문장 하나가 감정과 판단을 분리하는 출발점이 된다. 감정에 이름을 붙이는 순간, 그 감정은 흐름 속에서 멈춰 선 하나의 객체로 바뀐다. 언어화된 감정은 곧 인식으로 이어지고 인식된 감정은 구조화될 수 있다. 감정을 완전히 멈출 수는 없지만, 속도를 늦추는 것은 가능하다. 이 작은 언어적 행위가 사고의 흐름을 늦추고 기준이 개입할 틈을 만들어 준다.

"감정에 이름을 붙이는 순간, 감정이 나를 지배하지 않고 내가 그 감정을 다룰 수 있게 된다." (Susan David, 『Emotional Agility』, 2016)

둘째, 판단을 체크리스트로 구조화하는 것이다. 감정이 섞인 판단은 흐릿하지만, 체크리스트는 판단을 또렷하게 만든다.

- 지금 기준 조건은 모두 충족되었는가?
- 이 진입은 감정에 의한 복수 매매는 아닌가?
- 최근 감정 흐름이 지금 판단에 영향을 주고 있지는 않은가?

이 질문들은 단순한 확인 절차가 아니라 감정의 흐름을 멈추고 판단을 구조화하는 심리적 디버깅 장치다. 감정은 흐르지만, 체크리스트는 정지 버튼처럼 작동한다. 이 짧은 멈춤은 감정의 자동 반응을 차단하고 그 틈을 통해 실수를 걸러내는 구조화된 인터셉터가 된다. 이 멈춤의 순간이 곧 기준이 개입하는 시작점이며 감정과 행동 사이의 간극을 자각하게 만드는 의식적 장치가 된다.

셋째, 루틴 안에 감정을 자동으로 걸러내는 흐름을 설계하는 것이다. 진입 전 반드시 세 가지 점검을 거친다.

- 감정 상태 점검
- 기준 충족 여부 확인
- 진입 이유 서술

이 세 단계를 통해 감정은 항목화되고 판단은 구조화된다. 반복 훈련이 쌓이면 감정과 판단이 동일한 공간 안에 존재하더라도 서로를 방해하지 않게 된다. 감정이 있어도 판단은 루틴이라는 울타리 안에서 독립적으로 작동한다. 루틴이란 감정과 판단이 충돌하지 않도록 심리적 구획을 나누는 설계다. 또 하나의 실용적인 방법은 '감정 분리 문장'을 활용하는 것이다. 진입 직전에 항상 이렇게 다짐한다.

- 지금, 나는 감정을 느낀다. 그러나 판단은 그 감정 뒤에 온다.

이 문장은 감정을 억누르지 않는다. 오히려 감정의 존재를 인정하면서도 그 뒤에 기준이 작동할 수 있는 틈을 마련한다. 언어는 감정을 지우는 도구가 아니라 감정과 판단 사이에 숨 쉴 여백을 열어 주는 장치다. 이 문장이 확보한 단 몇 초의 간격 안에서 기준은 다시 제자리를 찾는다. 나는 이 문장을 수없이 되뇌며 훈련했고 감정이 먼저 도착하더라도 판단이 반드시 그 뒤를 따르도록 만들었다.

"감정과 반응 사이의 공간은 단 몇 초에 불과할 수 있지만, 그 짧은 간격이 우리의 자유를 가능하게 한다." (Viktor Frankl, 『삶의 의미를 찾는 인간의 힘』, 2020)

감정과 판단을 분리한다는 것은 감정을 없애는 것이 아니다. 오히려 감정을 한 발짝 떨어져 바라보도록 훈련하는 일종의 '거리 두기 연습'이다. 이러한 간격을 반복적으로 확보할수록 우리는 감정과 공존하면서도 흔들림 없는 판단을 유지할 수 있다. 감정이 크게 요동하더라도 판단이 흐려지지 않을 때 비로소 기준은 제 기능을 다한다. 결국 중요한 것은 감정을 없애려는 것이 아니라 그 움직임 속에서 기준을 정립하는 일이다. 감정이 존재하는 한, 기준 또한 반드시 그 안에서 작동해야 한다.

감정은 판단을 흐리게 하지만, 그것을 인식하고 체계화한다면 판단은 결국 감정을 거쳐 기준에 도달한다. 감정과 판단 사이에 거리가 열릴 때 우리는 그 틈에서 기준을 세울 여유를 얻게 된다. 기준은 감정이 멈춘 자리에 머무는 것이 아니라 그 과정을 통과한 뒤에야 비로소 확립된다. 이 간격이 넓어질수록 우리는 실패로부터 한 걸음 더 멀어진다. 감정은 순간의 흐름이지만 그 과정을 지나 얻은 판단은 오래간다. 이러한 훈련이야말로 감정에 휘둘리지 않는 기준의 근육이며 실전에서 기준을 실현하는 가장 현실적인 길이다.

감정 루틴, 기준의 자리를 확보하는 법

트레이딩에서 루틴은 흔히 기술적 절차에만 치우친다. 장 시작 전 시황 점검과 종목 선정, 조건 검색, 매수 시점 판단까지 모든 과정이 기술 위주로 흘러간다. 그러나 실전에서 기준이 흔들리는 진짜 이유는 기술의 부족이 아니라 감정의 개입에 있다. 차트가 아무리 완벽해 보여도 손은 주저했고, 조건은 충족됐지만 마음은 따라주지 않았다.

따라서 더 중요한 것은 감정 관리 루틴의 설계다. 감정의 흐름을 다스리지 못한 루틴은 끝내 기준을 실행하지 못한다. 실전에서 기준이 무너지는 거의 모든 순간은 기술의 결함 때문이 아니라 심리 설계가 빠져 있기 때문이다.

"시장에서 실패하는 이유는 기술 부족이 아니다. 진짜 원인은 두려움과 의심, 그리고 감정이 규율을 압도하기 때문이다." (Mark Douglas, 『심리투자 불변의 법칙』, 2021)

감정 루틴은 '감정이 기준보다 먼저 작동한다'는 전제를 바탕으로 그 흐름을 절차화해 관리하는 시스템이다. 이는 감정을 억누르거나 감정 없는 매매를 상상하는 비현실적 발상이 아니다. 오히려 감정을 인식하고 의도적으로 통합하는 전략적 판단에 가깝다. 감정의 흐름을 루틴 안에 포함해 시스템의 일부로 수용하는 접근이 필요하다.

감정 루틴은 감정을 감지하고 분리하며 복기하는 과정을 체계화해 흐름에 명확한 경로를 부여하고 기준이 침식되지 않도록 지킨다. 그것은 감정을 차단하는 벽이 아니라 감정이 자연스럽게 흐르도록 허용하면서도 기준을 단단히 고정해 주는 지속 가능한 심리적 닻이다.

트레이딩 초기에 나는 기술 중심 루틴만 갖추면 매매가 안정될 것이라 믿었다. 하지만 매매 전 긴장은 오히려 커졌고, 손실이 누적되자 감정은 무뎌지고 기준은 점차 흔들렸다. 조건을 충족한 기준은 분명히 있었지만, 감정의 흐름에 따라 그 기준은 수시로 변형됐다. 문제는 기준 자체가 아니라 감정이 기준을 앞질러 작동하는 방식이었다.

그때 처음으로 루틴 속에 감정을 의도적으로 포함하기 시작했다. 감정을 배제한 루틴은 본질적으로 불완전했고 기준이 자주 무너진 진짜 이유는 '감정의 개입을 통과하는 절차'가 루틴 안에 없었기 때문이었다. 루틴은 단순히 기준을 실행하는 절차가 아니라 감정을 거치면서도 기준을 지켜내는 심리적 다리다. 감정이 먼저 작동하더라도 기준이 실현되도록 감정과 판단 사이에 여백과 경로를 설계하는 연결 장치인 셈이다.

감정 루틴은 크게 세 단계로 나눌 수 있다.

- 감정 점검: 진입 직전의 감정 상태를 한 문장으로 기록한다. '불안하다' '기대된다' '무감각하다'처럼 짧게 정리된 언어는 판단을 여는 방아쇠가 된다. 감정을 언어로 드러내는 순간 이미 절반은 통제한 셈이다.
- 감정 구간 인식: 매매 중 감정이 고조되는 순간을 미리 특정한다. 예를 들어 진입 직후 5분, 수익 확정 직전, 급등 뉴스 직후 등이 대표적이다. 이 구간에는 '정지' '체크리스트 점검' '중립적 질문' 같은 루틴 행동을 의도적으로 삽입해 감정이 판단을 덮어쓰지 못하도록 심리적 완충 장치를 둔다.
- 감정 복기: 매매 후 감정이 기준에 어떤 영향을 주었는지 짧게 서술한다. 복기를 통해 감정의 흐름이 다음 매매에 반복되지 않도록 사전에 막는다.

이 세 단계는 단순하지만, 감정이라는 본능적 회로를 반복 점검해 체계화하는 심리적 순환 구조다.

"거래에서 진짜 훈련은 차트를 보는 법이 아니라, 감정이 의사결정을 지배하지 못하도록 매 순간 자신을 점검하는 데 있다." (Mark Douglas, 『심리투자 불변의 법칙』, 2021)

우리는 이 감정 루틴을 '감정의 다리'라 부른다. 기준과 실행 사이에 놓인 이 다리가 단단할수록 감정이 요동해도 기준의 언덕으로 건너갈 수 있었다. 반대로 감정 루틴이 없던 시절에는 강을 건너지 못한 채 매번 충동의 물살에 휩쓸려 떠내려갔다. 이 루틴은 단순해 보이지만 기준을 실전에 옮겨심는 가장 실용적인 기술이었다.

다리가 없으면 기준은 언제나 이론에만 머문다. 그러나 매매를 반복할수록 이 다리는 점점 더 단단해지고 감정에 흔들릴 때마다 기준을 다시 불러오는 회귀 통로가 된다.

나는 실전 루틴 안에 작은 '감정 스위치'를 두었다.

- 진입 직전 5초 동안 호흡을 멈추고 감정을 인식한다.
- 익절 시 자동 반응 대신 루틴 점검을 통해 감정의 흐름을 확인한다.
- 손절 후에는 '즉시 진입 금지'라는 쿨다운 장치를 반드시 실행한다.

이 단순한 반복이 쌓이자, 감정은 더 이상 통제 불가능한 외부 자극이 아니라 시스템 내부의 작동 조건으로 전환됐고 기준은 예외 없는 원칙으로 자리 잡았다. 핵심은 감정을 시스템 밖으로 밀어내는 것이 아니라 안으로 통합하는 데 있다. 중요한 점은 기준이 감정을 억누르는 것이 아니라 감정과 기준이 충돌하지 않도록 루틴 안에서 함께 작동하게 설계하는 일이다.

"감정은 생존을 위한 자동 반응이다. 그러나 훈련을 통해 우리는 그 반응을 인식하고 조절할 수 있다. 감정을 억누르는 것이 아니라 구조화하는 것이 자기통제의 핵심이다." (Lisa Feldman Barrett, 『감정은 어떻게 만들어지는가?』, 2017)

그 구조를 세우는 일이 곧 감정 루틴의 본질이다. 감정 루틴의 힘은 복잡함이 아니라 단순함과 반복성에 있다. 감정 점검은 한 문장으로 충분하고 감정 구간은 한두 시점만 설정하면 된다. 복기도 세 문장 이내로 정리된다. 중요한 것은 형식이 아니라 감정을 루틴 속에 의도적으로 통합하는 반복 훈련이다.

이 반복이 쌓이면 감정은 통제 대상이 아니라 예외 없는 절차로 자리잡는다. 기준 역시 그 절차 속에서 실행 가능한 구조로 고정된다. 루틴화된 감정 구조는 어느 순간부터 자율적으로 작동하기 시작하며 기준은 감정 위에 단단히 고정된다. 반복은 감정이 인식의 경계를 넘어설 때 흐름을 안정시키고 습관은 기준이 흔들리지 않도록 받쳐 주는 심리적 틀이 된다.

감정 루틴은 감정을 억누르거나 지워내려는 시도가 아니다. 오히려 감정의 흐름을 기준의 흐름과 나란히 두는 기술이다. 감정을 없애려 하지 말고 흐를 수 있는 틀을 먼저 마련하라. 그 위에 기준을 세워야만 실전에서도 살아남을 수 있다.

루틴이 없는 기준은 언제나 감정에 밀린다. 그러나 감정 속에서도 끝까지 작동하는 것은 루틴으로 설계된 기준뿐이다. 감정은 사라지지 않는다. 하지만 감정은 정렬될 수 있다. 그 정렬을 가능하게 하는 실전적 구조가 바로 감정 루틴이다. 결국 감정 루틴은 기준을 감정의 흐름 위에서 안전하게 운반하는 가장 실용적인 다리다.

자문은 흔들림을 끊는 심리 기술이다

트레이딩에서 실수는 피할 수 없다. 하지만 더 중요한 것은 그 실수가 반복되는 거다. 한 번의 실수는 경험이 되지만, 동일한 실수가 되풀이 된다면 그것은 단순한 판단 착오가 아니라 감정 구조가 반복되고 있다는 신호다. 이러한 반복은 기술 부족이 아니라 감정 설계의 부재에서 비롯된다.

이 구조를 깨뜨릴 가장 현실적이고 강력한 도구가 바로 '질문'이다. 질문은 단순히 사고를 유도하는 장치가 아니다. 그것은 실전에서 감정의 흐름을 끊거나 바꾸는 심리적 인터럽트(Psychological Interrupt)[3], 즉 자동화된 심리 반응이 일어나기 전에 의식적인 주의나 외부 자극으로 그 흐름을 차단하고 방향을 바꾸는 과정이다. 따라서 질문은 보조적인 장치가 아니라 반응을 멈추고 흐름을 전환하는 실질적 스위치다.

"의식적인 질문은 자동 반응을 멈추고, 감정을 관찰할 공간을 만든다. 그 공간이 곧 전략의 출발점이 된다." (Susan David, 『Emotional Agility』, 2016)

질문은 루틴보다 앞선다. 감정은 언제나 루틴보다 먼저 작동하고 루틴이 개입하기도 전에 이미 실수가 일어난다. 이때 그 흐름을 바꿀 수 있는 거의 유일한 수단이 바로 '질문'이다. 질문은 사고를 깨우는 심리적 신호이자 감정이 자동 반응으로 넘어가기 직전 흐름에 마찰을 주는 첫 개입 지점이다. 질문이 개입하는 순간 감정은 단순한 흐름이 아니라 판단으로 이어지는 전환점이 된다.

질문은 판단을 지연시키는 장치가 아니라 흔들리는 순간 기준을 되살

---

3) 자동적이거나 습관적인 심리 반응(감정, 사고, 행동 패턴 등)이 작동하기 직전에 의식적 주의 또는 외부 자극에 의해 그 흐름이 끊어지거나 전환되는 과정을 말한다.

리기 위한 심리적 여유의 수단이다. 감정이 달아오를 때 질문은 기준의 손을 붙잡아 다시 그 자리로 이끄는 심리적 복귀 통로가 된다.

"의식적인 질문은 자동 반응을 차단하고, 감정을 관찰할 공간을 연다. 그 공간이 곧 전략의 출발점이 된다." (Susan David, 『Emotional Agility』, 2016)

질문 없는 매매는 감정이 가속되는 흐름이고 질문이 개입한 매매는 감정이 멈추는 결정의 여백이다. 이 작은 차이가 실수를 한 번의 경험으로 남길지 반복되는 패턴으로 굳힐지를 가른다.

나는 같은 진입 실수를 끊기 위해 세 가지 자가 질문을 만들었다.

- 지금, 이 매매는 순수한 감정적 충동인가?
- 이 진입은 기준을 모두 충족했는가?
- 내가 지금 듣고 싶은 말은 무엇이며 그것은 사실인가?

질문은 반복될 때 루틴이 된다. 루틴화된 질문은 감정이 최고조에 달할 때마다 흐름을 갈라내는 결정적 분기점이 된다. 연속 수익으로 자만이 생기거나 연속 손실로 복구 심리가 밀려올 때 질문은 감정의 방향을 바꾸는 가장 빠르고 효과적인 개입 도구다.

질문은 감정을 제거하는 장치가 아니다. 그것은 감정과 나 사이에 거리를 형성하는 정밀한 심리 도구다. 질문은 감정을 억누르지 않고 오히려 한 걸음 물러나 바라볼 수 있게 한다. 이러한 간격이 생기면 감정은 더 이상 기준을 침식하지 못한다. 질문은 감정의 속도를 늦추는 작은 마찰이자 흐려진 기준을 다시 선명하게 하는 즉각적 전환 장치다. 감정이 앞서 달릴수록 질문은 더 빨리 준비돼야 한다. 질문이 늦으면 행동은 이미 감정에 휘둘리게 된다. 효과적인 질문은 짧고 명확하며 감정의 핵심을 곧바로 겨냥한다.

나는 실전에서 감정이 작동할 때마다 다음 다섯 가지 질문을 반복해 던진다.

- 지금 나는 어떤 감정을 느끼고 있는가?

  현재 감정을 명확히 인식한다. 감정에 이름을 붙이는 순간, 그것은 통제 불가능한 흐름이 아니라 관찰 가능한 대상으로 바뀐다.

- 이 감정은 과거 어떤 실수와 연결되는가?

  지금의 감정을 과거 실수와 연결해 반복되는 패턴을 자각한다. 무너졌던 기억은 이 감정의 힘을 일시적으로 멈춘다.

- 지금의 판단은 기준에 따른 것인가, 아니면 회피나 집착에서 비롯된 것인가?

  판단이 전략에 기반했는지 확인한다. 복구 심리나 승률 집착이 기준을 왜곡하지 못하게 한다.

- 나는 지금 무엇을 피하고 싶은가, 혹은 무엇을 얻고 싶은가?

  매매에 숨어 있는 감정적 의도를 드러낸다. 회피나 욕구를 자각해 충동의 방향을 의식적으로 바꾼다.

- 지금 멈춰야 할 이유가 하나라도 있는가?

  멈춤의 정당성을 확인한다. 감정이 강할수록 이 질문 하나만으로도 대부분의 실수를 차단할 수 있다.

이 다섯 가지 질문은 단순한 체크리스트가 아니다. 그것은 감정의 흐름을 감지하고 갈라내는 실전 장치다. 질문은 감정을 억지로 끊지 않는다. 오히려 흐름을 막는 대신 그 안에서 기준으로 이어지는 새로운 경로를 연다. 질문은 감정을 통과해 기준으로 이끄는 안내선이다. 감정은 완전히 통제할 수 없지만 직면할 수는 있다. 감정을 마주할 수 있는 사람만이 기준을 복구한다.

진입 직전 반드시 이 중 하나 이상의 질문을 직접 적고 나서야 손을 움직인다. 그 한 문장이 충동과 기준 사이를 가르는 심리적 문턱이 된다. 질문은 계획과 반응을 잇는 다리이며 실수로부터 기준을 지켜내는 가장 실용적인 안전장치다.

"우리는 순간의 감정에 따라 행동하기 쉽다. 그러나 그 감정을 인식하고 질문을 던질 때 비로소 선택의 여지가 열린다." (Susan David, 『Emotional Agility』, 2016)

트레이딩은 판단의 연속이고 감정의 흐름 역시 멈추지 않는다. 실수를 줄이는 사람은 기준이 강한 이가 아니라 질문을 습관화한 사람이다. 감정이 흔들릴 때마다 던지는 한 문장의 질문이 실수의 고리를 끊는다. 질문은 감정의 흐름에 개입할 수 있는 드문 틈이며 반복될 때 비로소 구조가 된다. 감정은 반복되지만, 질문이 반복되면 반응은 점차 형태를 갖춘다. 감정보다 질문을 먼저 두는 사람만이 실수를 벗어난다.

질문은 기준보다 앞서 감정을 일깨우는 정밀한 장치다. 기준이 감정에 압도되지 않으려면 질문이 먼저 준비돼 있어야 한다. 질문은 트레이딩의 '최후의 방어선'이 아니라 전략 전체를 여는 시작점이다. 그것은 감정을 조율하는 도구이자 기준을 실전까지 흔들림 없이 이어주는 디딤돌이다.

실수는 감정의 반사 작용이다. 그러나 질문은 그 반응을 중단하고 되돌리는 기술이다. 감정은 억제할 수 없지만 그 앞에 질문을 세울 수는 있다. 질문은 감정의 자동 반응을 멈추게 하는 개입이며 단 한 문장이 다음 실수를 막는다. 질문은 복잡한 전략이 아니라 반복되는 실수를 끊는 가장 현실적인 습관이다. 그 습관이 쌓이면 감정을 다루는 전략으로 전환되고 질문이 체계화되는 순간 감정 설계가 시작된다. 그 출발은 바로 실수를 끊겠다는 첫 번째 결심이다.

루틴은 기준을 감정 위에 실현하는 기술이다

트레이딩에서 감정을 설계한다는 것은 곧 감정의 흐름을 체계화하는 일이다. 기준은 단순한 조건의 나열이 아니라 감정이 파고들지 못하도록 고정된 절차로 작동해야 한다. 이 절차란 감정이 밀려올 때마다 내가 따를 수 있는 구체적인 대응 방식이 마련되어 있다는 뜻이다. 루틴은 이 흐름을 안정시키는 기술이자 감정의 혼란을 질서로 되돌리는 심리 구조다. 실전에서 루틴은 단순한 반복이 아니라 감정과 기준을 연결하는 실행 장치이면서 동시에 심리의 방향을 안내하는 지도다.

많은 트레이더가 루틴의 중요성을 말하지만 정작 대부분의 루틴은 매매 동작에만 머무른다. 그것은 기술적 반복에 불과하다. 진정한 루틴은 감정의 시작에서 매매 종료까지 흐름 전체를 꿰뚫도록 설계돼야 한다.

진입 전과 직후, 보유 중, 수익을 확정하기 직전, 손절 직후, 그리고 장 마감 후까지 여섯 구간은 모두 감정이 크게 흔들리는 지점이다. 이때마다 루틴이 개입해야 하며, 루틴은 단순한 반복이 아니라 감정을 다스리기 위한 절차적 설계다.

"감정을 관리할 수 있는 가장 확실한 방법은 반복 가능한 절차 속에 그것을 포함시키는 것이다."(Daniel Crosby, 『제3의 부의 원칙』, 2020)

루틴이 없던 시절, 감정은 언제 어디서 터져 나올지 알 수 없었고 나는 늘 무방비였다. 뉴스 한 줄에도 흔들렸으며 예상치 못한 반등 앞에서는 방향을 잃었고 수익이 나면 곧바로 다음 진입에 뛰어들었다. 작은 자극 하나에도 흔들리며 기준은 쉽게 지워졌고 매매는 감정의 기복에 따라 요동쳤다.

판단은 즉흥적이었고 매매는 감정에 끌려다녔다. 그러나 루틴을 세운 뒤로는 매 순간 무엇을 해야 하는지가 명확해졌고 감정의 개입을 미리 차단하며 흐트러진 기준의 일관성을 회복할 수 있었다. 루틴은 불시에 몰아치는 감정의 파고를 막아내는 전략적 댐이다.

실전에서 감정을 다스리기 위해 나는 단계적 루틴을 운용한다. 진입 전에는 먼저 감정 상태를 짧은 한 문장으로 기록한 뒤 매매를 시작한다. 이 기록은 감정이 매매에 영향을 줄 수 있음을 스스로 인식하게 만드는 장치다. 그다음 체크리스트를 확인하고, 매매 기준이 되는 세 가지 핵심 조건을 다시 점검한다. 모든 절차를 마친 뒤에야 비로소 진입 여부를 결정한다.

진입 직후에는 포지션 진입 사유를 간단히 메모하고 미리 정한 보유 시간을 명시해 충동적 변경이나 조기 청산을 막는다. 보유 중 시장이 급변하면 즉시 매매를 멈추는 정지 원칙을 발동한다. 같은 시점에는 추가 매수 금지 규칙도 다시 확인해 감정에 의한 확대 진입을 차단한다.

수익을 확정하기 직전에는 먼저 목표 수익률 도달 여부를 점검한다. 목표에 도달했다면 곧바로 이익 실현을 하고 그 직후에는 최소 10분간 매매를 중단하며 강제 휴식을 취해 감정의 연쇄 반응을 차단한다.

손절 직후에는 설정한 라인이 이탈되는 순간 곧바로 포지션을 정리하며 어떤 경우에도 재진입을 서두르지 않는 원칙을 고수한다. 이는 복구 심리에 휘말리지 않기 위한 마지막 방어선이다.

장 마감 후에는 감정 복기 메모를 남기고 하루 동안 기준이 얼마나 충실히 실행됐는지를 점검한다. 드러난 감정 반응이나 기준의 일시적 이탈은 다음 날 전략 조정에 반영할 핵심 신호로 기록된다. 이 과정은 루틴을 다듬는 사전 점검이자 감정 설계의 연속성을 지탱하는 필수 절차다.

"성공적인 트레이딩은 감정이 없는 상태에서 이루어지는 것이 아니라, 감정이 언제 어떻게 작동할지를 미리 설계하고 그 자리를 지정해 두는 데서 비롯된다." (Mark Douglas, 『심리투자 불변의 법칙』, 2021)

이 흐름은 단순한 반복이 아니다. 감정이 불시에 파고들 틈을 미리 차단하는 심리적 방어막이다. 매매가 본질적으로 감정의 전장에서 이루어진다는 사실을 인정한다면 그 전장을 통과하기 위한 명확한 경로가 필요하다. 루틴은 바로 그 경로를 안내하는 지도다. 흐름이 없는 매매는 감정의 속도에 휘둘리고 루틴이 없는 전략은 기준을 떠받치지 못한다. 그래서 나는 '감정 반응 사전'이라는 시스템을 만들었다. 상황별 감정 반응에 따라 대응 루틴이 자동으로 연결되는 구조다.

대표 사례는 다음과 같다.

- 급등 뉴스 등장 시 → 3분간 정지 후 체크리스트 재확인
- 3연속 수익 시 → 다음 날 오전 매매 중지

예측된 흐름이 없다면 감정은 언제든 기준을 잠식하게 된다. 루틴은 감정을 억누르는 장치가 아니라 감정이 기준을 넘지 못하도록 지켜주는 심리적. 이 흐름은 반복될수록 신경계에 각인되고 익숙함은 감정으로부터 판단의 주도권을 되찾게 한다. 감정은 예측 가능한 구조 속에서 방향을 잃으며 반응의 속도와 강도 또한 점차 진정된다.

루틴이 견고한 트레이더는 감정이 거세게 밀려와도 흔들리지 않는다. 루틴은 감정에 즉각 반응하는 것이 아니라 감정이 스쳐 지나가더라도 기준을 지키게 만드는 흐름 그 자체다. 기준을 강화하는 힘은 의지가 아니라 루틴이라는 반복 가능한 구조에서 나온다.

정해진 흐름을 설계하라. 감정이 개입할 순간을 미리 가늠하고 그 순

간마다 어떤 절차를 밟을지 사전에 정하라. 감정을 이기는 힘은 단호함이 아니라 준비된 순서다. 루틴은 감정이 기준을 삼키지 못하도록 심리의 항로를 설계하는 기술이다.

실수는 흐름이 없을 때 발생한다. 루틴이 정립된 매매는 감정의 파고 속에서도 길을 잃지 않는다. 감정을 설계하는 최전선은 루틴이며, 루틴은 실수를 반복하지 않도록 고안된 구조화된 심리 시스템이다.

"감정의 힘은 피할 수 없다. 그러나 그 힘이 발동하기 전에 구조를 먼저 작동시킬 수는 있다." (Mark Douglas, 『심리투자 불변의 법칙』, 2021)

감정 복기, 실패를 전략으로 전환하는 훈련

복기는 트레이더의 성장을 결정짓는 핵심 루틴이다. 그러나 대부분의 복기는 차트와 수치 분석에만 치우친다. 진입 타점, 손절 지점, 수익률, 거래량 같은 기술적 항목은 중요하지만, 그것만으로는 충분하지 않다. 실수가 반복되는 근본 이유는 수치 중심 복기는 있어도 감정 복기가 빠져 있기 때문이다. 기준은 수치화할 수 있지만 감정은 복기를 거치지 않으면 결코 구조화될 수 없다. 기술은 분석하면 되지만, 감정은 해체되고 다시 설계돼야 한다. 표면에는 기술적 오류가 드러나도 그 뿌리에는 여전히 구조화되지 않은 감정이 숨어 있다.

"감정은 드러나지 않을 때 가장 강력하다. 우리가 그것을 복기하지 않으면, 그것은 다른 모습으로 다시 돌아온다." (Susan David, 『Emotional Agility』, 2016)

감정 복기의 목적은 자책이나 감정 나열이 아니다. 핵심은 감정이 어떻게 발생했고 어떤 경로로 원칙을 완화했는지를 분석하고 추적하는 데 있다. 이를 통해 같은 감정이 다시 나타날 때 어떤 전략으로 대응할지 미리 설계할 수 있다. 복기는 단순한 회상이 아니라 구조적 분석이며 감정 복기는 감정을 분해하고 재구성하는 심리 훈련이다. 감정의 흐름을 객관화하는 가장 강력한 도구가 바로 복기다. 감정이 반복된다면 복기도 반복되어야 한다.

나는 오랫동안 기술적 복기에만 매달렸다. 진입 논리는 명확했고 손절 타이밍도 미리 정해져 있었다. 그런데도 실수는 계속 반복됐다. 왜일까? 뒤늦게 깨달았다. 논리에는 결함이 없었지만, 감정이 그 위를 덮어 기준의 의미를 흐리게 하고 있었다. 기준을 지켰다고 믿었으나 실제로는 감정이 원칙을 가린 채 작동했다. 감정 복기를 시작했을 때 비로소 그 구조를 인식했고 원칙을 무너뜨린 진짜 원인을 마주할 수 있었다.

"감정은 구조화되지 않으면 반복된다. 반복되는 감정은 결국 기준을 무너뜨린다." (Mark Douglas, 『심리투자 불변의 법칙』, 2021)

감정 복기는 단순한 반성이나 감정 표현의 과정이 아니다. 이는 매매 흐름 속에서 감정이 원칙에 어떤 영향을 주었는지를 체계적으로 분석하고 그 결과를 바탕으로 재발을 막는 전략을 설계하는 심리적 프로토콜이다.

복기 절차는 다음 네 단계 루틴으로 구성된다.

- 감정 기록: 매매 전·중·후의 감정을 짧고 명확하게 기록한다.

예: 불안했다, 기대가 컸다, 의욕이 없었다. 이는 단순한 메모가 아니라 감정을 인식 가능한 형태로 전환하여 흐름의 출발점에 세우는 인식의 이정표가 된다.

- 기준 침식 구간 탐색: 기록된 감정이 어떤 방식으로 기준을 흔들었는지 구체적으로 추적한다.

예: 조급함 때문에 확인 절차 없이 진입했다. 이는 감정이 어떻게 행동으로 이어졌는지를 보여주는 연결 고리이자, 감정 개입의 진입 경로를 드러내는 단서다.

- 반복 여부 확인: 동일한 감정과 판단 흐름이 과거에도 나타났는지 점검한다.

예: 지난달 유사한 진입이 세 차례 있었다. 반복된 감정은 예측 가능한 요소로 정리되고 정리된 감정은 곧 시스템이 되며 시스템은 다시 전략으로 발전한다.

- 대응 전략 설계: 동일한 감정이 다시 발생할 상황에 대비해 구체적인 행동 시나리오를 마련한다.

예: 이 감정이 나타나면 5분간 매매를 중단한 뒤 체크리스트를 다시 확인한다. 이 과정에서 복기는 단순한 반성이 아니라 전략을 준비하는 절차로 전환된다.

복기는 과거의 정리가 아니라 미래 전략의 초안이다. 네 단계 절차는 감정을 기술처럼 다루는 훈련이자 감정을 구조화해 전략으로 전환하는 반복적 루틴이다. 문제가 되는 것은 감정 그 자체가 아니라 복기를 거치지 않아 의식되지 못한 감정이다. 실수가 반복된 이유는 감정을 통제하지 못했기 때문이 아니라 복기 과정을 생략했기 때문이다. 감정을 복기한 사람만이 흐름을 예측하고 체계적으로 대응할 수 있다.

"감정을 의식하고 기록할 때에만, 우리는 그 감정이 다음 행동에 끼치는 영향을 바꿀 수 있다." (Lisa Feldman Barrett, 『감정은 어떻게 만들어지는가?』, 2017)

복기를 루틴화하기 위해 별도의 '감정 일지'를 작성한다. 기록해야 할 항목은 다음과 같다.

- 감정과 기준이 충돌한 시점
- 그때의 내면 반응
- 유사 감정이 반복된 과거의 사례
- 재발 시 대응 시나리오

이 감정 일지는 내 감정 설계도의 초석이 되었고 반복된 실수를 줄이는 가장 강력한 도구가 되었다. 단순한 기록장이 아니라 내면 체계를 전략화하는 설계서였다. 감정을 복기하지 않는 사람은 감정을 파악하지 못하고 감정을 파악하지 못하는 사람은 기준을 지킬 수 없다.

이 구조를 시각적으로 보완하기 위해 '감정 플로우 차트'를 활용한다. 이 시각화는 다음과 같은 흐름을 드러낸다.

- 매매 전 감정 → 판단 → 기준 작동 여부 → 감정 변화 → 결과

감정을 시각화하면 어떤 순간에 감정이 기준을 흔들었는지가 분명하게 드러난다. 시각화는 추상적 감정을 구체로 끌어내는 강력한 해석 장치이며 복기에서의 시각화는 곧 감정 언어화 과정이다. 감정을 '플로우'로 표현할 수 있다는 사실 자체가 이미 감정을 구조화했다는 명확한 증거다.

감정 복기는 선택이 아니라 필수다. 이는 트레이딩 생존을 위한 구조적 대응 기술이자 반복되는 감정에 맞서는 전략 장치다. 감정은 되풀이된다. 실패는 그 감정을 복기하지 않을 때 반드시 반복된다. 복기를 통해 감정을 구조화하면 실수의 연쇄를 끊고 기준이 훼손되지 않도록 시스템을 설계할 수 있다.

감정 복기의 단계를 쌓지 못한 사람은 매번 처음처럼 실패한다. 반대로 단계를 설계한 사람만이 다음 매매를 준비할 수 있다. 감정 복기는 매매의 질을 바꾸는 가장 실전적이며 전략적인 기술이다. 실패는 기술 부족 때문이 아니라 감정을 복기하지 않았기 때문에 되풀이된다.

복기는 감정 설계의 출발점이고 감정 설계는 생존 전략의 기초다. 감정을 기록하고도 복기하지 않는다는 것은 전략 없이 전장에 뛰어드는 것과 다르지 않다. 복기는 트레이더가 감정의 속도보다 앞서 대응할 수 있도록 설계된 유일한 자기 점검 루틴이며 동시에 감정보다 기준을 먼저 작동시키는 실전 운용 시스템이다.

"트레이더는 감정을 억누르는 존재가 아니라, 감정을 설계해 반복 가능한 시스템으로 전환하는 존재다." (Mark Douglas, 『심리투자 불변의 법칙』, 2021)

질문은 감정 위에 기준을 세우는 틀이다

감정은 흐름을 따라 움직이고 기준은 그 속에서 흔들릴 수 있다. 이 단순한 사실을 실전에서 깨달은 트레이더는 감정을 억누르려 하지 않는다. 오히려 감정을 구조화해 매매 시스템에 통합하려 한다. 그 구조화의 실천적 도구가 바로 체크리스트다. 감정을 제거해야 할 대상으로 보는 순간 트레이더는 감정과 끝없는 싸움에 빠진다. 그러나 감정을 설계의 재료로 받아들이는 순간 체크리스트는 단순한 통제 수단을 넘어 감정을 능동적으로 활용하는 전략 장치가 된다.

감정은 눈에 보이지 않지만 '질문'이라는 형태로 환원될 수 있고 '점검'이라는 절차를 통해 패턴화된 틀로 체계화될 수 있다. 감정 설계 체크리스트는 추상적인 감정의 흐름을 매매 시스템 내부로 끌어들여 통제 가능한 정보와 구체적 행동 지침으로 바꾸는 실전 장치다. 즉흥적 매매를 막는 데 필요한 것은 절대적인 기술이 아니라 감정을 걸러내는 구조적 틀이다. 질문을 통한 감정의 구조화 작업은 트레이딩에서의 자기 보호이자 주도적 개입이며 동시에 일관된 전략 수립의 출발점이다.

체크리스트의 핵심은 단순함이다. 감정이 강하게 작동하는 순간 복잡한 항목은 무력해진다. 감정 설계 체크리스트는 최소한의 질문으로 감정의 흐름을 끊어내야 한다. 트레이딩은 속도의 게임이 아니다. 본질은 '간격의 게임'이다. 감정이 판단을 앞설 때 체크리스트는 감정과 기준 사이에 결정적인 틈을 만든다.

이 간극은 감정이 기준을 침범하지 못하도록 차단하는 심리적 개입 지점이다. 이는 심리적 인터셉트(psychological intercept)[4]라 하며

4) 감정이나 충동이 행동으로 전환되기 직전에 그 자동적인 흐름을 의식적으로 가로채어 전환하는 심리적 개입 행위를 말한다.

감정이나 충동이 행동으로 바뀌기 직전에 자동적인 흐름을 의식적으로 가로채어 다른 방향으로 전환하는 행위를 뜻한다. 이러한 전략은 실전 트레이딩에서 가장 효율적인 감정 대응 방식이다.

"감정을 없앨 수는 없다. 그러나 행동으로 이어지기 전, 우리는 의식적으로 개입해 '선택의 틈'을 만들 수 있다." (Susan David, 『Emotional Agility』, 2016)

매매 전·중·후의 흐름에 따라 세 가지 감정 체크리스트가 구성된다. 이 체크리스트는 단순한 확인표가 아니다. 각 시점에서 감정 개입의 패턴을 사전에 차단하도록 설계된 심리적 방파제이자 실전 매매에서 반드시 점검해야 할 핵심 루틴이며 전략 도구다. 감정은 언제든 기준의 틈을 파고들 수 있다. 따라서 매매에 들어서기 전 감정을 가라앉히고 정돈하는 절차가 필요하다. 이 질문들은 단순한 '상태 점검'을 넘어 감정이 기준을 넘어설 직전의 순간을 차단하는 심리적 인터셉트로 작동한다.

매매 전 체크리스트는 감정을 자각하는 단계에서 기준 실행으로 이어지는 심리적 출입구다. 매매는 차트를 클릭하는 순간이 아니라 감정이 꿈틀대기 시작하는 바로 그 시점부터 이미 시작된다. 실전에서는 종종 진입 이전의 감정이 전체 매매 흐름을 좌우한다. 따라서 가장 먼저 해야 할 일은 지금, 이 순간 내 감정을 왜곡 없이 인식하는 것이다.

- 지금 느끼는 감정을 한 단어로 표현할 수 있는가?

  감정을 분명히 인식하지 못하면 그것은 무의식적으로 매매 전 과정에 스며든다. 감정이 흐려질수록 기준은 작동하지 않고 방치된다.

- 이 감정은 과거 어떤 실수로 이어졌는가?

감정은 반복된다. 반복된 감정은 비슷한 오류를 되풀이하게 만들고 결과도 크게 다르지 않다. 과거의 실패와 감정을 구조적으로 연결하는 이 질문이야말로 무의식적 반복을 차단하는 첫 단서다.

- 오늘 세운 기준이 감정을 통과할 준비가 되어 있는가?

  아무리 정교한 기준이라도 감정 앞에서 무너진다면 그것은 기준이 아니라 환상에 불과하다. 실전에서 기준이 실제로 작동하는지 미리 검증하는 질문이 필요하다.

- 나는 지금 '해야 하는 이유'보다 '하고 싶은 이유'를 먼저 떠올리고 있는가?

  충동은 언제나 '하고 싶은 이유'라는 유혹에서 시작된다. 기준은 의무의 언어로 말하지만, 감정은 욕망의 언어로 속삭인다.

매매 중 체크리스트는 감정 변동이 가장 격렬하게 일어나는 시점을 다룬다. 진입 직후부터 청산 직전까지 이어지는 수익과 손실의 실시간 피드백은 판단력을 끊임없이 흔들어댄다. 이 순간 감정이 기준을 앞서기 시작하면 전략은 금세 무너진다.

"인간의 판단은 순간적인 감정 충동에 흔들리기 쉽고, 이성이 작동하기 전에 이미 결정이 내려져 버리기도 한다." (Daniel Kahneman, 『생각에 관한 생각』, 2018)

이러한 감정 개입을 인식하고 점검하기 위해서는 구체적인 질문이 필요하다.

- 지금의 행동은 감정에 따른 반응인가, 기준에 따른 실행인가?

  충동적 진입이나 근거 없는 버팀, 익절 지연 같은 행동은 대부분 감정에 의해 촉발된다. 이 질문은 행동의 출처를 가려내는 실전 필터다.

- 진입 후 감정 상태에 급격한 변화가 있는가?

  흥분이나 불안, 초조와 같은 감정 급등은 인지 시스템이 기준에서 이탈하고 있다는 명확한 경고다. 감정이 요동치면 판단은 기준보다 먼저 흔들린다.

- 기준이 아닌 이유로 매매를 유지하고 있지는 않은가?

  의사결정이 전략적 근거 위에 있는지를 점검하는 안전장치다. 감정이 주도하는 매매는 결국 기준을 무너뜨린다.

- 지금 당장 멈춰야 할 명확한 이유가 존재하는가?

  이 질문은 감정이 기준을 압도하기 직전에 작동하는 마지막 심리적 브레이크다. 멈춤은 감정 침투를 막는 유일한 개입 지점일 수 있다.

이 네 가지 질문은 감정의 소용돌이 속에서 나를 기준의 중심으로 되돌리는 구조적 축이다. 실전에서 흔들림은 피할 수 없지만 이 질문들은 방향을 잃지 않도록 의식을 붙잡아 주는 정렬 장치다.

"감정이 기준을 압도하는 순간은 짧다. 그 순간을 붙잡는 가장 효과적인 방법은 질문을 통해 의식을 개입시키는 것이다." (Susan David, 『Emotional Agility』, 2016)

매매 후 체크리스트는 복기의 출발점이자 감정을 전략으로 바꾸는 핵심 구간이다. 감정을 흘려보내면 그 잔여 에너지는 다음 매매에 다시 나타난다. 그러나 감정을 해석하고 언어화하는 순간 그 감정은 전략적 자산으로 변한다.

감정을 되짚고 구조화하는 과정은 질문에서 시작되며, 그 질문이 곧 복기의 중심축이 된다.

- 오늘 느낀 감정의 흐름을 세 문장으로 요약할 수 있는가?

  감정을 언어로 구체화하는 행위는 자기 인식의 첫걸음이다. 이 과정을 통해 감정은 흩어진 느낌에서 체계화된 정보로 전환된다.

- 감정이 기준을 침범한 순간은 언제였는가?

  실전에서 기준이 흔들린 시점을 포착하면 감정과 시스템의 충돌 지점을 분명히 인식할 수 있다. 이 질문은 재발 방지를 위한 핵심 포착 장치다.

- 이 감정 패턴은 과거의 상황과 유사한가?

  반복은 패턴이고 패턴은 예측 가능성과 전략의 기초를 만든다. 감정 흐름을 추적하는 일은 실전 대응력을 높이는 가장 구체적인 방법이다.

- 다음 매매에서 이 감정이 다시 나타난다면 어떤 전략으로 대응할 것인가?

  이 질문은 과거의 감정을 단순한 기록이 아니라 미래 행동의 설계 자료로 바꾸는 핵심 장치다.

복기의 목적은 단순한 회상이 아니라 반복을 차단하기 위한 전략 설계다. 감정은 다시 나타날 수밖에 없지만 그에 대응할 구체적 시나리오는 반드시 마련되어야 한다. 복기 과정은 감정을 단순한 반응에 머물게 하지 않고 분석 가능한 구조로 전환하는 작업이며 동시에 다음 실전을 위한 설계의 출발점이다. 체크리스트는 고정된 문서가 아니라 경험을 반영하며 끊임없이 발전하는 질문 집합이다. 질문은 반복될수록 명확해지고 피드백을 거치며 점차 체계화된다.

나는 매월 리스트를 재정비하며 실전에서 드러나는 감정 양상과 기준의 충돌 구조를 꾸준히 반영해 왔다. 그 과정을 통해 감정 개입의 타이밍을 점점 더 예측할 수 있었고 체크리스트는 이제 단순한 확인표가 아니라 행동을 조율하는 시스템으로 자리 잡았다. 처음에는 멈춤을 유도하던 질문들이 어느 순간부터는 능동적 행동을 이끄는 작동 구조로 변했다.

체크리스트는 더 이상 감정을 차단하는 도구가 아니다. 이제 그것은 감정을 정돈하고 기준을 복원하는 심리 시스템으로 진화했다. 이 질문들은 나의 매매를 지키는 가장 단단한 심리적 방어선이자 실전의 흔들림 속에서도 방향을 회복하게 만드는 심리적 나침반이다.

"감정은 흐르지만, 우리는 그 흐름 안에 개입할 장치를 만들 수 있다. 반복되는 질문은 그 장치의 출발점이다." (Susan David, 『Emotional Agility』, 2016)

체크리스트는 감정이 기준을 무력화하지 못하게 막으면서 동시에 감정이 기준안에서 작동하도록 조율하는 구조다. 반복되는 실수와 혼란은 대부분 '질문'의 부재에서 시작된다. 질문은 심리적 틀을 만들고 그 틀은 감정 개입을 조정한다.

실전에서 감정의 무게를 줄이려면 매 순간 자신을 점검할 수 있는 구조화된 장치가 필요하다. 감정 설계 체크리스트는 그 틀의 핵심이며 기준이 감정에 잠식되지 않도록 보호하는 '두 번째 기준'이다. 기준은 선언이고 체크리스트는 실행이다. 감정을 설계한다는 것은 감정이 기준을 넘어서기 전에 나를 멈추게 할 한 문장을 준비하는 것이다. 고수는 감정을 억제하지 않는다. 대신 감정이 흘러갈 수 있는 구조적 통로를 만든다. 그 통로의 이름이 바로 체크리스트다.

감정을 제외한 기술은 기준을 배반한다

많은 트레이더는 기술적 분석에 몰두한다. 더 정교한 진입 조건, 더 정확한 차트 해석, 더 빠른 대응 시스템을 추구하며 기법을 끝없이 연마한다. 그러나 실전에서 기준이 무너지는 진짜 이유는 기술 부족이 아니라 감정을 설계하지 못했기 때문이다. 감정은 기준보다 먼저 튀어나오고 더 빠르며 본능적으로 반응한다. 기술은 정밀하지만, 감정은 즉각 반응한다. 그리고 실전은 언제나 '먼저 작동하는 것'이 흐름을 지배한다.

"감정은 의식보다 먼저 작동하며, 이미 행동을 유도한 뒤에야 우리는 그것을 인식한다." (Lisa Feldman Barrett, 『감정은 어떻게 만들어지는가?』, 2017)

감정의 선행 반응을 구조화하지 못하는 순간 기술은 감정 앞에서 무너진다. 다루지 못한 감정은 날카롭지만 제어되지 않는 칼날처럼 결국 자신을 해친다. 감정은 제거할 수 없다. 그러나 그것을 흐름으로 미리 구조화하지 못한다면 기술은 언제나 감정에 선점당하고 뒤따르는 보조 수단으로 밀려난다. 감정은 반복된다. 실수가 반복되는 이유는 기술 부족이 아니라 동일한 감정 패턴이 되풀이되기 때문이다.

감정은 단순한 반응이 아니다. 그것은 기준을 흔들고 와해시키는 구조이며 설계되지 않은 감정은 반복적으로 기준을 침범해 결국 붕괴시킨다. 그 결과 트레이더는 언제나 같은 실수의 자리로 돌아간다. 감정을 다룬다는 것은 억제가 아니라 그 흐름을 사전에 포착해 기준 위에 정착시키는 일이다. 의도적으로 설계된 감정만이 실수의 반복을 차단하며 감정이 구조화되는 순간 그것은 기술보다 강력한 전략이 된다. 기술이 손익을 만든다면 감정은 기준을 지켜내는 최종 방어선이다. 그리고 그 기준을 끝까지 지켜낸 자만이 실전에서 살아남는다. 단기 실력을 넘어서는 구간에서 생존하는 트레이더는 감정을 구조화한 사람이다.

감정은 단순한 결점이 아니다. 그것은 시스템 전체를 전복시킬 수 있는 변수이자 기준을 무력화하는 가장 즉각적인 경로다. 아무리 정밀하게 설계된 기준이라도 감정이 먼저 개입하면 실행은 무산되고 기준은 사라진다. 기술은 기준을 만든다. 그러나 그 기준이 실제로 작동하려면 반드시 감정이라는 전제 조건을 먼저 통과해야 한다.

실력을 갖춘 트레이더는 많지만, 감정의 파고 속에서도 그 실력을 유지하는 이는 드물다. 감정이 기준보다 앞서 반응하는 구조에서는 어떤 기술도 뿌리를 내리지 못한 채 겉도는 장식에 머문다. 설계되지 않은 감정 상태에서 실행되는 기술은 방향을 잃은 엔진과 같다. 결국 그 힘은 기준을 실현하는 동력이 아니라 기준을 무너뜨리는 가속도로 변한다. 그래서 감정은 억제의 대상이 아니라 사전에 구조화해야 할 요소다. 기준은 감정을 거치지 않고는 실행되지 않으며, 감정이 구조화되지 않는 한 어떤 기술도 실전에서 끝까지 살아남을 수 없다.

"감정을 거치지 않은 전략은 어떤 환경에서도 작동하지 않는다. 전략이 실전에서 살아남으려면, 먼저 감정이 구조화되어야 한다." (Mark Douglas, 『심리투자 불변의 법칙』, 2021)

실전에서 기준이 무너질 때마다 기술적 분석보다 먼저 감정 구조를 점검한다. 진입 타이밍이 어긋났다면 차트나 지표를 되돌아보기보다 우선 그 순간의 감정 상태를 추적한다. 핵심은 그 감정이 왜 기준의 흐름을 따르지 못했는지, 어떤 내부 구조에서 실행되지 않았는지를 밝히는 데 있다. 기술적 오류는 다음 매매에서 보완할 수 있다. 그러나 감정이 사전에 설계되지 않았다면 어떤 기술도 기준을 끝까지 지켜낼 수 없다.

감정은 기술보다 먼저 도착하고 판단에 앞서 반응한다. 감정을 억누르려는 대부분의 시도는 실패로 끝난다. 감정은 억제의 대상이 아니라 흐름 위에 설계해야 할 전략 변수다. 감정이 기준보다 먼저 작동하는 구조에서는 기술은 늘 뒤따를 수밖에 없고 실전에서는 한발 늦게 반응한다. 그래서 언제나 기술보다 감정을 먼저 복기하며, 기준보다 감정의 흐름을 우선해 설계한다.

과거에는 기술적 분석에 집착했던 시절이 있었다. 수십 개의 패턴을 외우고 복잡한 조건식을 만들며 시황 변화에 따라 대응 로직을 조정하는 데 몰두했다. 매일 차트를 분석하며 더 정교한 타이밍과 더 빠른 진입 조건을 찾았지만 기준은 쉽게 무너졌다. 그리고 그 무너짐은 단순한 진입 실패나 손절 타이밍의 문제가 아니었다. 그것은 반복되는 후회와 자책, 그리고 기준에 대한 신뢰 상실이라는 깊은 손실이었다.

돌이켜보면 문제는 기술이 아니라 감정이었다. 수익 뒤에 올라오는 과도한 자신감, 손실 직후 찾아오는 복구 심리, 예상과 다른 흐름 속에서 치솟는 불안감이 조용히 기술의 방어선을 허물었고 결국 기준을 잠식했다. 그때 깨달았다. 트레이딩의 진짜 변수는 기술이 아니라 감정이었다. 기술이 기준을 만든다면 감정은 그 기준이 실전에서 작동하도록 연결하는 필수 전제였다.

그래서 기술을 고치는 대신 감정을 설계하는 방향으로 전환했다. 기준이 무너지는 지점을 추적했고 그 지점마다 구조적 대응 장치를 심어두었다. 예를 들어 수익 뒤 무리한 진입을 막기 위해 익절 직후 '강제 중단 구간'을 설정했고, 손실 직후 감정이 요동치는 순간에는 매매를 멈추고 감정 점검 문장을 작성하는 루틴을 만들었다. 감정은 더 이상 억제의 대상이 아니라 기준을 실전까지 운반하는 심리적 인프라였다.

실전에서 감정은 장애물이 아니다. 그것은 기준이 반드시 통과해야 하는 작동 구간이며 이 구간을 어떻게 설계하느냐에 따라 기준은 무너지기도 하고 지켜지기도 한다. 감정을 억누르려는 시도는 대부분 실패하지만, 감정을 구조화하는 전략은 기준을 실전에 이식하고 실제로 작동하게 만든다. 기준은 선언이고 감정 설계는 그 선언을 현실화하는 실행 장치다.

이후 나는 모든 기술적 기준을 감정 루틴과 통합하기 시작했다. 진입 조건이 충족되더라도 즉시 진입하지 않고 먼저 감정 상태를 점검하는 단계를 의도적으로 추가했다. 포지션을 보유하는 동안 감정이 급변하면 즉시 매매를 중단하는 자동 정지 시나리오도 설계했다. 기술은 변하지 않았지만, 기준은 훨씬 더 안정적으로 유지되었다. 달라진 것은 기술이 아니라 그 기술 위에 감정 흐름을 어떻게 배치했느냐였다.

"기술은 탁월함을 만든다. 그러나 그 탁월함이 실전에서 무너지지 않도록 지탱하는 것은 감정이다." (Mark Douglas, 『심리투자 불변의 법칙』, 2021)

감정을 기술 안에 억지로 끼워 넣기보다 기술 위의 상위 개념으로 설계했다. 감정은 단순히 제어해야 할 대상이 아니라 사전에 흐름을 설정한 루틴 위에 배치해야 할 변수다. 감정을 루틴 안에 얹는다는 것은 억누르거나 배제하는 것이 아니라 그 감정이 어떤 시점에 어떤 방식으로 작동할지를 미리 정의하는 전략적 배치다. 이러한 설계가 있을 때만 기준은 감정과 충돌하더라도 무너지지 않고 유지될 수 있다.

감정은 사라지지 않는다. 그러나 감정은 반복된다. 반복되는 것은 구조화될 수 있다. 감정이 구조화되는 순간 그것은 기준을 위협하는 요소가 아니라 기준과 함께 움직이는 협력자가 된다. 감정이 기준을 압도하지 않게 하려면 먼저 감정을 이해하고 설계해야 한다. 감정은 언제든 기준을 넘어설 수 있다. 하지만 그 감정이 언제 나타나고 어떤 패턴으로 전개되며 어떤 조건에서 작동하는지를 인식하고 구조화한다면, 감정은 더 이상 위협이 아니라 예측 가능한 구조적 신호가 된다.

감정이 정리되면 기준은 강해지고 기준이 안정되면 기술은 실전에서 제대로 작동할 기반을 확보한다. 실전에서 기술은 감정 위에 배치되지 않으면 끝까지 도달할 수 없다. 결국 기준을 지켜내기 위해 먼저 설계해야 하는 것은 기술이 아니라 감정이다.

감정을 설계한 트레이더는 기술에도 휘둘리지 않고 감정에도 좌우되지 않는다. 그는 단순히 기준만 세우는 것이 아니라 그 기준이 실전에서 작동하도록 감정 구조까지 함께 설계한다. 트레이딩의 본질은 기술 분석이 아니라 감정을 기준안에 안전하게 통합하는 능력에 있다. 기술은 탁월함을 만들고 감정 설계는 그 탁월함을 지속 가능한 구조로 전환한다. 감정 설계는 기술의 보완물이 아니라 기술이 실전에서 작동하기 위한 심리적 기반이다.

감정을 이길 수는 없다. 그러나 감정은 이끌 수 있다. 감정이 예측 가능한 순간, 기술은 비로소 제 기능을 발휘할 조건을 갖춘다. 감정을 설계하라. 그것은 기준을 지켜내는 가장 현실적인 전략이며 기술보다 오래 살아남는 생존의 원리다.

감정을 뺀 시스템은 반복 실패를 초래한다

트레이딩 시스템을 설계할 때 우리는 흔히 '기준'을 중심에 둔다. 진입 조건, 손절 기준, 수익 목표, 리스크 한도까지 모든 요소는 전략의 틀을 세우는 기준 설계의 산물이다. 그러나 실전에서 기준이 제대로 실행되지 않는 이유는 기술 부족이 아니다. 대부분의 시스템이 무너지는 근본 원인은 감정 설계의 부재다. 기준 설계가 전략의 뼈대라면 감정 설계는 그 뼈대를 움직이게 하는 심리적 토대다. 이 둘이 분리되는 순간, 시스템은 언제나 감정의 파고 앞에서 무너진다.

"감정을 고려하지 않은 전략은 언제든 흔들린다. 전략이 실전에서 작동하려면, 먼저 감정의 흐름을 견뎌낼 수 있어야 한다." (Mark Douglas, 『심리투자 불변의 법칙』, 2021)

기준이 실전에서 제대로 기능하려면 단순히 논리적으로 정교한 것만으로는 부족하다. 기준은 반드시 감정의 흐름을 통과해야 한다. 우리는 감정을 배제한 기준이 아니라 감정 위에 세운 기준을 만들어야 한다. 감정이 고려되지 않은 기준은 아무리 체계적이고 논리적이어도 감정의 속도·강도·지속성 앞에서 쉽게 무너진다. 결국 기준 설계와 감정 설계는 별개의 절차가 아니라 하나의 시스템 안에서 맞물려야 한다.

과거 나는 기준을 정교하게 다듬는 데 집중했다. 진입 조건을 세밀하게 나누고 손절·익절 기준을 명확히 했으며 리스크관리까지 철저히 설계했다. 그러나 시장이 급변하거나 손실이 쌓이는 순간 감정이 개입했고 그렇게 치밀하게 만든 기준은 실행되지 않았다. 기준은 문서 위에 있었지만, 감정은 시장 한가운데서 현실적으로 작동하고 있었다.

이 괴리를 인식한 뒤 나는 기준과 감정을 연결하는 루틴 구조를 별도로 설계하기 시작했다. 그 지점에서 기준 설계와 감정 설계의 통합이 이루어졌다. 통합은 단순히 두 요소를 병렬로 나열하는 과정이 아니다. 감정의 흐름이 기준안으로 자연스럽게 스며들도록 설계하는 것, 그것이 핵심이다. 이 구조는 실전 루틴 속에서 세 가지 원칙으로 구체화 되었다.

첫 번째 원칙은 감정 기반 진입 필터다. 기술적으로 진입 조건이 충족되더라도 감정 상태가 기준에서 벗어나 있다면 진입을 유예하거나 보류한다. 예를 들어 조급함이나 과도한 기대가 감지되면 최소 5분간 대기한 뒤 감정을 안정시키고 다시 조건을 검토한다. 이는 감정이 기준보다 먼저 반응해 실행력을 압도하기 전에 개입하기 위한 장치다.

"감정은 기술보다 먼저 작동한다. 따라서 전략은 감정이 행동으로 이어지기 전에 개입할 수 있어야 한다." (Lisa Feldman Barrett, 『감정은 어떻게 만들어지는가?』, 2017)

두 번째 원칙은 감정 반응 점검을 루틴 안에 내장하는 것이다. 각 기준 조건마다 예상되는 감정 반응을 미리 정의하고 진입 전에는 감정 자문 질문을 반드시 루틴에 포함시킨다.

예를 들어 갭 상승 종목에 진입하기 직전이라면 이렇게 자문한다.

- 지금, 이 신호에 과도하게 들떠 있지는 않은가?

이 질문은 단순히 감정을 확인하는 절차가 아니다. 기준의 실행 가능성을 감정의 관점에서 사전에 검증하는 심리적 인터셉트다.

세 번째 원칙은 기준 실행 이후 감정 리포트를 작성하는 것이다. 매매가 끝나면 반드시 감정의 흐름과 판단의 흔들림을 기록한다. 이 과정은 단순한 복기를 넘어 감정이 기준을 어떻게 침식했는지를 구조적으로 추적하는 피드백 루틴이다. 반복할수록 기준은 점차 감정 친화적으로 조정되고 감정 또한 기준 중심으로 정렬된다.

세 가지 원칙은 기준을 감정으로부터 분리하는 동시에 감정을 기준 내부로, 의도적으로 통합하는 전략적 장치다. 감정을 단순한 외부 위험 요소가 아니라 기준을 작동시키는 핵심 전제 조건으로 재설계하는 접근이다.

나는 이 시스템을 끊임없이 복기하며 반복적으로 적용했다. 기준을 세울 때마다 루틴을 구성할 때마다 스스로에게 다음의 질문을 던졌다.

- 이 기준은 감정이 작동하는 상황에서도 실제로 실행 가능한가?
- 이 루틴은 감정이 요동치는 순간에도 기준을 끝까지 지켜낼 수 있는가?

그 결과 기준은 실전 상황에 맞게 정제되었고 감정은 더 이상 통제 불가능한 위험이 아니라 예측 가능한 전략 변수로 전환되었다. 감정과 기준이 하나의 시스템 안에서 유기적으로 연결되자 매매 구조는 훨씬 더 안정적이고 탄탄하게 작동하기 시작했다.

"감정과 전략은 분리된 축이 아니다. 이 둘이 연결될 때 트레이딩 시스템은 비로소 균형을 갖춘다." (Mark Douglas, 『심리투자 불변의 법칙』, 2021)

통합된 시스템은 기준을 단순한 조건의 나열에서 실행 가능한 전략 구조로 발전시킨다. 기준이 감정을 고려하지 않으면 실전에서 작동하지 않고 감정이 기준의 틀 안에 포함되지 않으면 제어할 수 없는 요소로 남는다. 생존 가능한 트레이딩 시스템은 감정과 기준이 동일한 흐름 속에서 함께 작동해야 한다.

시장은 반복되고 감정은 되돌아온다. 따라서 감정과 기준의 통합은 선택이 아니라 생존의 전제 조건이다. 전략은 논리이고 감정은 변수다. 변수를 배제한 전략은 언제든 무너질 수 있다. 전략을 설계할 때는 반드시 감정을 포함해야 하며 기준을 세울 때는 그 기준이 감정의 흐름을 견딜 수 있는지를 검토해야 한다. 감정을 품은 기준만이 감정의 세계에서 살아남는다. 이 과정을 거쳐 트레이딩은 단순한 기술의 반복이 아니라 실전에 살아남는 생존 시스템으로 진화한다.

살아남는 자는 감정을 구조화한 자다

트레이딩에서 생존하는 사람과 그렇지 못한 사람의 차이는 '실력'이 아니다. 진짜 차이는 감정을 대하는 태도에서 갈린다. 시장은 모든 트레이더에게 기회를 제공한다. 그러나 그 기회를 반복적으로 포착하는 사람은 감정을 설계한 사람뿐이다. 감정은 단기적인 기회를 만들 수 있다. 하지만 구조화되지 않은 감정은 기준을 침식시키고 시스템 전체를 흔든다. 실전에서 감정은 단순한 반응이 아니다. 그것은 기준을 무너뜨리는 기폭제이며 시스템 붕괴의 출발점이다. 따라서 감정은 억제할 대상이 아니다. 반드시 구조화하고 설계해야 할 핵심 변수다.

"감정을 억누르는 전략은 결국 감정에 무너진다. 전략이 지속되려면 감정을 설계해야 한다." (Mark Douglas, 『심리투자 불변의 법칙』, 2021)

트레이딩에서의 생존은 감정을 얼마나 정교하게 구조화했는가에 달려 있다. 감정은 전략 내부에 가상 은밀하게 침투하는 변수다. 이 변수를 구조화하지 않는 한 아무리 뛰어난 기술도 기준을 끝까지 지탱할 수 없다. 우리는 언제나 감정과 함께 움직인다. 진입 직전의 긴장감, 수익 이후의 들뜸, 손실 직후의 복구 심리, 거래량 없는 장에서의 무기력함까지 모두 트레이더의 일상이다. 감정은 없앨 수 없다. 다만 설계할 수 있을 뿐이다.

감정의 흐름을 미리 인식하고 그 흐름에 맞춘 루틴과 질문을 준비한 사람만이 감정 위에 기준을 세울 수 있다. 트레이딩이 감정의 전장이라면 감정 설계는 생존을 위한 진지 구축이다. 감정은 외면하거나 억제할 대상이 아니다. 기준과 함께 작동하도록 재배치해야 할 전략 상수다.

많은 트레이더와 함께하며 실력이 아니라 감정 구조의 차이가 성과를 결정짓는 핵심 요인임을 수없이 확인했다. 기술적으로 뛰어난 사람이 오래 살아남는 것은 아니었다. 오히려 감정을 먼저 인식하고 구조화한 사람이 기준을 지켜냈고, 그 기준을 지킨 사람이 결국 시장에 남았다. 생존은 실력의 문제가 아니라 감정에 대응하는 시스템 설계의 문제였다.

감정을 다룰 줄 아는 사람은 시장의 리듬 속에서 주도권을 잡는다. 반면 감정을 구조화하지 못한 사람은 시장의 흐름에 자신을 내맡긴다. 결국 생존을 가르는 진짜 기준은 실력의 차이가 아니라 감정에 대한 태도와 반복 가능한 루틴의 유무다.

감정 설계는 단순히 실수를 줄이기 위한 장치가 아니다. 그것은 기준의 지속성을 확보하기 위한 시스템적 사고방식이다. 감정을 설계한다는 것은 곧 다음을 의미한다.

- 감정이 언제 발생할지를 예측할 수 있고
- 그에 대한 대응 시나리오를 사전에 갖추고 있으며
- 반복되는 감정을 시스템 내부에 통합하고 있다는 것

이 설계는 감정 점검 루틴과 체크리스트, 복기 절차, 그리고 기준·감정 통합 체계로 구체화된다. 감정이 기준을 침식하지 않으려면 감정보다 늦게 작동하는 기준이 아니라 선행적으로 설계된 틀이 시스템에 자리 잡아야 한다. 이 틀은 감정을 억제하려는 장치가 아니다. 감정이 자연스럽게 통과할 수 있도록 미리 마련된 운용 경로다.

즉 감정을 구조화한다는 것은 단순한 관리가 아니라 기준을 실전에서 지속 가능하게 만드는 핵심 전략이다. 이 과정을 시스템화한 사람만이 감정의 흐름을 기준과 함께 전략 속에 융합할 수 있다. 그 순간부터 감정은 더 이상 리스크가 아니라 전략적 자산으로 기능하게 된다.

"감정을 이해하지 못하면 전략은 무너진다. 감정을 구조화할 때에만 전략은 현실에서 지속적으로 작동할 수 있다." (Lisa Feldman Barrett, 『감정은 어떻게 만들어지는가?』, 2017)

이 구조가 정립된 뒤 실수는 눈에 띄게 줄었고 원칙은 더 오래 유지되었다. 감정이 찾아와도 당황하지 않았고, 되풀이되는 감정을 기꺼이 받아들일 수 있었다. 감정을 다룰 수 있다는 자신감은 기준 실행력을 실질적으로 끌어올렸다. 감정은 더 이상 통제 불가능한 위험 요소가 아니었다. 이제 그것은 내가 예측하고 대응할 수 있는 규칙화된 신호로 전환되었다.

그 이후 트레이딩은 무작위적 대응이 아니라 전략적 설계의 영역이 되었다. 그리고 트레이딩이 복잡한 시장을 다루는 기술이 아니라 예상 가능한 감정을 관리하는 전략이라는 확신을 갖게 되었다. 시장은 통제할 수 없지만 감정은 설계할 수 있다. 트레이딩이란 결국 내면의 흐름과 기준이 하나의 루틴으로 통합되는 감정 기반 시스템이다.

트레이딩은 언제나 전략보다 감정이 먼저 반응하는 환경이다. 아무리 정교한 기준도 감정이 미리 구조화되지 않으면 실전에서는 반복적으로 무너진다. 감정이 기준을 압도하기 전에 기준보다 먼저 감정을 설계해야 한다. 생존은 실력의 문제가 아니라 감정 구조에 대한 준비 여부에 달려 있다. 감정을 설계하지 않은 기준은 실제 시장 압력 앞에서 쉽게 무너진다. 실수를 줄이는 사람이 아니라 감정을 체계화한 사람이 시장에 더 오래 남는다.

기준이 감정에 휘둘리지 않으려면 감정이 기준안에서 작동할 수 있도록 미리 마련된 절차가 필요하다. 감정은 본능적으로 빠르고 기준은 논리적으로 늦다. 이 속도 차이를 인정하고 감정을 루틴으로 정립한 사람이 기준을 끝까지 지켜낸다. 감정은 생존을 위협하는 변수가 아니라 지속성을 여는 출발점이다. 기준은 감정을 통과해야 작동하고, 감정은 기준을 기다려야 조율된다. 결국 감정 설계는 선택이 아니라 시스템 구축의 전제 조건이다.

"감정은 전략이 작동하기 위한 전제 조건이다. 감정을 이해하고 구조화하지 않으면, 어떤 전략도 실전에서 지속될 수 없다." (Mark Douglas, 『심리투자 불변의 법칙』, 2021)

시장은 언제나 논리보다 반응이 빠르고 원칙보다 감정이 먼저 움직인다. 설계되지 않은 감정은 기준을 약화시키지만, 설계된 감정은 기준을 지켜주는 심리적 기반이 된다. 시장에 오래 남는다는 것은 감정의 흐름 위에 기준을 세우고 끝까지 유지한다는 뜻이다. 감정을 먼저 다룬 사람만이 기준을 끝까지 지켜내며 무너지지 않는 시스템을 만든다. 그것이야말로 트레이딩에서 살아남는다는 의미다.

트레이딩의 본질은 수익의 크기가 아니라 기준이 감정 속에서 얼마나 오래 버틸 수 있는지를 놓고 벌이는 싸움이다. 감정과 전략이 부딪히지 않고 감정이 전략을 포용할 수 있도록 설계한 사람만이 시장의 리듬을 주도한다. 그에게 시장은 더 이상 통제할 수 없는 혼란이 아니다. 감정이라는 리듬 위에서 기준을 연주하는 무대가 된다.

제 3 장

거래량은 감정의 그래프다

감정의 반복을 인식하고 구조화할 수 있어야 수익도 반복된다. 실패는 감정을 알아차리지 못한 채 되풀이한 결과일 뿐이다. 복기 과정을 통해 감정의 패턴을 읽어내면 진입의 완성도가 달라진다.

감정은 단순한 반응이 아니다. 전략으로 변환될 수 있는 요소이며, 충분히 예측 가능한 흐름으로 재구성할 수 있다. 결국 감정을 다스릴 수 있는 사람이 원칙을 지켜낸다.

거래량은 감정의 지형을 드러낸다

거래량은 단순한 숫자가 아니다. 시장 참여자들의 감정이 남긴 집단적 흔적이며 무의식이 차트에 새긴 심리의 언어다. 특정 종목의 거래량이 급증했다는 것은 단순히 거래가 많았다는 사실을 넘어선다. 그 안에는 기대와 두려움, 확신과 불안이 뒤엉킨 심리의 파동이 존재한다. 거래량은 언제나 가격보다 먼저 움직이고 기준에 앞서며 감정보다 더 직설적이다. 감정은 숨길 수 있어도 매매 행위는 감출 수 없다.

우리는 종종 차트 하단의 거래량을 단순한 보조지표로 여긴다. 그러나 거래량은 가격이라는 결과를 만들어 낸 심리 에너지의 응축이자 시장의 진짜 목소리다. 거래량 없는 상승은 심리가 실리지 않은 움직임이어서 지속성이 약하다. 반면 거래량이 동반된 상승은 다수의 감정이 동시에 반응한 결과다. 그것은 단기적 반등을 넘어 구조적 변화의 신호가 될 수 있다.

트레이딩 초기에 나는 가격만 보고 매매했다. 움직임이 시작된 뒤에야 진입했고 거래량이 터졌을 땐 이미 기회를 놓친 경우가 많았다. 당시에는 거래량을 단순한 보조 수단으로 여겼지만, 반복되는 지연 진입과 손절을 거치며 그 본질을 깨달았다. 거래량은 결과가 아니라 사건을 예고하는 신호였다. 가격이 움직인 후에야 반응하는 습관은 늘 한발 늦은 결정을 불러왔다. 그 이후로는 어떤 차트를 보든 거래량부터 살핀다. 감정보다 먼저 반응한 손길의 흔적, 그것이 바로 거래량이다.

차트 위의 고요를 깨고 급격히 쌓이는 거래량은 단순한 유동성이 아니다. 감정의 분출이 시작되었음을 알리는 신호다. 기대가 몰리고 불안이 이탈하며 탐욕이 침투하고 공포가 물러나는 그 순간, 거래량은 폭발한다. 이 흐름은 기존 기준의 위치를 재설정하게 만든다. 단순한 가격 돌파가 아니라 감정 에너지를 실은 거래량이 결합될 때 움직임은 비로소 실질적인 힘을 갖는다.

손은 감정보다 빠르고 클릭은 심리보다 더 솔직하다. 시장 참가자의 선택은 결국 클릭이라는 구체적 행위로 드러나며 그 누적된 결과가 거래량이라는 막대를 형성한다.

"감정은 무의식에서 출발해, 의식적 행동이 나타나기 전에 이미 몸을 움직이게 만든다." (Lisa Feldman Barrett, 『감정은 어떻게 만들어지는가?』, 2017)

거래량은 단순한 수치가 아니다. 심리 에너지가 물리로 변환된 구체적 흔적이다. 우리는 의식적으로 차트를 읽는다고 생각하지만, 실제 시장은 무의식적 감정의 집합체로 움직인다. 거래량은 그 무의식이 시각적으로 형상화된 결과물이다.

실전 매매에서 거래량 중심의 루틴을 구축한 뒤 흐름을 훨씬 더 정밀하게 포착할 수 있게 되었다. 중요한 것은 거래량 그 자체가 아니라 그 수치가 만들어진 심리적 배경이다. 거래량 없는 상승은 가벼운 기대에 불과하다. 반대로 고점 근처의 대량 거래는 불안한 진입과 조급한 청산이 충돌한 장면일 수 있다.

거래량은 곧 감정의 지도다. 어느 지점에서 쏠림이 발생했고 언제 확산되었으며 어떤 순간에 망설임이 드러났는지를 시각적으로 기록한다. 차트 위의 막대 하나하나는 군중 심리의 흔적이며 우리에게 끊임없는 질문을 던진다.

- 지금, 이 움직임은 감정이 주도한 흐름인가, 아니면 구조가 만든 결과인가?

- 지금, 이 거래는 조급함의 산물인가, 아니면 기준에 따른 선택인가?
- 거래량은 감정의 반응을 먼저 드러내고 있는가?

이 질문에 답할 수 있을 때 우리는 다음 흐름을 준비할 수 있다. 감정이 주도하는 흐름은 빠르지만 불안정하다. 반면 구조가 이끄는 흐름은 느리지만 탄탄하다. 거래량은 이 둘을 가르는 핵심 열쇠다.

거래량을 읽는다는 것은 단순히 '시장 열기'를 재는 일이 아니다. 그 속에 흐르는 감정의 실루엣을 해석하는 일이다. 공포와 탐욕, 회피와 기대라는 심리의 균열을 감지할 수 있다면 시장의 내면을 포착할 수 있다.

특히 거래량과 가격 사이의 괴리는 시장 심리의 임계점을 드러내는 단서를 제공한다. 가격이 오르는데 거래량이 줄어든다면 심리 에너지가 서서히 고갈되고 있다는 경고일 수 있다. 반대로 가격이 조정되는데 거래량이 늘어난다면 새로운 심리 충돌이 형성되고 있다는 신호일 가능성이 크다. 거래량은 심리의 선행 지표로서 가격보다 먼저 시장 전장의 윤곽을 드러낸다.

"감정은 언제나 수치보다 먼저 흐르고, 숫자는 그 감정이 남긴 흔적에 불과하다." (Susan David, 『Emotional Agility』, 2016)

실전에서도 이러한 사례는 반복된다. 오랜 기간 박스권에 머물던 종목이 별다른 뉴스 없이 거래량이 5배 이상 늘어났을 때 처음에는 의아함을 느꼈다. 그러나 곧 그 움직임이 매집 신호임을 알아차렸다. 가격은 거의 변하지 않았지만, 거래량은 이미 심리 전환의 예고였다. 며칠 뒤 강한 상승이 시작되었고 이 경험은 거래량이야말로 가장 먼저 나타나는 심리 신호임을 확신하게 만든 계기였다.

거래량은 방향을 예측하는 도구가 아니다. 그것은 감정의 임계점이 어디서 폭발하고 어디서 소진되는지를 드러내는 심리적 리트머스 시험지다. 그 흔적은 군중 심리의 압력과 방출이 빚어낸 정서적 파동이다. 방향은 차트가 말하고 강도는 거래량이 말한다. 이 둘을 함께 읽어낼 수 있을 때 우리는 비로소 시장이라는 지도를 완성할 수 있다.

거래량을 해석하려면 루틴화가 필요하다. 거래량이 단순한 보조지표가 아니라 심리를 해독하는 장치로 작동하려면 반드시 다음 세 가지를 점검해야 한다.

- 거래량의 단순한 절댓값보다 증감 비율을 분석할 것
- 거래량과 가격 움직임 사이의 상호 작용을 해석할 것
- 거래량 발생 후 시장 참여자의 심리 변화를 추적할 것

거래량은 심리적 피로의 누적과 회복 단계를 판단하는 중요한 지표로 작동한다. 대량 거래 이후의 정체는 과열된 심리가 서서히 가라앉는 과정이다. 거래량이 줄어들었음에도 하락세가 이어진다면 이는 공포에 따른 매도 압력이 여전히 남아 있음을 시사한다.

거래량과 시간대의 관계 역시 실전에서 반드시 살펴야 할 요소다. 같은 거래량이라도 장 초반이면 기대감을 의미하고, 장 마감 직전이면 확신이나 항복을 의미한다. 특히 마감 직전 거래량이 급증하면 심리적 수용이나 손절에 따른 항복의 강력한 신호로 작용한다.

거래량은 곧 감정의 무게다. 억눌린 기대, 조급한 포기, 무거운 불안, 과도한 탐욕이 모두 거래량이라는 시각적 흔적으로 차트 위에 새겨진다. 그 흔적은 단순한 과거 기록이 아니라 다음 움직임을 예고하는 감정의 잔상이다. 이를 읽어낼 수 있는 사람만이 시장 변곡점을 미리 포착할 수 있다.

"차트에 기록된 거래는 모두 감정의 흔적이다. 두려움과 탐욕은 숫자보다 먼저 움직이고, 거래량은 그 심리의 크기를 가장 정직하게 드러낸다." (Alexander Elder, 『Trading for a Living』, 개정판 2014)

우리는 그 무게를 읽어야 한다. 그리고 그 흐름을 감지할 수 있을 때 남들보다 먼저 움직이고 남들보다 먼저 멈출 수 있다. 거래량을 읽는다는 것은 결국 시장과 감정이 나누는 대화를 해석하는 일이다. 무수한 클릭과 주저하는 손끝, 조급한 기대와 두려움의 후퇴까지 모든 심리의 울림이 거래량 속에 녹아 있다. 숫자 속에서 감정을 읽어내는 사람만이 시장이라는 책의 다음 장을 펼칠 수 있다.

거래량은 숫자가 아닌 감정의 집계다

거래량은 단순한 수치가 아니다. 시장 참여자들이 남긴 감정의 궤적이며 심리적 에너지가 눈에 보이는 형태로 드러난 흔적이다. 특정 종목의 거래량이 급증했다는 사실은 단순히 매수·매도가 활발했다는 차원을 넘어선다. 그 안에는 기대와 두려움, 확신과 불안이 한순간에 분출된 심리의 폭발이 담겨 있다.

"감정은 단순한 느낌이 아니라, 몸과 행동에 동시에 작동하는 예측 기반 반응 시스템이다." (Lisa Feldman Barrett, 『감정은 어떻게 만들어지는가?』, 2017)

거래량은 언제나 가격보다 앞서고, 기준보다 민감하게 반응하며, 감정보다 정직하다. 감정은 숨길 수 있어도 실제 거래는 감춰지지 않는다. 우리는 차트 하단의 거래량을 종종 부차적인 참고 수단으로 여긴다. 그러나 거래량은 시장의 속내를 드러내는 핵심 신호다. 가격은 결과일 뿐이고, 거래량은 그 결과를 움직이게 한 감정 에너지이자 심리 작용의 흐름이다. 거래량 없는 상승은 감정이 실리지 않은 가벼운 움직임이라 지속성이 약하다. 반면 거래량을 동반한 상승은 집단 심리가 강하게 작용한 결과이며 응축된 구조적 에너지가 분출된 흐름이다.

트레이딩 초기에 나는 가격만을 중심에 두고 움직였다. 흐름이 시작된 뒤에야 뒤늦게 진입했고 거래량이 폭증했을 때는 이미 기회를 놓친 경우가 많았다. 당시에는 거래량을 단순한 참고용 보조지표로 여겼다. 그러나 반복되는 지연 진입과 손절을 겪으며 깨달았다. 거래량은 부속 요소가 아니었다. 감정의 선행 지표이자 시장 심리의 축적이 처음 드러나는 신호였다.

거래량은 말보다 빠른 손의 언어다. 차트 위의 고요를 깨고 순식간에 쌓이는 거래량은 단순한 유동성 증가가 아니다. 감정이 분출되고 있다는 명확한 신호다. 기대가 몰리고 공포가 빠져나가며 탐욕이 스며들고 불안이 사라지는 그 순간 거래량은 폭발적으로 치솟는다. 이 심리의 흔적이야말로 우리가 기준을 어디에 둘지 결정하는 핵심 단서다.

"시장은 수학적 계산보다 인간의 감정에 더 민감하게 반응한다. 거래는 결국 기대와 두려움이 수치로 드러난 표현이다." (Daniel Crosby, 『제3의 부의 원칙』, 2020)

거래량은 마음보다 빠르다. 감정은 위장할 수 있지만 클릭은 속일 수 없다. 모든 결정은 결국 주문이라는 물리적 행위로 드러나며 이 누적된 행동이 거래량이라는 막대를 만든다. 거래량은 단기적 반응을 보여줄 뿐 아니라 심리 흐름의 변곡점을 포착할 수 있는 선행 신호다. 일정 기간 줄던 거래량이 갑자기 늘어난다면 이는 심리 균형이 깨지고 새로운 세력이 흐름을 주도하려는 조짐이 나타났다는 의미다. 이때 주목해야 할 것은 단순한 가격 변동이 아니라 감정 구조의 변화다.

실전에서 거래량 중심 루틴을 확립한 뒤 흐름을 읽는 판단력은 한층 뚜렷해졌다. 핵심은 거래량 자체가 아니다. 어떤 맥락과 지점에서 그것이 발생했는가다. 돌파 구간에서 거래량이 실리지 않았다면 이는 '가벼운 기대감'에 불과하다. 반대로 고점 부근에서 거래량이 급증한다면 불안한 진입과 조기 청산 심리가 맞부딪친 결과로 해석할 수 있다. 이 흐름은 단순한 수치가 아니라 심리의 흔적이 투영된 반영이다.

거래량은 감정의 지도다. 어디에서 쏠림이 발생했고 어디에서 이탈이 나타났는지를 조용히 기록한다. 차트에 남겨진 하나하나의 막대는 그 순간의 집단 감정을 반영하며 우리에게 질문을 던진다.

- 지금 이 흐름은 감정이 만든 것인가, 아니면 구조가 만든 것인가?

이 질문에 명확히 답할 수 있어야 다음 국면을 준비할 수 있다. 거래량을 해석한다는 것은 단순히 시장의 열기를 측정하는 일이 아니다. 공포와 확신, 탐욕과 회피가 뒤섞여 만든 심리의 형상을 읽어내는 작업이다. 숫자 속에서 감정을 식별할 수 있어야 거래량이 비로소 의미 있는 정보로 살아난다. 그리고 그 신호를 정확히 읽어낼 수 있는 사람만이 남들보다 한발 먼저 대응할 수 있다.

거래량 급증 구간은 감정이 극단에 달했을 때 가장 뚜렷하게 드러난다. 기대가 과열되면 거래량 폭증과 함께 최고가를 기록하고 이후 급격한 피로 국면으로 전환된다. 반대로 극단적 공포는 대량 거래를 동반한 투매를 불러온다. 이 두 지점을 감지할 수 있다면 시장의 고점과 저점을 한층 더 명확하게 파악할 수 있다.

"인간은 감정이 극단에 이를 때 행동으로 전환하며, 이 전환은 언제나 신체적·행동적 지표를 동반한다." (Antonio Damasio, 『느끼고 아는 존재』, 2021)

거래량은 차트 하단에 있지만 본질적으로는 시장 심리를 비추는 거울이다. 감정의 방향을 가리키는 나침반이자 다음 국면을 예고하는 조용하면서도 강력한 신호다. 숫자로 드러난 이 감정의 흔적은 때로 기술적 분석보다 먼저 심리의 전환점을 보여준다. 거래량을 해석하는 트레이더는 단순한 매수·매도 흐름을 넘어 시장 저류에 깔린 심리적 파동을 감지하는 존재다.

시장의 움직임은 언제나 감정 에너지의 흐름에서 출발한다. 거래량은 그 에너지를 수치로 변환한 심리의 이력서이자 반응의 흔적이다. 거래량을 읽는다는 것은 군중의 희망과 두려움, 탐욕과 체념이 어떻게 교차하며 이동하는지를 추적하는 일이다. 이 심리 파동을 꿰뚫어 볼 수 있는 사람만이 시장이라는 감정의 강물을 무사히 건널 수 있다.

한편, 거래량이 점차 줄어드는 구간은 단순한 무관심이 아니다. 내면의 긴장이 압축된 상태일 수 있다. 이 시점은 방향 탐색과 불확실성이 교차하는 '침묵의 시간'이다. 거래량 감소는 심리 에너지의 고갈이 아니라 응축과 축적의 과정으로 이해해야 한다.

거래량과 가격 사이의 괴리는 매우 중요한 단서다. 가격이 오르는데도 거래량이 줄어든다면 이는 기대에 비해 확신이 부족한 구조임을 보여준다. 반대로 하락 흐름 속에서 거래량까지 줄어든다면 공포 심리가 점차 진정되고 있음을 시사한다. 이러한 미묘한 불일치는 곧 다음 전환의 신호가 될 수 있다.

거래량과 감정은 끊임없이 상호작용한다. 거래량 급증은 감정의 폭발적 표출이고 거래량 감소는 심리의 내재화와 응축이다. 이를 시간 축에 놓으면 다음과 같은 심리-거래량 루프가 드러난다.

그러나 시장은 종종 착시를 만든다. 거래량이 폭증했어도 그것이 진정한 감정 분출이 아닐 수 있다. 대표적인 경우는 다음 세 가지다.

- 단기 트레이더의 과도한 반응
- 의도적으로 연출된 수급 흐름
- 방향성 없는 변동성의 확대: 이런 착시성 거래량은 구조를 형성하지 못한 채 결국 원위치로 되돌아간다. 따라서 정밀한 검증 절차가 필요하다.

착시를 피하려면 반드시 다음 두 가지를 점검해야 한다.

- 거래량과 가격의 일관성: 거래량이 폭발했더라도 주요 지지선이나 저항선을 돌파하지 못했다면 그 신호는 신뢰할 수 없다.

- 거래량의 지속성: 진짜 감정은 순간적 폭발이 아니라 시간 속에 흐르는 에너지다.

실전에서 나 역시 거래량 착시에 여러 번 속았다. 급등 뉴스가 나온 종목에서 거래량이 터지자 기대감에 휩싸여 성급히 진입했지만, 가격은 저항선을 넘지 못했고 거래량은 곧 줄어들었다. 전형적인 고점 추격 매수의 함정이었다. 이 경험은 거래량 해석은 반드시 가격 구조와 연계해야 한다는 교훈을 남겼다.

우리는 거래량이라는 숫자 자체에 취해서는 안 된다. 중요한 것은 거래량이 터졌다는 사실이 아니라 그 뒤 어떤 구조가 형성되는 가다. 급등에 흔들리지 않고 급락에 압도되지 않으며 거래량이 만들어 내는 심리적 질서를 꿰뚫어 보는 통찰이야말로 시장에서 살아남는 진짜 능력이다. 거래량은 감정의 반사경이지만 때때로 왜곡된다. 이 왜곡을 바로잡는 유일한 방법은 냉철한 기준과 반복적인 복기다.

습관적으로 다음 질문을 점검하는 사람만이 거래량 속에 숨어 있는 시장의 본심과 마주할 수 있다.

- 이 거래량은 진짜인가?
- 이 움직임은 감정에 기반했는가, 아니면 구조에 기반했는가?

∧• 거래량 없는 상승, 붕괴로 향하는 심리 착시

많은 트레이더가 단순히 가격 움직임만을 근거로 진입을 결정한다. 그러나 중요한 것은 그 상승이 어떤 경로로 만들어졌는가다. 거래량 없이 이루어진 상승은 감정이 실리지 않은 흐름이어서 기반이 취약하고 지속성도 약하다. 확신이 부족한 참여자들의 매수나 소수 세력의 인위적 개입으로 만들어진 상승은 겉으로는 정갈해 보일 수 있다. 그러나 그 내부는 비어 있으며 작은 충격에도 쉽게 무너질 수 있는 허약한 구조다.

"시장은 숫자보다 감정에 먼저 반응한다. 감정이 결여된 움직임은 구조적 지속성을 갖기 어렵다." (Daniel Crosby, 『제3의 부의 원칙』, 2020)

거래량 없이 우상향하는 캔들은 겉보기에 안정적이고 단정해 보인다. 지지선은 잘 지켜지고 기술적 패턴도 정석적이다. 그러나 그 이면을 들여다보면 감정의 흐름은 전혀 감지되지 않는다. 참여자는 있지만 확신은 부족하다. 가격은 오르지만, 에너지가 실리지 않는다. 마치 관객 없는 무대에서 홀로 독백하는 배우와 같다.

실전에서는 이런 흐름과 수없이 마주했다. 처음엔 기술적으로 완성도 높은 차트에 이끌려 진입했지만, 곧 반전이 나타났다. 거래량 없는 상승은 언제든 쉽게 무너진다. 이유는 단순하다. 시장 참여자들의 감정이 흐름에 담기지 않았기 때문이다. 차트상으로는 상승이 보이더라도 실제 매수 행위는 주저되고 의심이 기대를 앞선다. 따라서 상승의 지속성을 떠받칠 내면의 확신이 형성되지 않는다. 결국 우리는 스스로에게 물어야 한다.

- 이 상승은 진짜 감정이 실린 흐름인가, 아니면 껍데기만 남은 그림자인가?

심리적으로 이런 구간은 매우 미묘하다. 망설이는 매수자, 매도를 준비하는 세력, 관망하는 기관과 외국인이 뒤섞인 시장은 겉으론 고요하지만, 속은 긴장으로 팽팽하다. 거래량이 실리지 않은 상승은 착시에 불과하다. 그 흐름에 휩쓸리는 순간 급락이라는 냉정한 정정을 피할 수 없다.

"확신을 잃은 집단은 외부 자극에 쉽게 붕괴된다. 이는 억눌린 감정과 집단적 착각에서 비롯된다." (Lisa Feldman Barrett, 『감정은 어떻게 만들어지는가?』, 2017)

이러한 흐름에서는 심리적 루프가 다음과 같이 전개된다.

- 1단계 억제: 확신 없는 관망 심리가 시장을 지배한다.
- 2단계 착시: 가격이 꾸준히 오르면서 경계심이 서서히 느슨해진다.
- 3단계 붕괴: 외부 악재나 기술적 반전이 나타나는 순간 감정은 순식간에 패닉으로 전환된다.

나 역시 이 루프를 뼈저리게 경험한 적이 있다. 거래량 없이 천천히 오르던 종목을 처음엔 경계했지만, 결국 착시에 빠져 진입했다. 그러나 거래량은 끝내 늘지 않았고 작은 뉴스 하나에 시장은 순식간에 붕괴했다. 손절조차 하지 못한 채 급락을 그대로 맞을 수밖에 없었다.

그때 절실히 깨달았다. '거래량 없는 상승은 결코 안심해서는 안 된다.' 이런 흐름은 소수 세력이 매도를 유도하기 위해 의도적으로 설계한 미끼일 가능성이 높다. 초기 거래량이 미미하고 돌파 구간에서도 거래량이 동반되지 않는다면, 그것은 실질적인 참여가 아닌 기획된 연출일 수 있다. 거래량이라는 근거가 뒷받침되지 않는 가격의 움직임은 언제든 쉽게 무너질 수 있는 불안정한 구조일 뿐이다.

"거래량이 따르지 않는 상승은 모래 위에 세운 성과 같다. 가격은 올라갈 수 있지만, 오래 버티지 못한다." (William O'Neil, 『최고의 주식, 최적의 타이밍』, 2012)

진짜 상승은 언제나 공명[5]을 동반한다. 이는 단순히 가격만 오르는 것이 아니라 시장 참여자들의 감정과 에너지가 함께 울림을 만들어 내며 하나로 동조하는 구조다. 거래량은 그 공명의 강도와 밀도를 시각화하는 가장 직접적인 지표다.

거래량 없이 이어지는 상승은 시장 전체가 집단적 착각에 빠진 구조와 같다. 얇은 얼음판 위에서 확신 없는 참여자들과 이탈을 준비한 세력들이 팽팽한 줄다리기를 벌이는 상황이다. 겉으로는 상승이 이어지는 듯 보이지만 실제로는 지지 기반이 없는 공허한 흐름에 불과하다. 이럴 때 작은 외부 자극 하나만으로도 대규모 심리 붕괴로 쉽게 이어질 수 있다. 그래서 진짜 상승을 구분하는 첫 번째 조건은 거래량이며 두 번째는 그 거래량에 담긴 심리적 힘의 지속성이다.

매매 전 항상 다음 질문들을 심리적 방패로 삼아 스스로에게 묻는다.

- 이 상승에는 감정의 확신이 실려 있는가?
- 거래량이 가격 상승을 뒷받침하고 있는가?
- 외부 충격이 오면 얼마나 쉽게 무너질 수 있는가?
- 주요 돌파 구간에서 거래량은 실리는가?
- 이 흐름에 심리적 긴장감은 남아 있는가?

---

5) 가격의 상승이 단독으로 일어나는 게 아니라 시장 참여자들의 심리·감정·매매 에너지가 동시에 반응하면서 집단적 동조와 울림을 만들어 내는 상태를 가리킨다.

거래량 없는 상승은 단순한 거래 부족이 아니다. 감정이 억제된 상태에서 시작된 흐름은 착시를 만들고 그 착시는 추종 심리를 자극하며 결국 방심으로 이어진다. 시장 전체의 경계심이 허물어지고 참여자들은 '이제는 안전하다'는 착각에 빠진다.

그러나 그 시점은 이미 심리 에너지가 고갈된 순간일 수 있다. 작은 하락 신호는 처음엔 무시되지만, 곧 급격한 붕괴로 번진다. 방심이 깨지는 순간 심리는 순식간에 무너진다. 거래량은 그제야 폭발하지만 그것은 공포에 질린 손절매의 결과일 뿐이다. 시장은 본래 가격보다 더 과도하게 하락하고 참여자들은 이유도 모른 채 매도를 반복한다. 이것이 거래량 없는 상승이 만들어 낸 심리 착각의 루프다.

나 또한 한 종목을 오래 지켜보다가 결국 진입한 적이 있다. 거래량은 적고 상승은 느렸지만, 며칠간 비슷한 흐름이 이어지자, 경계심은 흐려지고 안도감이 밀려왔다. 그 순간 착각이 나를 붙잡았고 이렇게 스스로에게 질문했다.

- 이 정도면 거래량 없어도 문제없지 않을까?

처음 며칠은 가격이 오르내리며 나를 안심시키기도 했다. 그러나 예상치 못한 뉴스 하나에 시장은 순식간에 무너졌고 그간 쌓인 심리적 긴장감이 폭발했다. 패닉은 삽시간에 번졌으며, 손절할 틈도 없이 하락이 이어져 손실은 걷잡을 수 없었다. 이 경험은 내게 한 가지 분명한 교훈을 남겼다.

- 거래량 없는 상승은 절대 신뢰할 수 없다.

에너지가 부족한 상승일수록 더욱 경계해야 하며 가격보다 먼저 거래량과 그에 담긴 감정 흐름을 확인해야 한다. 진정한 상승은 시장 참여자들의 감정이 하나로 응축될 때만 가능하며 거래량은 그 응축의 흔적이다. 반대로 거래량 없는 상승은 지속 가능성이 결여된 허상일 뿐이다. 따라서 거래량은 단순한 수치가 아니라 시장의 진정성을 판별하는 가장 선명한 언어다.

우리는 매 순간 시장 착시를 돌파하기 위해 다음 질문을 스스로에게 던져야 한다.

- 지금, 이 상승은 진짜인가, 아니면 누군가가 기획한 연출에 불과한가?

그리고 이 질문에 답하지 못한다면, 그 상승은 이미 위험 신호일 가능성이 높다.

거래량이 늘었는데도 하락하는 심리 구조

거래량의 증가는 종종 '시장이 깨어났다'는 신호로 해석된다. 참여자가 늘고 에너지가 유입되면 가격에 추진력이 실렸다고 믿기 쉽다. 그러나 그 거래량이 하락과 함께 발생한다면 의미는 정반대다. 이는 단순한 수급 변화가 아니라 감정이 극한에 달해 폭발하는 심리의 임계점이자 시장 심리가 균열되는 경고 신호다.

"극단적인 감정은 이성과 판단의 연결을 약화시키고, 분석적 사고인 시스템의 작동을 마비시킨다." (Daniel Kahneman, 『생각에 관한 생각』, 2018)

이 순간은 단순한 매도세가 아니다. 패닉, 정리매매, 투항, 현실 인식이라는 감정의 격류가 한순간에 폭발하듯 몰려든다. 거래량이 동반된 하락은 단지 가격 하락을 의미하지 않는다. 그것은 심리적 지지선이 무너졌음을 드러내는 분명한 경고 신호다.

실전에서 이런 장면은 깊게 각인된다. 평소의 2~3배를 웃도는 거래량과 함께 종목이 급락하면 대부분의 매수자는 순간적으로 얼어붙는다. 논리도, 기준도, 확신도 무너진다. 파랗게 물든 차트와 쏟아지는 매도 물량 속에서 거래량은 더 이상 숫자가 아니다. 그것은 집단적 공포를 계량한 심리의 거울이며 시장이 이성보다 감정에 의해 움직이고 있음을 보여주는 생생한 기록이다.

이 수직적 에너지는 단순한 가격 하락을 넘어선 심리의 기록이다. 하락장에서 폭발하는 거래량 증가는 기술적 이벤트가 아니라 임계점을 넘어 분출된 감정의 파열이며 누구도 이 쓰나미에서 자유로울 수 없다. 이 순간의 거래량은 단순한 수급 지표가 아니다. 그것은 시장 전체의 공포와 체념 그리고 이탈이 응축된 집단 심리의 보고서다. 비록 숫자로 표기되지만, 그 안에는 인간 감정의 진동이 생생히 새겨져 있다.

"집단은 강렬한 감정이 유입될 때 합리적 절차보다 훨씬 빠르게 반응하며, 이때 집단적 오류가 발생한다." (Daniel Kahneman, 『생각에 관한 생각』, 2018)

가장 위험한 착시는 바로 이 순간에 발생한다.

많은 투자자가 '이제는 저점일 것', '충분히 빠졌으니 곧 반등하겠지' 라는 기대에 집착한다. 그러나 이는 감정이 아직 해소되지 않은 상태에서 비롯된 섣부른 낙관에 불과하다. 투항이 끝나지 않은 구간에서의 반등 기대는 본질적으로 현실 회피일 뿐이다. 이때의 거래량은 남아 있는 매수자들의 심리마저 흔드는 파괴적 신호다.

실전에서는 다음 세 가지 원칙이 착시 반등 구간에서 나를 여러 차례 지켜주었다.

- 장대 음봉과 거래량이 동시에 터진 날에는 어떤 이유로도 매수하지 않는다.
- 같은 가격대에서 반복적으로 거래량이 쏟아지며 하락한다면 추세 전환의 강력한 경고로 본다.
- 감정의 절정은 기술적 반등이 아니라 보합과 정체 속에서 더 선명하게 드러난다.

또 하나 중요한 사실은 거래량 급증이 일시적 반등을 만들 수는 있어도 결코 지속적 구조 상승으로 이어지지 않는다는 점이다. 반등은 감정의 반작용에 불과하며 손상된 신뢰를 회복하는 데는 긴 시간이 필요하다. 거래량이 동반된 하락은 단순한 가격 조정이 아니라 시장 신념 구조의 붕괴를 의미하며 무너진 신념 위에서 만들어진 흐름은 언제든 다시 흔들릴 수밖에 없다.

우리는 종종 거래량 증가 자체를 기회로 착각한다. 그러나 더 중요한 질문은 이것이다.

- 그 거래량은 어떤 감정에서 비롯된 것인가?

하락장에서 터지는 거래량은 단순한 수급 변화가 아니다. 집단적 패닉, 손절, 청산, 복수 매매, 공포가 뒤엉켜 폭발한 심리의 잔상이다. 그래서 하락과 동반된 거래량은 기회가 아니라 구조적 경계 신호다.

상승장에서의 거래량 증가는 긍정의 상징처럼 보이지만, 하락장에서의 거래량 증가는 심리 붕괴의 징후다. 가격은 내려갔지만, 감정은 폭발했다. 그 순간 누군가는 시장을 떠났고 누군가는 살아남았다. 살아남은 이들의 공통점은 숫자가 아니라 감정을 읽어냈다는 것이다. 이 작은 차이가 최종 결과를 완전히 갈라놓는다.

따라서 하락과 함께 터진 거래량을 마주한 순간 우리는 반드시 자문해야 한다.

- 이 거래량은 단순한 두려움인가?
- 절망인가?
- 아니면 새로운 시작을 알리는 정화의 신호인가?

거래량은 언제나 진실을 말한다. 그러나 그 진실을 어떻게 해석할지는 각자의 몫이다. 두려움 속에서 감정을 읽고 침묵 속에서 변화의 조짐을 감지하는 것이야말로 트레이더의 역량이다. 거래량이 늘었다고 해서 그것이 곧 기회를 의미하는 것은 아니다. 중요한 것은 숫자의 변화가 아니라 그 이면에 흐르는 감정의 결을 읽어내는 능력이다.

시장은 언제나 수급과 심리가 교차하는 지점에서 방향을 전환한다. 진짜 단서는 숫자가 아니라 감정 속에 숨어 있다. 우리는 수급보다 감정을, 숫자보다 심리를 먼저 해석할 수 있어야 한다. 그래야 다음 흐름을 준비할 수 있다.

눈에 보이는 지표 뒤에는 언제나 보이지 않는 감정이 작동한다. 시장의 본질은 결국 이 감정의 흐름을 어떻게 해석하느냐에 달려 있다. 특히 하락과 함께 터지는 거래량은 시장이 어떤 심리 국면에 진입했는지를 가장 명확히 드러내는 신호다.

살아남는다는 것은 단순히 손실을 피하는 일이 아니다. 그것은 심리적 전장의 한복판에서 보이지 않는 감정의 미세한 결을 읽고, 누구보다 먼저 반응하는 능력이다. 하락장에서 터지는 거래량 속에는 포기한 자의 절망과 버티는 자의 인내가 동시에 녹아 있다. 이 미묘한 차이를 구분할 수 있는 사람만이 다음 상승의 출발선에 설 수 있다.

진정한 투자자는 숫자를 보는 것이 아니라 감정을 듣는다. 차트는 눈으로 읽지만, 거래량은 가슴으로 읽는다. 시장은 언제나 우리에게 질문을 던진다. 그 질문에 담담히 답할 수 있을 때 비로소 우리는 '시장'이라는 거대한 심리의 바다 위에 배를 띄울 준비가 된 것이다.

- 너는 이 두려움 속에서도 본질을 볼 수 있는가?

거래량 증가와 함께 하락이 나타나는 순간 시장 참여자의 심리는 단순한 불안을 넘어 극도의 무력감으로 빠져든다. 처음에는 일시적 조정이라 믿던 이들도 폭발적으로 늘어난 거래량 앞에서는 본능적으로 위기를 감지한다. 그러나 그 인식은 늘 한발 늦다. 감정은 이미 구조적 균열을 일으키며 조용히 무너지고 있기 때문이다.

패닉 하락은 이성과 감정의 균형을 완전히 파괴한다. 차트는 하락을 보여주고 거래량은 그 하락을 확증한다. 그럼에도 투자자는 현실을 쉽게 받아들이지 못한다. 손실을 인정하기보다 '반등이 오겠지'라는 기대에 매달려 끝없이 자신을 합리화한다.

"감정은 단순한 반응이 아니라 정보를 걸러내는 시스템이다. 극단적 상황일수록 감정은 왜곡된 신념을 강화하며, 이성이 개입할 여지를 좁힌다."
(Lisa Feldman Barrett, 『감정은 어떻게 만들어지는가?』, 2017)

그러나 기대만으로는 현실을 바꿀 수 없다. 매도는 또 다른 매도를 부르고 시장은 하락이라는 심리적 악순환에 빠져든다. 나 역시 과거 하락장 초입에서 거래량 급증을 보았음에도 '반등이 오겠지'라는 근거 없는 낙관에 사로잡혀 포지션을 고수했다. 결과는 참담했다. 거래량은 치솟았고 가격은 끝없이 무너졌다.

눈덩이처럼 불어나 손실 앞에서 감정은 나를 짓눌렀다. 끝내 패닉 속 손절이 마지막 선택이 되었다. 이 경험은 내게 단 하나의 진실을 새겼다. 감정적 낙관은 기술적 신호를 무력화시키고 거래량이라는 심리 지표마저 외면하게 만든다.

그래서 지금도 거래량이 실린 하락을 마주하면 나는 먼저 내게 묻는다.

- 이 하락은 단순한 조정인가, 아니면 심리적 붕괴인가?
- 거래량 증가는 두려움의 결과인가, 투항의 표현인가, 혹은 새로운 세력의 진입인가?
- 지금, 내가 내린 판단은 사실을 근거로 한 것인가, 아니면 불안을 숨기려는 감정적 변명인가?
- 나는 싸게 사고 싶다는 충동에 사로잡혀 있지는 않은가?
- 손실을 인정하는 것을 두려워하고 있지는 않은가?

- 지금, 내 포지션이 잘못되었을 가능성을 객관적으로 인정할 준비가 되어 있는가?

이 질문들은 단순한 매매 기술이 아니다. 감정에 휘둘리지 않기 위한 심리적 나침반이다. 차트를 해석하는 것이 아니라 나 자신을 해석하는 일이다. 거래량과 가격은 시장을 비추는 거울이지만, 그 거울을 읽는 주체는 결국 나의 심리다.

시장에서 더 중요한 것은 분석이 아니다. 자기 자신을 이해하는 일이다. 하락장에서 살아남는 힘은 숫자 속에 숨어 있는 감정을 읽고도 흔들리지 않는 데서 비롯된다.

매집, 감정이 드러나는 리듬을 읽는 법

시장에서 가장 은밀한 움직임은 단연 매집이다. 매집은 소란과 노출을 피하며 의도된 침묵 속에서 조용히 진행된다. 가격은 크게 흔들리지 않지만, 거래량에는 심리의 잔상이 분명히 남는다. 매집은 심리를 겨냥한 전략이고 거래량은 그 흔적을 기록하는 감정의 지도다. 겉으로는 고요해 보이지만, 그 안에서는 인내와 탐색이 교차하며 무의식의 깊은 층을 자극한다.

매집의 핵심은 눈에 띄지 않는 반복과 일관된 패턴의 지속성이다. 일정한 박스권 안에서 가격은 변동 없이 유지되지만, 거래량은 조용히 감정 에너지를 축적한다. 이 리듬감 있는 거래 흐름은 언뜻 무의미해 보일 수 있다. 그러나 감정을 읽을 줄 아는 이에게는 은밀한 준비의 전조로 포착된다.

"겉으로는 정적이지만, 그 안에서는 감정과 신경 활동이 재정렬된다. 고요해 보이는 순간이야말로 다음 움직임을 준비하는 뇌의 구간이다." (Joseph LeDoux, 『불안과 공포의 뇌과학』, 2017)

트레이딩 초창기에는 거래량과 가격이 함께 급등하는 종목만 좇았다. 그러나 시간이 지나면서 깨달았다. 진짜 단서는 겉으로 드러난 움직임이 아니라 시장 이면의 고요한 흐름 속에 숨어 있다는 사실이었다. 오히려 조용한 박스권 안에서 감지되는 미세한 체결 변화, 특정 시간대에 몰리는 매수 흐름, 작지만 꾸준히 누적되는 거래가 바로 진정한 매집의 실마리였다.

이후에는 정적 흐름 속에서도 감정의 잔상을 감지하기 시작했다. 박스권 안에서 반복되는 거래 패턴, 보유자의 관심이 점차 느슨해지는 정서적 흐름 그리고 거래량 리듬에 은밀히 스며든 집요한 인내의 긴장감은 시장의 표면을 평온하게 유지했지만, 그 이면에서는 확신과 감정의 에너지가 조용히 축적되고 있었다.

매집의 과정은 단순한 표면적 변동만으로는 드러나지 않는다. 오히려 관심에서 멀어진 정체 구간의 거래량이 감정 압력을 정교하게 반영한다. 세력은 의도적으로 진동을 만들어 외부 참여자의 인내심을 시험한다. 작은 조정과 미세한 반등을 반복하며 약한 손을 털어내고 이 심리전은 겉으로는 지루한 흐름처럼 위장된다.

이 심리 소모전은 수일에서 길게는 수주까지 이어질 수 있다. 시장은 언뜻 의미 없어 보이는 등락 속에서도 끊임없이 감정 필터를 작동시켜 참여자의 인내심을 시험한다. 이 시간을 묵묵히 견뎌낸 매수자들은 차츰 깊은 확신을 쌓아가고 세력은 외부의 간섭 없이 은밀히 매집을 완성한다. 이 모든 과정은 외부 정보로는 포착되지 않으며 거래량과 체결 리듬 속에만 조용히 흔적을 남긴다.

특히 '숨 고르기' 구간은 매집 과정에서 나타나는 중요한 전조 중 하나다. 급등 직전에 거래량이 오히려 감소하는 현상은 감정 정리의 마지막 단계로 해석된다. 이 시기에는 매수세와 매도세가 잠시 균형을 이루며 시장은 정적 속에 응축된 긴장을 유지한다. 무대 뒤 커튼 너머에서 긴장감이 팽팽히 흐르는 순간처럼 감정의 에너지는 임계점을 향해 차오르기를 기다린다.

많은 이들은 거래량이 줄고 변동성이 사라지는 시점을 시장 흐름의 '종결'로 오해한다. 그러나 준비된 주도 세력은 이 정적 흐름 속에서 오히려 에너지가 응축되고 있음을 알아차린다. 체결은 끊어지지 않고 세밀하게 이어지며 보이지 않는 매수 잔량은 일정한 리듬을 유지한 채 쌓여 간다. 이는 매집이 아직 끝나지 않았음을 보여주는 계획된 은폐 전략의 흔적이다. '멈춘 듯한 시장' 속에서도 세력은 흐름을 놓치지 않는다. 거래량과 체결 리듬에 숨어 있는 미세한 움직임 속에서 그들은 자신만의 구조를 은밀히 완성해 나간다.

매집을 읽는다는 것은 단순히 기술적 패턴을 분석하는 차원을 넘어선다. 그것은 집단 심리의 누적 경로와 정서적 밀도의 흐름을 세밀히 추적하는 과정이다. 이 모든 정서는 거래량이라는 감정을 숨기지 않는 유일한 지표에 고스란히 반영된다. 가격 급등은 단순한 기술 반응이 아니라 오랜 시간 축적된 감정 에너지가 임계점을 넘어 폭발하는 장면이다. 그 폭발은 하나의 캔들로 설명되지 않는다. 수많은 인내와 정서적 압력이 쌓여 만들어 낸 파열의 순간이다.

매집의 흔적을 읽는다는 것은 분석 도식에 갇히는 것과 다르다. 그것은 차트의 구조 너머 정서를 읽는 감각과 무형의 리듬을 포착하는 집중력을 요구한다. 체결 리듬의 변화, 거래량의 세밀한 파형, 매수 잔량의 지속성까지 모든 요소는 하나의 심리적 서사로 엮인다. 그 서사를 해독할 수 있는 사람만이 진정한 기회를 가장 먼저 감지한다. 매집의 흔적은 단순히 수치로 해석되는 것이 아니라 감정의 흐름과 그로부터 파생된 행동 구조를 읽어내는 감각에 달려 있다.

"감정을 읽는다는 것은 단순한 느낌을 해석하는 일이 아니라, 그 흐름 속에서 형성되는 행동의 패턴을 인식하는 것이다." (Antonio Damasio, 『느끼고 아는 존재』, 2021)

시장 속 매집은 가장 은밀한 목소리이자 정적의 파동이다. 이 파동을 감지하는 이는 단순히 가격을 좇는 사람이 아니다. 감정의 파형을 읽고 구조를 설계하며 자신만의 전략 언어로 시장을 재해석할 줄 아는 자다. 매집은 바로 이 정적의 간극에서 다음 흐름을 예고한다. 그 흐름은 감정과 구조를 정렬한 사람만이 포착할 수 있다.

매집의 전개 과정을 세밀히 들여다보면 감정의 흐름 또한 결코 선형적이지 않음을 알게 된다. 초기 구간에서는 가격이 거의 움직이지 않고 거래량도 일정 수준에서 머문다. 대부분의 참여자는 이 무감각한 흐름을 흥미 없는 구간으로 치부한다. 그러나 정적의 시간 속에서 세력은 외부의 시선을 피해 포지션을 서서히 쌓아 올리며 심리적 자극이 최소화된 상태에서 은밀히 매집을 시작한다.

중기 구간에 접어들면 가격은 박스권 상단을 반복적으로 두드리거나 짧은 파동을 따라 제한적인 상승과 하락을 오간다. 거래량도 서서히 늘고 민감한 참여자들이 반응을 시작하지만, 이 모든 움직임은 세력이 의도적으로 설계한 심리적 장치다. 세력은 가격을 눌러 조급하게 진입한 트레이더를 일부러 탈락시키며 감정의 내구성을 시험하고 흔들어 무너뜨린다.

후반부에 이르면 겉보기엔 여전히 박스권 내부에 머무르지만, 체결 리듬은 미묘하게 변한다. 매도세는 점차 줄고 매수 체결은 더 빠르고 일정하게 이어진다. 거래량은 오히려 감소하지만, 시장 내부의 긴장감은 오히려 고조된다. 이 구간은 종종 '숨 고르기'와 겹치며 무심한 듯한 시장 이면에 확신과 집중이 응축된다.

특히 매집 후반부에서 주목해야 할 신호는 체결이 집중되는 특정 시간대다. 예를 들어 오후 1시에서 2시처럼 시장의 관심이 흩어진 틈을 포착해 세력은 일정한 간격과 속도로 거래를 집중시키는 방식을 반복한다. 이때 거래량은 많지 않지만, 체결은 끊임없이 쌓이며 거래대금 대비 체결 수 비율이 비정상적으로 높아진다. 이는 단순한 수치 변화가 아니라 그 이면에서 강하게 작동하는 심리적 의도와 전략을 드러낸다.

표면적으로는 매도 잔량이 우세해 보이지만 실제 체결 흐름은 매수 쪽으로 기울어 있다. 이 미묘한 전환을 포착한 사람만이 감정 에너지가 분출되는 임계점을 미리 감지한다. 진정한 매집의 종결은 차트 위의 가격이 아니라 그 아래 숨어 있는 심리적 구조에서 먼저 촉발된다.

숨 고르기가 끝나면 상승은 조용하지만 분명하게 전개된다. 거래량이 크게 늘지 않아도 체결 속도는 눈에 띄게 가속되고 가격은 완만하면서도 꾸준히 미끄러지듯 오른다. 이를 먼저 포착한 매수자들이 빠르게 진입하며 거래량이 급격히 늘고 그제야 대중의 관심이 뒤늦게 집중된다. 그러나 이 시점에서 준비된 세력은 일부 물량을 정교하게 정리하며 상승 흐름을 세밀하게 조율한다. 이는 단순한 청산이 아니라 다음 전환을 위한 세력 재배치이자 심리 구도의 재설계를 준비하는 은밀한 계획이다.

진정한 매집가는 시장의 소음을 넘어 감정의 미묘한 파동을 읽는다. 그는 체결 흐름과 거래의 리듬, 정서가 응축된 심리 밀도를 감지하며 에너지의 방향성과 응집된 힘을 직관한다. 거래량은 단순한 숫자가 아니라 심리의 파동이고 체결은 그 형상이 실시간으로 드러나는 시장 신호다. 시장은 언제나 메시지를 보내고 있으며 그 신호를 해석할 수 있는 자만이 다음 장면을 미리 설계한다.

대부분의 참여자는 매집 후반의 고요함을 쉽게 '종료 신호'로 오해한다. 가격이 멈추고 거래량이 줄어드는 순간 매수자는 경계를 풀고 매도자는 자신이 우세하다고 생각한다. 그러나 바로 그 시점이야말로 가장 위태로운 구간이다. 세력은 이 정적을 기회 삼아 마지막 매집을 은밀히 마무리하고 예고 없는 폭발적 전환을 준비한다. 이때 참여자의 판단과 감정은 이미 짜인 심리 틀 안에 묶여 있으며 흐름을 주도하는 세력은 다음 국면으로 들어갈 모든 준비를 끝낸 상태다.

조용히 누적된 거래량의 에너지는 임계점을 향해 압축되고 체결 리듬은 점차 가속된다. 수면 아래 감춰진 매수 대기 물량은 두터워지며 시장은 정적 속에서 강력한 전환을 비밀리에 준비한다. 특히 박스권 상단 돌파 직전에는 독특한 체결 패턴이 나타난다. 거래량은 많지 않지만, 체결 속도는 급격히 높아지고 매도 잔량은 잠시 희박해진다. 이는 단순한 수급 변화가 아니라 보이지 않는 세력이 매도 압력을 분산시키며 매수 동력을 키우고 있다는 징후다.

이 시점에 자주 나타나는 감정 착시는 실전 매매에서 다음과 같은 오류로 이어진다.

- 임계점에 다가선 흐름에서 조급함을 참지 못해 박스권 상단에서 무리하게 진입하는 상황
- 거래량 감소를 '하락 신호'로 잘못 해석해 불필요하게 매도 포지션을 잡는 경우

그러나 거래량 감소는 반드시 약세의 전조로만 해석할 수 없다. 오히려 감정의 압축이 폭발 직전의 임계점에 다다랐다는 신호일 수 있다. 수치는 줄어들지만 시장 내부의 심리 에너지는 오히려 고양된다. 매집은 결국 감정이라는 함정 위에 놓인 다리와 같고 그 다리를 끝까지 건넌 자만이 다음 기회를 마주한다.

진정한 매집 관찰자는 정적을 두려워하지 않는다. 그는 침묵 속에서 체결 리듬과 잔량의 미세한 변화를 읽어내며 수면 위로 솟구칠 전환의 징후를 본능적으로 감지한다. 거래량은 감정의 궁극적 언어다. 그

숫자 뒤에 숨어 있는 심리의 결과와 정서의 방향을 해독하지 못한다면 시장이 준비한 전환의 순간을 결코 맞이하지 못한다.

이 흐름을 체계적으로 다스리려면 무엇보다 감정이 폭주하기 전에 개입할 구조가 필요하다. 그것은 일회성 결심이 아니라 질문이라는 틀로 반복되는 습관이어야 한다.

"감정은 억누르는 것이 아니라, 통제되기 전에 개입할 수 있는 구조가 필요하다. 그 구조는 질문이라는 형태로 반복될 때 힘을 가진다." (Mark Douglas, 『심리투자 불변의 법칙』, 2021)

매집을 읽는다는 것은 단순한 기술 분석이 아니다. 그것은 집단 심리와 감정의 지도를 해석하고 그 위에 구조를 세우는 일이다.

거래량 정체, 시장 감정의 멈춤 신호

거래량 감소는 단순한 활동 부진이 아니다. 그것은 시장 심리가 정체에 빠졌다는 신호이며 거래량의 정체는 가격의 정체보다 먼저 나타나는 경고다. 종종 방향성보다 더 두려운 것은 '무관심'이다. 감정이 사라진 자리에는 단순한 침묵이 아니라 방향을 잃은 불확실성이 서서히 쌓인다. 거래량 감소는 곧 감정이 멈췄거나 흐름을 잃었다는 심리적 징후다.

"무관심처럼 보이는 정적 뒤에는 여전히 감정적 에너지가 잠재되어 있으며, 이는 갑작스러운 변화를 예고하는 징후가 된다." (Joseph LeDoux, 『불안과 공포의 뇌과학』, 2017)

거래량의 정체는 두 가지 심리 상태를 품고 있다. 하나는 '기다림', 다른 하나는 '회피'다. 기다림은 참여자들이 다음 움직임을 준비한다는 신호이며 회피는 불확실성에 대한 후퇴를 뜻한다. 두 심리 모두 감정이 겉으로 드러나지 않은 채 내면에 잠복해 있으며 이는 안정이 아니라 긴장이 서서히 쌓이는 구조다. 거래량이 없다는 것은 에너지가 사라졌다는 의미가 아니라 특정 방향으로 분출될 준비가 은밀히 진행되고 있다는 경고다.

실전에서 수많은 장기 횡보 구간을 거치며 이 패턴을 몸에 새기듯 익혔다. 거래량이 극단적으로 줄고 시장의 관심까지 사라진 순간이야말로 급락이나 돌파의 전조였다. 거래량 정체는 무의미함이 아니라 보류된 감정이 응축되는 징후였다. 그 보류는 오래 지속되지 않았고 결국 한 방향으로 강렬히 폭발했다.

2023년 중반, 한 반도체 소재주는 3개월간 박스권에 묶이며 거래량이 극도로 줄었다. 대부분의 트레이더가 관심을 끊었고 관련 뉴스도 완전히 사라졌다. 그러나 3개월 뒤 평균 거래량의 네 배에 달하는 매수세가 갑작스럽게 유입되며 강력한 돌파가 일어났다. 나는 그 순간을 '감정 잠복의 종결점'이라 불렀다. 거래량은 줄었지만, 감정은 압축되고 있었고 그 에너지는 임계점을 넘어 폭발적으로 분출됐다.

"감정은 억눌릴 때 더욱 압축되며, 드러나지 않는 동안 오히려 강력한 결정력을 키운다. 잠복된 감정은 임계점에서 폭발적으로 행동을 이끌어낸다." (Antonio Damasio, 『느끼고 아는 존재』, 2021)

거래량 정체 구간의 본질은 '사라진 것'이 아니라 '축적되고 있는 것'에 있다. 참여자가 없는 것이 아니라 움직이지 않고 있을 뿐이다. 감정은 눌려 있고 에너지는 임시로 보류된 상태다.

이 시점에서 반드시 점검해야 할 세 가지는 다음과 같다.

- 거래량 평균의 변화율
- 주체별 수급 흐름과 개인 투자자의 심리 반응 양상
- 최근 3주간 외부 자극과의 심리적 연계 여부

실전에서 반복적으로 관찰되는 감정 루프는 이렇다.

- 실망감 → 관심 철회 → 저점 기대 → 무관심 → 방향 대기 → 반응 대기 → 폭발

이 고요한 구간에서도 감정의 시계는 멈추지 않는다. 이때 가장 빈번하고 치명적인 오류는 '지루함'이다. 트레이더는 거래량이 줄면 흥미를 잃고 다른 종목으로 눈을 돌린다. 그러나 시장은 바로 그 지루한 흐름 속에서 새로운 방향을 준비한다. 감정이 잦아든 자리에 새로운 에너지가 스며들고 침묵 속에서 방향의 의지가 형성된다.

"의식되지 않은 감정조차 우리의 행동과 선택을 형성한다." (Joseph LeDoux, 『불안과 공포의 뇌과학』, 2017)

거래량 정체는 세 가지 심리 유형으로 나눌 수 있다.

- 심리적 대기: 다음 움직임을 준비 중인 정체 국면
- 심리적 이탈: 관심의 축에서 벗어난 무관심 상태
- 심리적 오판: 거래량 감소를 약세로 단정하는 인지 편향

이 구분은 거래량 정체를 단순한 '시장 침체'가 아니라 감정 구조의 준비 단계로 이해하게 한다. 실제로 외부 자극이 없어도 체결 강도의 미세한 변화, 수급의 기울기, 시간대별 체결 밀집도는 다음 움직임의 전조를 드러낸다. 이 구간에서 가장 중요한 자질은 인내와 정밀한 관찰력이다. 조용한 흐름 속에서도 시장은 다음 장면을 차분히 준비하고 있기 때문이다.

이 세 가지 항목을 매일 루틴으로 점검하고 체계적으로 기록한다.

- 체결 강도가 완만하게 상승하는 흐름
- 매수·매도 잔량 비율의 일중 변동 폭
- 특정 시간대(예: 오후 1~2시)의 체결 집중 패턴

감정 흐름의 복귀는 체결 리듬의 미세한 변화에서 가장 먼저 드러난다. 거래량이 줄었더라도 체결이 끊기지 않고 일정한 리듬을 유지한다면 이는 감정 재활성화가 시작됐음을 보여준다. 특히 매수 체결이 점차 우위를 확보하기 시작하면 시장은 겉으로는 조용하지만, 내부에서는 에너지가 서서히 한 방향으로 응집된다. 거래량 정체는 끝이 아니라 다음을 준비하는 침묵이다. 그 순간은 감정이 표면 아래 눌려

있으나 방향성을 가진 에너지가 다음 움직임을 위한 힘으로 압축되는 시점이다.

이 조용한 구간을 두려워할 필요는 없다. 오히려 이 침묵은 시장이 다음 흐름을 준비하고 있다는 확실한 신호다. 거래량의 정체는 정적이 아니라 다가올 전주곡이다. 그 미묘한 리듬을 감지하는 자만이 곧 다음 무대의 주인공이 된다.

기대감은 거래량으로 증폭된다

기대는 감정의 가장 은밀한 층위다. 겉으로는 잘 드러나지 않지만 실제로는 트레이더의 손을 가장 먼저 움직이는 원동력이다. 그 기대가 매수 행위로 전환되는 순간 우리는 '거래량'이라는 숫자를 통해 흔적을 확인한다. 거래량은 단순한 체결 건수가 아니다. 그것은 기대의 강도이자 감정 반응의 속도다. 기대가 커지면 거래량은 민감하게 늘고 기대가 식으면 거래량도 함께 줄어든다. 가격은 기대의 결과이며 거래량은 그 기대가 남긴 심리의 잔상이다.

시장 속에서 기대는 조용히 축적된다. 이는 뉴스가 발표된 뒤가 아니라 '뉴스가 나올지도 모른다'는 막연한 기류가 형성되는 순간부터 시작된다. 예컨대 실적 발표를 앞두거나 신사업 루머가 돌기 시작할 때, 특정 섹터가 눈에 띄지 않게 상승 흐름을 보이는 순간 거래량은 겉으로는 정체된 듯 보여도 내면에서는 미묘한 진동을 일으킨다.

가격 변동이 없어도 호가창에서는 체결 흐름의 미세한 변화가 포착되고 체결 강도의 리듬도 달라진다. 이러한 움직임은 대중보다 먼저 감지한 일부 참여자가 선제적으로 인식한다. 거래량은 가격보다 앞서 움직이고 감정보다 더 직설적으로 반응한다. 기대가 실리는 순간 거래량이 가장 먼저 꿈틀거린다. 기대는 조용히 시작되지만, 거래량은 그 침묵을 깨뜨리는 첫 번째 진동이다.

실전에서 이러한 기대 심리가 거래량에 선행 반영되는 장면을 수없이 목격했다. 특히 장기 하락 뒤 박스권에서 거래량이 서서히 살아나기 시작할 때나, 뚜렷한 뉴스 없이 돌파성 거래량이 갑작스레 출현할 때 그 움직임은 단순한 이벤트가 아니라 시장 내부에 쌓여 있던 '사전 기대 반응'이었다. 진짜 급등보다 더 주목해야 할 것은 그 이전 점진적으로 조율되는 거래량의 리듬과 심리적 방향성이다. 기대는 트레이더 심리의 출발점이지만 동시에 자신을 가장 쉽게 속이게 만드는 감정이기도 하다.

"감정은 과거 기억의 변형된 재생이며, 반복될수록 예측 가능한 패턴으로 진화한다." (Lisa Feldman Barrett, 『감정은 어떻게 만들어지는가?』, 2017)

기대는 매수를 자극할 수 있지만, 진입의 정당성을 보장하지는 않는다. 기대만으로 포지션에 들어가면 거의 예외 없이 실망이 뒤따른다. 거래량 증가만을 근거로 진입하는 실수는 대체로 명확한 기준 없이 막연한 기대에 의존한 결과다. 거래량은 기대를 반영할 수 있으나 그 기대가 시장 구조와 연결되지 않으면 아무런 전략적 의미도 없다. 따라서 모든 조건이 충족된 경우에만, 그 거래량을 단순한 기대가 아니라 '구조화된 기대'로 해석한다. 기대는 감정이지만, 구조화된 기대는 전략이 된다.

이 간극을 구분하기 위해 세 가지 진입 필터를 설정했다.

- 거래량이 최근 10일 평균 대비 두 배 이상 증가했는가?
- 그 거래량 증가는 뉴스나 공시 없이 자연스럽게 발생했는가?
- 해당 기대가 수급 흐름, 시장 분위기, 동종 업종의 흐름과 정합성을 이루는가?

기대는 강력한 심리 신호지만 전략으로 전환되려면 명확한 기준과 구조적 맥락에 연결돼야 한다. 거래량은 기대를 증폭시키는 촉매제일 수 있으나 그 자체만으로는 진입의 근거가 되지 않는다. 기대가 실현될 가능성을 높이려면 구조적 토대, 즉 구체적 조건과 반복 검증된 패턴이 반드시 뒷받침돼야 한다. 이러한 기반 없이 거래량만을 근거로 매수에 나서는 순간 기대가 꺼지는 시점에서 함께 붕괴할 수밖에 없다.

기대와 거래량은 늘 함께 움직이지만, 이 두 변수의 발생 순서와 간극을 정확히 인식해야 한다. 거래량이 급증했다고 해서 시장이 곧바로 반응하는 것은 아니다. 그 증가세는 시장이 움직이고 싶어 하는 심리적 잔향일 뿐, 아직 구조로 전환되지 않은 잠재적 신호에 지나지 않는다.

"감정의 힘을 완전히 통제할 수는 없다. 그러나 그 감정이 발현되기 전에 구조가 먼저 작동하도록 설계할 수는 있다." (Mark Douglas, **『심리투자 불변의 법칙』**, 2021)

이 감정을 '기준'이라는 틀로 구조화할 때만, 거래량은 단순한 반응을 넘어 실전에서 의미 있는 신호로 작동한다. 기대가 실리는 순간 거래량이 먼저 움직인다. 그러나 그 거래량이 암시하는 방향이 실체인지 아니면 심리적 착각인지를 판별할 수 있는 유일한 도구는 구조적 분석이다. 기대를 곧바로 거래로 착각하는 순간 시장은 냉혹하게 '실망'이라는 대가로 응답한다.

반대로 기대를 기준으로 전환할 수 있다면 우리는 시장의 초기 진동을 누구보다 먼저 포착할 수 있다. 거래량이 기대 심리에 의해 움직이기 시작할 때 가장 먼저 나타나는 변화는 체결 강도의 미세한 가속이다. 하루 전체 거래량이 눈에 띄지 않더라도 특정 가격대에서 빠르고 반복적인 체결 흐름이 잡힌다면 그것은 기대 심리가 수면 위로 서서히 떠오르고 있다는 신호다.

특히 주목해야 할 것은 '미세한 거래량 확산'이다. 기대가 특정 종목을 넘어 유사 업종 전반으로 번지기 시작하면 여러 종목에서 동시에 거래량 회복이 나타난다. 이는 참여자들이 개별 이슈가 아니라 집단적 기대 심리에 반응하고 있음을 보여준다. 이 흐름을 포착하기 위해 다음과 같은 루틴을 실행한다. 세 단계를 통해 우리는 '구조화된 기대'의 초기 신호를 식별할 수 있다.

- 매일 거래량이 전일 대비 10~20% 이상 늘어난 종목을 점검하고
- 이 종목들이 동종 업종 내 다른 종목들과 어떤 흐름의 유사성을 보이는지 비교하며
- 특정 시간대에 체결 강도가 급격히 상승하는 구간이 있는지 분석한다.

많은 트레이더가 기대와 거래량의 상관 구조에서 빠지는 하나의 중대한 오류에 빠진다. 바로 '거래량 착각'이다. 단기 거래량 급증을 곧바로 강세 신호로 받아들이는 잘못이다. 그러나 기대만으로 형성된 거래량은 기대가 꺼지는 순간 순식간에 사라진다. 따라서 중요한 것은, 거래량 자체가 아니라 그것이 어떤 구조적 맥락에서 만들어졌는지를 살펴보는 일이다.

2022년 하반기 바이오 섹터가 이를 보여주는 대표적 사례였다. 신약개발 기대감이 확산하자 관련 종목 전반에 거래량이 폭증했지만, 공식 뉴스가 발표되는 순간 실망 매물이 쏟아지며 대부분의 종목은 급락으로 돌아섰다. 초기 거래량만을 근거로 매수한 트레이더는 단기간에 큰 손실을 입었고 한때 시장을 뒤덮던 기대감은 곧 무관심으로 식어 갔다. 거래량은 심리를 반영하지만, 구조적 기반이 없는 거래량은 감정처럼 허망하게 증발한다.

이러한 오류를 막기 위해 '3단계 검증 기준'을 엄격히 적용한다. 셋 중 하나라도 충족되지 않으면 그 거래량은 진입 근거가 아니다.

- 해당 거래량 증가는 뉴스나 공시 없이 자연스럽게 발생했는가?

- 수급 측면에서 구조적인 변화가 동반되는가?
- 동일 업종 또는 섹터 전반에서 기대 심리가 일관된 흐름을 보이는가?

기대는 강력하지만, 본질적으로는 불완전하다. 이 감정을 해석할 때는 한 걸음 물러서 객관적으로 바라봐야 한다. 기대가 거래량이라는 형태로 드러날 때, 그 흐름이 구조와 연결되는지를 점검할 수 있어야만 비로소 기회가 된다.

"감정은 언제나 빠르지만, 모든 빠른 반응이 진실을 말해주지는 않는다."
(Daniel Kahneman, 『노이즈: 생각의 잡음』, 2022)

거래량이 기대 심리에 의해 급증할 때 반드시 기억해야 할 두 가지가 있다.

- 기대는 감정의 신호일뿐 결과가 아니다.
- 거래량은 심리의 속도를 드러내지만 구조라는 관문을 통과하지 못하면 흐름은 오래가지 않는다.

기대와 거래량은 시장이 보내는 은밀한 언어다. 그러나 이 언어를 해석할 수 있는 사람은 오직 '기준'을 가진 자뿐이다. 기준 없이 기대에 올라탄 사람은 기대가 꺼지는 순간 가장 먼저 추락한다. 반대로 기준 위에서 기대를 읽는 사람은 시장이 움직이기 직전의 미세한 떨림을 누구보다 앞서 포착한다.

거래량에 숨은 감정 흐름 해독하기

거래량은 숫자이지만 그 속에는 감정의 흐름이 정밀하게 기록돼 있다. 단기 급등주든 장기 우량주든, 혹은 급락 뒤 반등 종목이든 거래량에는 반복된 심리 반응의 흔적이 뚜렷하다. 이는 단순한 우연이 아니라 참여자들이 동일한 조건에서 비슷하게 반응한 결과다. 감정은 개인적으로 드러나지만, 전개는 일정한 흐름으로 되풀이된다. 그래서 거래량 속에는 집단 심리가 남긴 리듬이 패턴으로 각인된다.

"감정은 신체와 뇌가 함께 만든 의사결정의 토대다." (Antonio Damasio, 『느끼고 아는 존재』, 2021)

우리는 종종 거래량의 단순한 증가를 곧 유동성 신호로 착각하곤 한다. 하지만 거래량이 어떤 흐름과 맥락 속에서 발생했는지를 살피지 않으면 그 배경에 깔린 감정의 본질을 놓치게 된다. 예를 들어 상승 추세 속 거래량 급증은 기대 심리와 추격 본능의 표출된 결과이며 하락 추세 속 거래량 증가는 투항 심리와 체념의 남긴 흔적이다. 결국 거래량은 단순한 숫자가 아니라 감정 반응이 일정한 구조 속에서 되풀이되는 과정이다.

실전에서 반복적으로 관찰되는 거래량-감정 구조는 세 가지로 요약된다.

- 돌파 기대형: 저항선 돌파 직전 거래량이 서서히 늘며 작은 양봉이 연속적으로 출현한다. 기대와 확신이 동시에 작동하는 대표적 상승 신호다.
- 패닉 투항형: 급락 도중 거래량이 폭증하고 긴 음봉이 형성된 뒤 시장은 급격히 잠잠해진다. 이 구간에서는 손절, 복구 매매, 체념이 한꺼번에 분출된다.

• 피로 소진형: 장기간 상승 후 거래량이 줄고 가격은 횡보하거나 하락세로 전환된다. 고점 피로감, 불신, 관망 심리가 겹치면서 감정 에너지가 서서히 고갈되고 흐름은 점차 멎어간다.

이 세 가지는 구조는 다르지만, 공통된 심리 흐름을 지닌다. 감정이 고조되고 이완되는 시점이 일정한 패턴으로 되풀이된다는 점이다. 따라서 거래량의 단순한 증감보다 중요한 것은 그 이면에서 요동치는 감정 곡선을 읽어내는 통찰력이다. 이 리듬을 감지할 수 있어야만 진입해야 할 순간과 피해야 할 시점을 분명히 구분할 수 있다.

나는 이 감정 구조를 내면화하기 위해 매매를 마친 뒤 반드시 복기했다. 단순히 수치를 되짚는 데 그치지 않고 캔들과 거래량을 감정 흐름과 연결해 읽어내는 훈련이었다. 그 과정에서 시장 참여자들의 심리 반응을 해독하는 법을 체득했다.

"트레이더가 자신의 감정을 인식할 수 있을 때, 시장의 패턴과 신호도 더 명확히 보인다." (Toni Turner, 『심리로 승부하는 트레이딩』, 2022)

그 과정을 반복하면서 동일한 흐름 속에서 되풀이되는 감정의 잔상을 포착할 수 있었고, 이는 기술적 분석을 넘어 정서적 직관으로 발전했다. 거래량 속 감정 패턴은 단순한 숫자가 아니라 하나의 감정 서사에 가깝다. 왜 그 시점에 거래가 집중되었는지 어떤 심리가 작용했는지를 해석해야만 거래량은 심리적 맥락을 얻는다.

거래량은 감정이 처음 외부로 드러난 물리적 흔적이자, 시장 심리가 수치로 남긴 가장 선행적 신호다. 따라서 우리가 읽어야 할 것은 단순한 숫자가 아니라 그 아래에서 요동치는 감정의 흐름이다. 거래량의 급증은 단순히 참여자가 늘었다는 사실이 아니라 특정 감정이 임계점에 도달했음을 드러내는 표식이다. 이러한 감정은 일정한 조건 속에서 반복되며 그 반복 위에 기준을 세울 수 있을 때 비로소 트레이더는 시장의 리듬에 올라탈 수 있다.

“시장은 결코 당신을 시험하지 않는다. 시장을 시험하는 것은 언제나 당신 자신의 감정이다.” (Mark Douglas, 『심리투자 불변의 법칙』, 2021)

거래량 속 감정 패턴을 읽는다는 것은 곧 시장과 감정의 언어로 대화하는 일이다. 이 언어를 해독할 수 있는 사람만이 진짜 거래량과 허상을 구분할 수 있다. 시장은 표면적으로는 논리로 설명되지만, 실제로는 감정의 에너지로 움직인다. 그리고 거래량은 그 흐름을 가장 정직하게 비추는 반복 신호다.

감정의 흐름은 결코 직선적이지 않다. 기대 속에서도 거래량은 줄어들 수 있으며 공포 국면에서도 오히려 늘어날 수 있다. 다시 말해 감정은 기대와 어긋난 모습으로 표출되기도 한다. 핵심은 숫자 자체가 아니라 그것이 어떤 정서적 배경 속에서 나타났는가다. 예컨대 고점 부근에서 거래량이 감소하면 신뢰 약화를 시사할 수 있고 급락 이후 거래량이 확대되면 투항 심리가 폭발한 결과일 수 있다. 결국 동일한 수치라 해도 감정의 배경에 따라 해석은 전혀 다르게 갈린다.

실전에서는 거래량 흐름을 감정의 리듬과 연결해 매일 복기하는 습관을 유지했다.

- 오늘 거래량이 집중된 구간에서는 어떤 감정이 작동했는가?
- 감정의 고조와 이완은 어떤 리듬으로 전개되었는가?

이러한 질문을 스스로에게 던지며 단순한 수치가 아니라 그 이면의 감정 구조를 되짚는다. 이 루틴은 단순 기록이 아니라 시장이라는 집단 심리를 해석하는 고도화된 훈련이 된다.

예전에는 거래량 급증을 반등의 신호로 착각해 매수에 나섰다가 큰 손실을 본 적이 있었다. 뒤늦게 깨달은 것은, 그 폭증이 회복의 기대가 아니라 투항과 공포가 폭발한 결과였다는 점이다. 거래량만을 근거로 성급히 진입한 탓에 감정의 리듬을 읽어내지 못했고 결국 구조를 상실한 채 손실을 떠안을 수밖에 없었다.

이 경험은 하나의 사실을 분명히 보여준다. 거래량은 단순한 숫자가 아니다. 그 아래에는 늘 감정의 서사가 흐르고 있으며 이 흐름을 해석하는 능력이야말로 트레이더가 시장에서 지속적으로 우위를 지켜내는 핵심 역량이다.

거래량은 시장 참여자의 감정 노동이다

가격은 감정과 행동이 응축된 결과다. 그러나 거래량은 그 결과를 가능하게 만든 집단적 에너지의 총합이다. 어떤 상승이나 돌파라도 거래량이 동반되지 않는다면, 감정의 뒷받침이 없는 흐름일 뿐이며 실체 없는 상승에 지나지 않는다.

거래량은 시장의 집단 심리를 수치로 드러내는 가장 신뢰할 수 있는 신호다. 우리는 종종 가격만 보고 흐름을 오판한다. 그러나 감정이 실리지 않은 가격 변동은 착시에 지나지 않는다. 가격은 단기 충격에도 쉽게 흔들리지만, 거래량은 참여자들의 감정과 행동이 실제로 누적되어 남긴 흔적이기 때문이다.

거래량이 폭발하는 순간 시장은 단순한 수급 논리를 넘어 감정이 실제 매수·매도로 전환되었음을 드러낸다. 실전에서 나는 거래량과 가격의 복합적 반응을 여러 차례 체득했다. 특히 강력한 상승이 시작될 때마다, 거래량은 예외 없이 폭발했다.

단순한 기술적 돌파만으로는 추세가 지속되지 않는다. 관건은 그 돌파가 감정의 확신이 실제 거래로 이어졌는가다. 거래량은 보이지 않던 감정 에너지를 수치로 시각화하는 가장 직접적인 증거다.

"감정은 단순한 반응이 아니라, 행동을 이끄는 동력이며, 신경계가 환경에 적응하도록 하는 생존 메커니즘이다." (Antonio Damasio, 『느끼고 아는 존재』, 2021)

거래량이 급증하는 구간에서는 기대와 흥분이 시장을 지배한다. 참여자들은 서둘러 진입하며 매수세가 과열되고 그 에너지가 다시 가격을 밀어 올려 시장 전체를 열기 속으로 몰아넣는다. 그러나 이 고조된 감정은 오래 지속되지 않는다. 일정 시점이 지나면 심리는 포화에 이르고 거래량도 힘을 잃으며 확신은 기대감으로, 기대감은 점차 조심과 의심으로 거래량이 줄어드는 구간은 겉으로는 평온해 보이지만, 그 이면에는 긴장이 서서히 축적된다.

초기에는 매수 심리가 가격을 떠받치지만, 시간이 흐르면서 피로와 불안이 차곡차곡 쌓여 간다. 이때의 시장은 작은 자극에도 민감하게 반응하며 사소한 뉴스조차 급격한 하락을 불러올 수 있다. 거래량이 줄어드는 순간 감정의 에너지는 점점 사라지고 흩어진 에너지는 더 이상 가격을 지탱하지 못한다.

진정한 트레이더는 거래량 속에 스며 있는 감정의 결을 읽어낼 줄 알아야 한다. 중요한 것은 단순한 수치가 아니라 그 안에 응축된 감정의 강도와 방향성이다. 거래량이 급증할 때는 확신과 열망이 감소할 때는 경계와 불확실성이 시장을 잠식한다. 이 흐름을 놓치면 언제나 심리 파동의 끝자락에서 뒤늦게 쫓아갈 수밖에 없다.

거래량 감소는 단순한 참여자 수의 축소가 아니라 감정의 흐름이 전환되고 시장 구조가 풀리기 시작했음을 알리는 신호다. 초기 상승 구간의 흥분과 기대는 시장을 하나로 응집시키지만, 거래량이 줄면 그 결속력은 약해지고 감정은 흩어진다. 특히 상승의 중·후반부에 이르면 참여자들의 관심은 '상승 지속'보다 '수익 확정'으로 옮겨가고 거래량 감소는 내면의 갈등을 심화시키며 시장 전체의 확신을 서서히 잠식한다.

"시장은 인간 심리가 만들어 내는 집단적 극장이며, 가격과 거래량은 그 감정의 무대 위 움직임이다." (Turner, A Beginner's Guide to Day Trading Online, 2007)

기대는 의심으로, 의심은 경계로, 그리고 경계는 결국 공포로 전이된다. 감정 에너지의 고갈은 언제나 가격 움직임보다 앞서 거래량에서 먼저 드러난다. 거래량의 점진적 감소는 단순한 매수세 약화가 아니라 시장 전체의 감정 동력이 서서히 소멸하고 있음을 뜻한다. 이 과정은 조용히 시작되지만, 끝은 언제나 격렬하다. 불안이 임계점에 도달하는 순간, 시장은 급격한 하락으로 응답한다.

따라서 거래량 감소는 단순한 수치 변동이 아니라 감정 소진을 알리는 초기 경고다. 진정한 트레이더라면 이 신호를 놓치지 않고 감지해야 한다. 거래량과 감정의 연결 고리를 통해 시장이 아직 심리적 에너지를 유지하고 있는지 아니면 내부 붕괴가 이미 진행되고 있는지를 가려낼 수 있어야 한다. 결국 거래량 감소는 감정 에너지의 잔여량을 가장 정직하게 드러내는 척도다.

2022년 하반기, 나는 급증하는 거래량을 반등 신호로 착각해 매수에 나섰고 결국 큰 손실을 입었다. 겉으로는 매수세가 몰린 듯 보였지만, 실제로는 고점 매도 물량이 해소되는 과정에 지나지 않았다. 단순한 숫자를 신호로 오인한 명백한 판단 착오였다. 그 후로 거래량이 늘어날 때마다 나는 표면 아래 감춰진 참여자들의 심리와 감정의 결을 읽어내기 위한 훈련을 멈추지 않았다.

거래량은 심리 에너지가 수치로 전환된 가장 객관적인 결과다. 그것은 감정이 물리적 형태로 드러난 데이터이자 시장 전체의 정서가 응축되어 남은 흔적이다. 따라서 거래량은 단순한 숫자의 나열이 아니라 군중 심리가 지나간 자취다. 거래량을 읽는다는 것은, 곧 집단 심리를 해독하는 행위다. 가격은 언제든 흔들릴 수 있지만, 감정의 방향성은 거래량 속에 반드시 흔적을 남긴다.

"시장은 두려움과 탐욕 같은 인간 감정이 수치로 드러나는 무대다." (Daniel Crosby, 『제3의 부의 원칙』, 2020)

2023년 초 기술적으로 완성도가 높아 보이던 차트 패턴에 진입했다. 초반에는 거래량이 크게 늘며 강한 상승세를 보였으나 시간이 흐르면서 유입세가 약해지고 거래량도 뚜렷하게 줄었다. 나는 이탈 신호를 무시한 채 포지션을 고집했고 결국 급락이 발생한 뒤에서야 거래량 축소가 이미 경고였음을 깨달았다.

거래량 분석은 단순히 시장의 강약을 측정하는 것이 아니라 심리 전환점을 예견하고 감정 리듬의 변화를 포착하는 전략적 수단이다. 거래량이 다시 증가하는 순간은 단순한 반등이 아니라 집단 감정의 방향 전환을 드러내는 신호다.

따라서 거래량을 해석할 때는 스스로에게 끊임없이 질문해야 한다.

- 지금, 이 거래량은 진입의 열망인가, 탈출의 두려움인가?
- 시장은 여전히 에너지를 품고 있는가, 아니면 감정적 소진 상태에 빠져 있는가?

이 질문에 답을 찾아가는 과정이 곧 시장 해독의 길이다. 거래량은 감정이 수치로 응축된 기록이자 성패의 분기점을 미리 알려주는 가장 섬세하면서도 확실한 신호다. 우리는 이 숫자 속에서 시장의 숨결을 읽고 그 숨결이 가장 크게 요동치는 순간에만 전략적으로 움직여야 한다.

거래량은 감정 루프의 흔적을 남긴다

트레이딩에서 반복되는 실패는 단순한 기술 부족으로 설명되지 않는다. 차트를 읽고 패턴을 해석하며 손절 기준을 세우는 능력이 아무리 향상되어도 같은 실수가 되풀이된다. 그 근본 원인은 의식적으로 제어할 수 없는 감정의 반복 구조에 있다. 기술은 훈련으로 개선할 수 있지만, 감정은 의식의 통제를 벗어나 전혀 다른 원리로 작동한다. 이 신호를 제때 포착하지 못하면 우리는 결국 자신도 모르게 스스로를 해치는 심리적 습관을 반복한다.

"감정은 단순한 반응이 아니라, 뇌가 반복적 상황 속에서 예측을 통해 구성하는 패턴이다." (Lisa Feldman Barrett, 『감정은 어떻게 만들어지는가?』, 2017)

감정의 순환은 일정한 구조 속에서 되풀이된다. 기대가 커지면 충동적 진입으로 이어지고 불안은 곧 조급함으로 번진다. 손절이나 익절 이후에는 후회와 복수 심리가 따라붙으며 곧 다시 새로운 기대가 시작된다. 이 순환은 개인의 차원을 넘어 시장 전체의 집단 심리를 관통하는 메커니즘이다.

더 중요한 것은 이러한 감정의 파동이 단순한 정서 흐름에 그치지 않고 거래량이라는 구체적 데이터로 드러난다는 점이다. 거래량은 시장 참여자들의 감정 밀도와 방향이 응축된 산물이며 가격은 그 정서가 반영된 부차적 결과에 불과하다. 진정한 원인은 언제나 감정에 있고 거래량은 이를 수치로 시각화한 기록이다.

"감정은 신체의 변화와 에너지 흐름을 따라 형성되며, 그 동력은 결국 행동과 결과로 나타난다." (Antonio Damasio, 『느끼고 아는 존재』, 2021)

시장에서 거래량은 단순한 지표가 아니라 집단 심리와 정서가 투영된 실시간 기록이다. 상승 전에는 조용한 기대가 누적되며 거래량이 점진적으로 늘어나고 돌파 순간에는 열기가 분출되어 폭증한다. 고점에 다다르면 기대는 의구심으로 바뀌고 거래량은 피로에 눌려 둔화된다. 하락 국면에서는 억눌렸던 공포가 터져 나오며 거래량이 다시 급증하고 장기 하락이 이어지면 무기력과 체념이 시장을 지배하며 거래량은 급격히 줄어든다. 이 흐름은 감정 구조가 시간의 축을 따라 되풀이되는 심리적 파동임을 보여준다.

실전에서도 이 구조는 반복된다. 주도주가 상한가를 기록한 다음 날, 시초가 갭 상승과 함께 거래량이 폭발하는 장면은 기대와 열정이 구체화된 사례다. 그러나 전일 고점을 넘지 못하면 기대는 실망으로 뒤바뀌고 거래량은 빠르게 식는다. 이어지는 조정 구간에서는 후회와 보복 심리가 개입하며 거래량은 왜곡된다. 결국 가격은 결과일 뿐이고, 거래량은 그 결과를 만든 심리의 궤적을 가장 생생하게 드러낸다.

이 패턴은 단기뿐 아니라 중장기 흐름에서도 일관되게 반복된다.

예를 들어 분기 실적 시즌을 앞두고 기대감이 커지면 거래량이 선행적으로 확대되는 종목이 나타난다. 그러나 실적 발표 이후 주가가 반응하지 못하면 거래량은 급격히 위축되고 시장의 관심 또한 빠르게 식는다. 초기 거래량 증가는 '기대'라는 감정 에너지가 분출된 결과였고 이후의 거래량 감소는 실망으로 기운 심리를 반영한 흐름이다. 결국 거래량은 가격보다 앞서 시장 심리의 전환점을 기술적으로 드러내는 지표다.

이 같은 흐름을 몸에 익힌 뒤로는 매매 전마다 예외 없이 '거래량-감정 패턴 점검 루틴'을 실행하는 것을 원칙으로 삼고 있다.

- 지금의 거래량은 감정 루프 중 어느 단계에 속하는가?
- 직전 거래량의 변화는 심리 전환의 신호인가?
- 현재의 거래량은 나의 기준을 반영하는가, 아니면 군중 심리에 휩쓸린 결과인가?

이 질문들은 단순히 진입 타이밍을 확인하는 절차가 아니다. 이는 자신의 감정이 기준을 왜곡하지 않도록 막아주는 심리적 방어 장치다. 감정은 선형적으로 흐르지만, 거래량은 그 궤적을 따라 일정한 파동과 진폭을 만들어 낸다. 따라서 수치를 읽는다는 것은, 단순한 숫자 해석이 아니라 심리 에너지의 주기성을 해독하고 그 패턴을 미리 시나리오에 반영하는 과정이다.

- 기대 → 진입 → 불안 → 조급함 → 손실 → 후회 → 복수 매매 → 새로운 기대.

이 순환 구조는 언제나 거래량이라는 정량적 흔적으로 기록된다. 상승 초기에 거래량이 증가하면 희망이 반영되고, 후반에 줄어들면 의심이 자리한다. 급락 중 거래량 폭증은 공포를 드러내고 바닥권에서의 소멸은 체념을 담는다. 거래량은 감정 순환이 남긴 심리 지도다.

거래량이 폭발하는 순간, 우리는 습관처럼 질문한다.

- 가격 변동의 원인은 무엇인가?

그러나 시장을 해석하는 진짜 열쇠는 이 질문 속에 있다.

- 어떤 감정이 그 변동을 이끌었는가?

시장은 정보에는 즉각 반응하지만, 감정에는 시간차를 두고 반응한다. 거래량은 이 지연된 감정의 폭발을 가장 먼저 포착하는 가장 솔직한 신호다. 결국 수치를 읽는다는 것은 과거를 복기하는 행위를 넘어, 다가올 심리 전환을 예측하고 감정을 통제하기 위한 전략적 분석이다.

"투자자는 가격을 사고판다고 생각하지만, 실제로는 감정을 사고파는 것이다." (Robert J. Shiller, 『비이성적 과열』, 2014)

감정 루프와 거래량의 상호 작용을 이해하는 순간 반복된 실패의 근원을 파악할 수 있으며 이는 곧 미래 흐름을 해석하는 통찰로 확장된다. 거래량의 급증은 새로운 감정 구조의 시작일 수 있다. 그러나 더 중요한 것은 단순한 증가 자체가 아니라 그 변화가 감정 루프의 어느 지점에서 발생했는지를 정확히 가늠하는 일이다.

감정은 반복되고 거래량은 그 흐름을 기록으로 남긴다. 이 두 축을 따로 떼어 해석해서는 안 된다. 감정과 거래량은 서로를 비추는 거울이며 두 가지를 동시에 읽을 때만 시장의 본질적인 모습이 드러난다. 거래량은 감정 루프의 지형도로서, 감정의 기복과 반복성, 구조적 패턴을 시각화하는 수단이다. 우리는 이 흐름을 따라가야 한다. 그래야만 흔들림 없이 기준을 지킬 수 있다.

거래량은 기준 타이밍을 명확히 만든다

트레이딩에서 기준은 전략의 구조적 기반이다. 그러나 이 틀은 시장의 감정이라는 심리 에너지와 맞물릴 때만 실질적인 힘을 발휘한다. 아무리 명확한 기준도 시장 심리가 이를 받아들이지 않으면 차트 위에 그려진 형식적 선에 불과하다.

트레이딩은 명확한 기준의 설정에서 시작되지만, 그 기준이 시장 심리와 정렬되는 순간을 포착해야 비로소 실행력 있는 전략으로 전환된다. 이때 감정과 구조가 맞닿는 지점을 시각화하는 신호가 바로 거래량이다. 거래량은 감정이 시스템과 만나는 최초의 물리적 반응이자 내가 세운 기준이 실제 시장에서 작동할 수 있는지를 검증하는 핵심 지표다.

정교하게 설계된 기준이라도 거래량이 뒷받침하지 않으면 시장은 이를 인정하지 않는다. 기준을 돌파한 듯 보여도 심리적 에너지가 따르지 않으면 그 흐름은 공허하다. 반대로 기준 돌파와 함께 거래량이 급증하면 참여자들의 감정이 구조와 결합해 현실에서 작동하고 있음을 직관적으로 확인할 수 있다. 이 순간 기준은 단순한 개념이 아니라 실전에서 구현되는 힘이 되며 매매는 구조와 감정이 하나로 수렴한다.

물론 거래량이 많다고 해서 무조건 신뢰할 수 있는 것은 아니다. 뉴스, 외부 변수, 단기 급등락 등으로 발생한 거래량은 감정적 과열이 만들어 낸 왜곡된 파동일 수 있다. 이러한 거래량은 구조적 기반이 약해 쉽게 소멸하며 오히려 기준을 흔드는 함정이 되기도 한다.

"사람들은 기대를 감정으로 만든 이야기에 불과함에도 분석이라 믿으며, 그 순간 이미 자신이 원하는 결론을 지지하게 된다." (Daniel Kahneman, 『생각에 관한 생각』, 2018)

정렬된 거래량을 식별하는 핵심은 단순한 숫자가 아니라 흐름의 맥락과 에너지의 지속성이다. 이를 실전에서 확인하기 위해서는 끝없는 자기 질문과 성찰이 동반되어야 한다.

- 거래량이 평균 대비 뚜렷하게 증가했는가?
- 그 움직임이 일시적 반응이 아니라 지속적 매수세로 이어지는가?
- 이 모든 변화가 내가 세운 기준 위에서 전개되고 있는가?

트레이딩은 구조와 감정이 동시에 깨어나는 순간을 기다리는 과정이다. 기준을 세우는 일은 누구나 할 수 있지만, 그 기준이 감정이라는 동력을 얻는 시점을 인내심 있게 기다리는 자만이 기회를 잡는다.

실전에서 이 원칙은 더욱 중요하다. 구조를 세우는 것은 출발점에 불과하다. 이후 그 기준이 실제 시장 심리와 맞물려 움직이는지를 거래량으로 지속해서 확인해야 한다. 아무리 기준이 완벽해도 거래량이 따르지 않으면 진입을 미룬다. 반대로 거래량이 아무리 활발해도 기준이 불분명하다면 과감히 매매를 포기한다.

진정한 진입 타이밍은 구조와 거래량이 동시에 살아나는 바로 그 순간에만 존재한다. 이를 포착하기 위해서는 냉철한 관찰이 필수다. 특히 상승장의 후반부나 과열 국면에서는 기준과 무관하게 거래량이 폭발하는 경우가 많다. 이때 거래량만 좇으면 기준 없는 진입으로 이어지고 결국 급락에 휘말린다. 이런 거래량 착시는 파동이 클수록 빈번하다. 따라서 단일 캔들의 거래량 급증에 휘둘리지 않고 전체 흐름의 강도와 지속성을 판별하는 능력이 필요하다.

평균 거래량을 꾸준히 초과하는 매수세인지 아니면 단기 과열 뒤 급속히 식는 패턴인지를 구분하지 못하면 트레이더는 구조 없는 감정

과열에 쉽게 휘말린다. 거래량은 숫자 자체로는 아무 의미가 없다. 오직 기준이라는 구조 위에서만 해석될 수 있다. 따라서 높은 거래량을 마주했을 때 가장 먼저 던져야 할 질문은 단 하나다.

- 이 거래량은 어떤 구조 안에서 발생했는가?

구조 없이 터진 거래량은 금세 사라지지만, 구조와 함께 움직이는 거래량은 감정 에너지가 실제로 전환된 증거다. 이 정렬이 이루어지는 순간 매매는 구조와 감정이 맞물려 강한 흐름을 형성한다. 반대로 정렬이 실패하면 기술적 신호만 믿고 진입했다가 시장이 이를 부정하는 장면에 직면하게 된다. 기준이 반복적으로 무너지면 트레이더는 자신의 시스템을 의심하고 결국 기준 없는 충동 매매로 빠져든다.

이 지점에서 복수 매매가 시작된다. 손실을 만회하려는 조급함은 원칙을 무너뜨리고 감정적 집착은 거래량의 착시마저 정당화한다. 이 악순환은 트레이더의 심리적 중심을 붕괴시키며 변동성 앞에 무방비로 노출된다. 복수 매매에 빠지는 순간 통찰력은 흐려지고 거래량 감각은 무뎌지며 결국 충동적 반복 거래가 심각한 손실로 이어진다.

"트레이더가 분노와 실망을 관리하지 못하면, 시장이 아니라 감정과 싸우게 된다." (Mark Douglas, 『심리투자 불변의 법칙』, 2021)

트레이딩에서 가장 치명적인 실패는 기술적 한계가 아니라 심리 구조의 붕괴다. 진입 타이밍은 단순한 속도가 아니라 감정과 구조가 맞물리는 순간을 포착하는 능력이다. 아무리 완벽해 보이는 기준이라도 거래량이 이를 지지하지 않으면 시장은 움직이지 않는다.

겉보기에 화려한 돌파보다 중요한 것은 기준과 감정의 정렬이다. 거래량이 뒷받침되지 않은 돌파는 반드시 멈춰야 하고 거래량이 아무리 강하게 터져도 기준이 없다면 단호히 외면해야 한다. 감정과 구조가 동시에 살아 있는 그 드문 순간에만 시장은 진정한 기회를 내준다.

트레이딩은 시장의 맥박을 듣는 일이다. 기준은 해부도이고 거래량은 심장이 실제로 뛰고 있음을 증명하는 징후다. 구조 없는 감정은 방향을 잃고 감정에 끌린 진입은 변동성 앞에 무너진다. 반대로 구조를 중심에 두고 거래량을 감정의 언어로 해석할 수 있다면 시장과 함께 호흡하며 흐를 수 있다.

모든 착시는 결국 감정 과열에서 비롯된다. 트레이더를 생존시키는 힘은 구조를 지키며 거래량 착시에 흔들리지 않는 인내다.

"시장은 대부분의 시간을 기다림으로 보낸다. 승자는 행동이 아니라 인내로 구분된다." (Mark Douglas, 『심리투자 불변의 법칙』, 2021)

기준과 거래량이 정확히 맞물리는 그 순간만을 묵묵히 기다릴 때, 비로소 매매는 단순한 결단이 아니라 느린 기다림이 빚어내는 예술이 된다. 결국 그 기다림은 감정과 구조가 완벽히 포개지는 순간에만 시장의 진짜 흐름을 드러내며 그때 비로소 전략적 의미를 가진다.

거래량은 감정의 선행 지표다

감정은 눈에 보이지 않지만, 거래량은 선명하게 드러난다. 감정이 내면 깊은 곳에서 비롯된다면, 거래량은 그것이 행동으로 전환되어 나타나는 최초의 물리적 반응이다. 우리는 차트를 통해 가격을 해석하기는 쉽지만, 그보다 먼저 주목해야 할 것은 거래량이다. 감정은 자각하기까지 시간이 필요하지만, 거래량은 이미 행동으로 옮겨진 뒤 남은 흔적이다. 시장에서 중요한 것은 보이지 않는 감정을 억지로 추측하는 것이 아니라 드러난 심리의 잔상인 거래량을 읽어내는 일이다.

"감정은 단순히 느껴지는 것이 아니라, 행동을 준비시키는 신호다."
(Antonio Damasio, 『The Strange Order of Things』, 2018)

많은 트레이더는 진입 타이밍을 감정적 직감에 의존한다. 차트가 불안하면 물러서고 기대감이 커지면 주저 없이 진입한다. 그러나 이런 행동은 이미 분출된 거래량을 뒤쫓는 한 박자 늦은 반응일 뿐이다.

감정은 언제나 한 박자 늦게 반응하고 시장은 이미 그보다 훨씬 앞서 달려간다. 참여자들은 손끝으로 먼저 반응하며 주문은 즉시 체결되어 거래량으로 기록된다. 감정이 해석의 영역이라면 거래량은 행동이 남긴 실질적 흔적이다. 말은 얼마든지 숨길 수 있어도 매수 버튼을 누른 손끝의 기록은 감출 수 없다. 이 본능적 반응의 잔상은 결국 거래량이라는 데이터로 남는다.

실전에서는 가격보다 먼저 반응하는 '선행 거래량'을 주의 깊게 살핀다. 그 흐름을 포착할수록 기준은 더욱 뚜렷해지고 진입 타이밍은 한층 분명해진다. 기대감은 늘 소문보다 늦게 나타나며 뉴스는 언제나 거래량의 움직임을 뒤따른다.

특정 구간에서 거래량이 조용히 늘기 시작하면 이는 가격 변동보다 앞서 심리 변화가 진행되고 있음을 알리는 초기 신호다. 하지만 대부분의 트레이더는 거래량이 폭발적으로 터진 뒤에야 감정 변화를 체감한다. 이러한 '인지 시차'가 결국 성과의 격차로 이어진다.

"감정은 신체와 행동으로 먼저 드러나며, 우리는 종종 그것을 나중에야 의식적으로 자각한다." (Antonio Damasio, 『느끼고 아는 존재』, 2021)

감정은 머릿속에서 인식되는 의식의 흐름이지만 거래량은 손끝에서 기록된 실제 행동의 결과다. 우리가 감정을 느끼기 전에 시장은 이미 움직이고 그 흔적은 거래량의 변화로 남는다. 이 미세한 시차를 자각하는 사람만이 시장의 다음 움직임을 남들보다 먼저 포착할 수 있다.

실전에서는 언제나 가격보다 거래량이 먼저 진동한다. 감정이 차트에 반영되기 전에 거래량이 이미 방향을 제시한다. 대표적인 사례가 2021년 말 엔터테인먼트 섹터의 급등이었다. 당시 시장 전체가 침체에 빠져 있었지만 일부 종목에서는 거래량이 조용히 축적되기 시작했다.

뚜렷한 뉴스가 없던 시점이었고, 많은 이들이 정보 부족을 이유로 그 변화를 놓쳤다. 그러나 불과 일주일 뒤 거래량이 폭발적으로 증가하자 해당 종목들은 급격한 상승세를 보였다. 시장 심리는 이미 거래량 속에 반영되어 있었다. 특히 거래량은 조용한 매집 구간에서 심리 변화의 초기 신호를 포착하는 핵심 지표다. 정보는 숨길 수 있어도 매집이라는 행위만큼은 감춰지지 않는다.

거래량이 감정보다 먼저 움직인다는 사실은 중요한 통찰을 남긴다.

- 심리 변화는 감정보다 거래량을 통해 먼저 드러난다.
- 거래량은 감정이 인식되기 전에 선제 대응을 가능하게 한다.

- 감정은 왜곡될 수 있지만 거래량은 수치로 기록되므로 신뢰성이 높다.

결국 승자와 패자를 가르는 차이는 이 한순간에서 갈린다. 시장의 박동을 먼저 포착하는 트레이더는 빠른 진입에 집착하지 않는다. 대신 심리 구조가 형성되기 이전의 흐름과 기류를 예민하게 읽어낸다. 상승 직전에는 거래량이 점진적으로 늘고, 하락 전에는 매수와 매도 간 불균형 거래가 급증하며, 횡보 이탈 직후에는 거래량의 급증이 감정보다 먼저 포착된다. 특히 감정이 언어화되기 전 거래량의 세밀한 변동은 작지만, 결정적인 신호다. 이 미묘한 흐름을 알아차리는 능력이야말로 시장을 선점하는 진짜 실력이다.

매매 루틴에는 항상 '거래량이 먼저 움직였는가?'라는 질문을 핵심으로 포함한다. 진입 조건이 아무리 완벽하게 충족되어도 거래량이 줄어든다면 주저 없이 진입을 미룬다. 반대로 거래량이 시장 흐름에 선행할 때는 심리의 전개를 미리 가정하고 기준이 제대로 작동하는지 다시 점검한다. 중요한 것은 거래량이 단순히 기준의 결과로 따라오는 것이 아니라 감정보다 앞서 움직이며 시장 방향성을 이끈다는 점이다.

"거래량은 주가 움직임보다 앞서 나타나는 가장 신뢰할 수 있는 지표다."
(William J. O'Neil, 『최고의 주식, 최적의 타이밍』, 2012)

2022년 초 자동차 부품 섹터에서도 비슷한 흐름이 나타났다. 종목 A는 박스권에서 횡보했지만, 특별한 재료 없이 거래량이 서서히 늘기 시작했다. 뉴스가 발표되기 전 선제적으로 일부 포지션을 구축했고 결과적으로 급등의 출발을 포착했다. '거래량은 감정보다 먼저 움직인다'는 원칙이 다시 한번 입증된 순간이었다.

먼저 움직인 이들은 결코 말을 남기지 않는다. 그들은 조용히 자취만 남긴 채 이미 자리를 떠난다. 반면 뒤늦게 가세한 이들은 그 잔향을 좇다 손실로 귀결된다. 차트의 신호는 늘 한발 늦고 심리의 자각은 그보다 더 지연된다. 오직 거래량만이 시장 심리의 본질적 흐름을 가장 빠르게 포착하는 단서다.

물론 거래량도 착시를 일으킬 수 있다. 예컨대 단기 급락 뒤 발생한 대량 거래는 바닥 신호처럼 보이지만 실제로는 투매의 결과일 때가 많다. 숫자만 해석하면 심리적 오류에 빠지기 쉽다. 중요한 것은 거래량의 단순한 크기가 아니라 그 속에 담긴 감정의 방향성과 시장 구조의 맥락이다. 거래량은 감정의 그림자이자 심리의 선행 지표다. 감정은 결국 표면에 드러나지만, 거래량은 그 감정이 행동으로 전환되는 순간에 기록된다.

결국 시장보다 한발 앞선다는 것은 거래량을 통해 감정의 방향성을 미리 감지하고 대중이 눈치채기 전에 흐름을 타는 일이다. 감정의 인식은 언제나 늦고 거래량만이 가장 먼저 신호를 보낸다. 거래량은 말보다 빠른 감정의 손짓이자 시장이 실제로 반응하고 있음을 보여주는 확실한 증거다. 우리는 감정이 드러나기 전 거래량의 변화를 읽어야 한다. 감정이 인식되는 순간 시장은 이미 다음 장면으로 넘어가 있다. 감정의 전조는 언제나 거래량이라는 형상으로 남으며 그 흔적을 먼저 해석하는 사람만이 시장을 진정으로 앞설 수 있다.

제 4 장

착각은 감정을 외면할 때 시작된다

감정은 반복되지만, 루틴은 같은 상황에서도 새로운 반응을 이끌어낸다. 트레이딩 루틴에 감정 점검 단계를 포함하면 기준이 오래 유지될 가능성이 높아진다. 루틴 없이 이루어지는 매매는 기준이 있어도 감정에 휘둘려 쉽게 무너진다. 복기와 질문, 기록으로 구성된 감정 루틴은 자동적인 감정 반응의 속도를 늦추고 판단할 시간을 확보한다. 감정을 일관되게 다루는 루틴이야말로 기준을 지켜내는 핵심 장치다.

착각은 감정에서 시작된다

우리는 흔히 착각이 정보 부족이나 분석 미흡에서 비롯된다고 생각한다. 그러나 시장에서 반복되는 착각의 상당수는 정보의 결핍이 아니라 감정이 정보를 왜곡하기 때문에 일어난다. 우리는 차트를 분석한다고 믿지만 실제로는 차트에 비친 자신의 감정을 읽고 있는 경우가 많다.

"우리는 세상을 객관적으로 해석한다고 믿지만, 실제로는 감정이 만든 편향된 틀을 통해 본다." (Daniel Kahneman, 『생각에 관한 생각』, 2018)

감정은 의심을 억제하고 기대를 부풀리며 불안을 키운다. 이 감정을 통해 정보를 해석하는 순간 정보는 본래의 형태를 잃고 왜곡된다. 결국 착각은 판단력이 부족해서가 아니라 감정이 이성을 앞설 때 시작된다. 시장에서는 누구나 신호를 찾으려 하지만 같은 신호를 두고 전혀 다른 해석이 나오는 이유는 정보 자체가 아니라 그 정보를 바라보는 심리 상태가 다르기 때문이다.

상승장에서는 미약한 뉴스조차 호재로 읽히고 하락장에서는 중립적 뉴스마저 악재로 해석된다. 동일한 데이터를 두고도 해석이 달라지는 현상은 감정이 빚어낸 전형적인 인지 왜곡이다. 감정은 신호 자체를 바꾸지는 않지만, 해석의 방향을 비틀어 전체 판단 구조를 흔든다. 착각은 조용히 스며들고 우리가 그것을 자각할 즈음에는 이미 결과가 확정되어 있다. 결국 오류는 정보가 부족할 때보다 감정이 과도할 때 훨씬 더 자주 발생한다.

감정은 우리가 시장을 바라보는 렌즈를 무의식적으로 착색한다. 같은 차트라도 감정의 필터를 거치면 전혀 다르게 해석된다. 감정은 객관적 정보 해석을 주관적 확신으로 바꾸며 판단의 기반을 흔든다.

실전에서 내가 겪은 가장 뼈아픈 실패들은 대부분 기술적 실수가 아니라 감정이 빚어낸 해석 왜곡에서 비롯됐다. 같은 이동평균선을 보면서도 어떤 날은 지지로, 또 다른 날은 이탈로 읽었다. 차트는 변하지 않았지만, 감정이 달라지면 해석은 전혀 다르게 흘렀다. 나는 그때 비로소, 진짜 착각은 정보의 부족이 아니라 감정이 구조 위에 덧씌워질 때 생긴다는 사실을 깨달았다.

예컨대 2021년 11월 반도체 섹터에서 거래량 확인도 없이 '전고점 돌파'라는 명분만으로 종목을 추격 매수했다. 당시 기대감은 컸고 시황도 긍정적이었으나 불과 하루 만에 급락이 찾아왔다. 손절을 주저한 탓에 손실은 더 커졌다. 복기해보니 매수의 이유는 차트나 수급이 아니라 매수의 실체는 '기대'라는 감정에 끌려 매수한 것이었다. 결국 기술적 조건이 아닌 감정이 나의 기준이었다.

감정은 다음 세 가지 방식으로 착각을 만든다.

- 기대 중심의 해석 왜곡: 상승을 기대하면 약한 신호도 강하게 보이고 근거 없는 확신이 판단을 지배한다.
- 불안 회피에 따른 정보 왜곡: 부정적 신호를 무시하고 위험을 축소해서 해석한다.
- 기준 무시와 감정 확신 의존: 논리적 기준 대신 감정적 직감이나 희망에 기대게 된다.

이 세 가지 감정 구조가 반복되면 우리는 점차 시장의 현실이 아니라 심리적 환상 속에서 매매하게 된다. 기준은 여전히 존재하지만, 감정은 그 기준을 보지 못하거나 애써 외면한다. 감정은 단순한 상태를 넘어 인지 구조 자체를 바꾸는 힘을 가진다.

우리는 스스로 논리에 근거해 판단한다고 믿지만, 실제로는 감정이 판단의 구조를 앞서 지배하는 경우가 많다. 특히 신속한 결단이 요구되는 트레이딩에서는 이러한 감정의 선행 작용이 더욱 치명적으로 드러난다. 결국 이를 통제하지 못하면 합리적 분석은 밀려나고 충동적 대응이 오히려 지배력을 행사하게 된다.

"감정은 이성보다 먼저 도착해 우리의 선택을 준비시킨다." (Antonio Damasio, 『느끼고 아는 존재』, 2021)

착각은 언제나 감정이 판단을 앞설 때 발생한다. 특히 성급히 진입한 뒤 기준이 무너졌음에도 이를 인정하지 않으려 할 때, 착각은 한층 공고해진다. 이는 단순한 실수가 아니라 내적 방어 체계가 작동하며 현실을 왜곡한 결과다. '틀렸다'는 현실을 직면하기보다 '아직 괜찮다'는 감정으로 자기 방어적 정당화가 착각을 끊임없이 재생한다.

구조적 착각에 빠지지 않으려면, 매매 전마다 자신에게 세 가지 질문을 던지는 절차가 필요하다.

- 나는 지금 데이터를 보고 있는가, 아니면 감정을 보고 있는가?
- 이 신호는 기준에 따라 분석한 것인가, 감정에 따라 해석한 것인가?
- 지금의 판단은 기대를 정당화하기 위한 착각은 아닌가?

이 질문들은 감정과 해석 사이에 심리적 여유 공간을 만들고 감정이 덧씌운 정보를 걷어내는 인지적 필터로 작동한다. 감정을 먼저 점검해야만 정보는 본래의 모습을 드러낸다. 최근 연구에 따르면 이러한 자기 점검 루틴은 감정에 의한 인지 착시를 줄이고 해석의 명확성을 높이는 데 효과적이라고 한다.

2022년부터 이 질문을 매매일지에 반복 기록하며 진입 전후 반드시 자문하는 루틴을 만들었다. 흥미롭게도 손실 규모가 크게 발생한 매매일수록 이 질문에 '아니오'라고 답한 비율이 높았다. 감정이 기준보다 앞설 때 판단은 흐려지고 기대는 구조처럼 위장된다. 결국 진입 전부터 기준은 감정에게 자리를 내주고 있었다.

"우리는 감정을 억누를 수는 없지만, 그것이 판단을 장악하는 순간을 인식하고 간격을 둘 수 있다. 이 간격이 곧 조절의 시작이다." (Travis Bradberry & Jean Greaves, 『Emotional Intelligence 2.0』, 2009)

착각은 결국 감정의 부산물이다. 감정이 기준보다 앞설 때 우리는 시장을 온전히 바라볼 수 없다. 정보가 왜곡되기 전에 감정을 자각하고 감정이 구조를 덮기 전에 기준을 되살려야 한다. 그렇지 않으면 매 순간 우리는 착각 속에서 거래하게 된다.

시장은 감정에 단 한 치의 관용도 없다. 그러므로 사전에 구축된 심리적 방어 체계는 필수적이다. 시장에서 살아남는 트레이더는 특별한 판단력을 지닌 사람이 아니라 감정이 판단을 잠식하지 못하도록 자신만의 시스템을 구축한 사람이다. 감정의 파도에 휘말리지 않으려면 언제나 기준의 틀을 먼저 점검해야 한다.

착각을 피하기 위한 자문은 명확하고 구조적이어야 한다.

- 지금 보고 있는 신호는 기준에 부합하는가, 아니면 기대에 따른 주관적 해석인가?
- 이 진입 판단은 감정이 만든 추론 혹은 정당화는 아닌가?
- 손실을 회피하려는 심리로 신호를 왜곡하고 있지는 않은가?
- 오늘의 판단은 과거 실패를 반복하는 감정 루틴은 아닌가?
- 기준을 호출하기에 앞서 감정이 먼저 작동한 것은 아닌가?

착각은 단순한 실수가 아니다. 감정이 흐름을 지배할 때 발생하는 구조적 오류다. 이러한 오류는 의지로 막을 수 없으며 루틴화된 점검 체계를 통해서만 줄일 수 있다. 시장에서 살아남는 트레이더는 특별히 빠른 사람이 아니라 감정이 판단을 침식하지 못하도록 심리적 구조를 설계한 사람이다. 감정의 파도 속에서 흔들리지 않으려면 우리는 언제나 기준의 구조를 먼저 점검해야 한다.

모두가 상승을 외칠 때 기준은 사라진다

상승장은 위험하다. 단순히 시장이 오르기 때문이 아니라 시장이 '좋아 보이기' 시작하기 때문이다. 가격 상승은 내면 깊숙이 잠재된 기대를 자극하고 그 기대는 현실보다 부풀려진 인식을 만들어 낸다. 상승장의 가장 큰 위험은 호재의 과잉이 아니라 불리한 신호마저 낙관으로 포장해 버리는 심리적 착시다. 겉으로 모든 것이 완벽해 보이는 순간 우리는 사실이 아니라 희망에 기대고 있으며 착시는 언제나 그 순간에 싹튼다.

착각은 정보 부족이 아니라 감정이 과잉일 때 더 자주 발생한다.

"긍정적 감정은 판단을 낙관적으로 기울게 하며, 그 결과 우리는 위험 신호를 간과하기 쉽다." (Daniel Kahneman, Olivier Sibony & Cass R. Sunstein, 『노이즈: 생각의 잡음』, 2022)

이러한 감정은 대부분 무의식적으로 작동한다. 우리는 '시장이 오르니 당연히 사야 한다'는 전제에 매몰되지만, 정작 '왜 지금 진입해야 하는가?'라는 논리적 질문은 사라진다. 기준이 작동하기 전에 감정이 먼저 반응하며 그 감정은 신호를 선별하고 해석을 왜곡한다. 특히 상승장 특유의 낙관적 분위기는 감정을 전염시키며 판단의 중심을 감정 쪽으로 끌어당긴다.

상승장은 기준을 가장 은밀하게 흔드는 시기다. 하락장에서 냉정하게 원칙을 지켜온 트레이더조차, 시장의 전반적인 고조와 주변의 환호 앞에서 '나만 뒤처지는 건 아닐까?'하는 불안에 무너진다. 이 불안은 기대와 뒤섞이며 조급함으로 변질되고 결국 흐름을 추종하는 매매로 이어진다. 상승장에서 착시가 빈번한 이유는 수익을 향한 기대가 감정을 자극해 해석을 왜곡하기 때문이다.

"우리는 세상을 있는 그대로 해석하지 않고, 감정이 이끄는 방향에 따라 증거를 해석하고 재구성한다." (Lisa Feldman Barrett, 『감정은 어떻게 만들어지는가?』, 2017)

2021년 초 강세장에서 나는 이 심리적 착시를 직접 경험했다. 대부분의 종목이 연일 상승했고 일부 테마주는 하루가 다르게 급등했다. 평소 같으면 진입하지 않았을 자리에서도 '이번엔 다르다'는 확신에 휩쓸려 기준보다 감정이 앞섰다. 차트는 같았지만 해석은 달라졌고 그 결과는 곧 손실로 이어졌다.

복기 노트에 이렇게 적었다. 상승장은 착시를 만든다. 신호는 같아도 감정이 다르면 해석이 달라진다. 상승장에서 반복되는 감정 착시는 주로 다음 네 가지로 나타난다.

- 모든 돌파가 유효해 보임: 가격만 넘으면 수익이 난다는 착각이 생기며 거래량과 구조는 뒷전으로 밀린다.
- 수익이 당연하다는 믿음: 기준 없는 진입도 수익으로 이어질 것처럼 느껴지고 이 믿음은 기준을 흐리게 만든다.
- 뉴스와 루머를 신호로 착각: 검증되지 않은 정보조차 상승의 근거로 받아들인다.
- 놓친다는 불안: 진입 근거가 없어도 '지금 안 사면 늦는다'는 심리가 충동을 정당화한다.

이 모든 착시는 결국 '자기 확신의 증폭'이라는 하나의 공통된 심리 구조로 수렴된다. 시장이 실제로 옳아서가 아니라 '내가 맞다'는 감정이 기준을 대신하는 순간 착시는 고착된다. 최근 심리학 연구에 따르면 기대가 강해질수록 우리는 자신의 판단을 더욱 굳게 믿게 되며 그만큼 위험 신호를 무시할 가능성도 커진다.

"사람들은 자신이 보고 싶은 것만 보고, 기대가 강할수록 그 확신은 더 강해진다." (Daniel Kahneman, 『생각에 관한 생각』, 2018)

이 확신의 고리를 끊는 가장 현실적인 방법은 감정이 기준을 덮기 전에 의식적으로 자신의 판단을 점검하는 것이다. 상승장에서 이러한 심리적 오류를 막기 위해 나는 다음 세 가지 질문을 반복한다.

- 지금, 이 진입은 기술적 조건을 충족하고 있는가?
- 이 판단은 기대에 기반한 것인가, 아니면 구조에 기반한 것인가?
- 감정이 들떠 있다면 기준이 그 감정을 통제할 수 있는가?

상승장에서는 기준이 무너져도 손실이 즉각 찾아오지 않는다. 오히려 초반에는 수익이 나는 경우가 많다. 하지만 그 수익은 실력이 아니라 시장 흐름의 관성이 만들어 낸 착시일 가능성이 크다. 기준 없는 수익은 자신감을 낳고 그 자신감은 곧 착각으로 변질된다. 감정은 처음에는 시장을 뒤쫓지만, 어느 순간 '내가 시장을 지배한다'는 확신으로 전도된다. 이런 믿음이 누적되면 손절은 늦어지고 기준은 사라지며, 결국 실패는 구조로 굳어진다.

그래서 항상 수익이 발생한 진입의 근거를 복기한다.

- 그 수익이 기준에 따른 결과였는가, 아니면 단지 시장에 편승한 우연이었는가?

복기 없는 수익은 착각을 강화하고 상승장에서 판단의 구조를 무너뜨린다. 상승장이 우리를 흔드는 것이 아니라 우리가 스스로 흔들리는 것이다. 상승장에서의 심리 착시는 현실보다 희망을 먼저 보게 만든다. 하지만 시장은 희망대로 움직이지 않는다. 희망이 클수록 기준은 더 단단해야 한다. 기준이 가장 쉽게 무너지는 순간은 감정이 가장 쉽게 들뜨는 시점이기 때문이다. 감정이 기준보다 먼저 움직이는 순간 우리는 더 이상 시장을 보고 있는 것이 아니다. 우리는 기대를 쫓고 있으며 그 기대는 결국 착각이라는 함정으로 이어진다.

수익 착각, 실력이 아닌 감정이 만든 환상

트레이딩에서 가장 위험한 착각은 '수익을 곧 실력이라 믿는 순간'에 발생한다. 수익은 어디까지나 결과일 뿐이다. 그러나 사람은 결과를 과대평가하고, 그 과신은 감정적 확신으로 이어져 기준을 침식한다. 특히 수익이 기준보다 먼저 찾아왔을 때 우리는 그것이 전략의 성과가 아니라 단순한 우연일 수 있다는 사실을 쉽게 간과한다. 이 구분을 하지 못하는 순간 착각은 곧 다음 손실을 부른다.

"사람들은 우연히 얻은 결과를 능력의 증거로 착각하며, 이는 자기 확신의 오류를 낳는다." (Daniel Kahneman, Olivier Sibony & Cass R. Sunstein, 『노이즈: 생각의 잡음』, 2022)

초심자일수록 이런 착각에 더 쉽게 빠진다. 첫 수익을 자신의 전략이 옳았기 때문이라 여기며 원칙을 다듬기보다 감정적인 자신감만 키운다. 그러나 성과는 언제나 경계해야 할 신호다. 특히 명확한 기준 없이 얻은 이익은 손실보다 더 치명적인 위험 신호가 될 수 있다. 수익이 감정의 언어로 변하는 순간 우리는 객관적 원칙이 아니라 막연한 확신에 의존해 다음 거래를 준비하게 된다.

수익은 감정을 자극하고 감정은 기준 검토를 방해한다. 실전에서는 규칙이 무너졌음에도 이익이 발생하는 경우가 있다. 시장이 우연히 그 방향으로 움직였기 때문이다. 그러나 이런 수익은 전략을 검증하지 않고 오히려 착각을 심화시킨다.

"성과는 실제 능력보다 맥락과 운에 영향을 더 많이 받는다. 그러나 사람은 그 결과를 곧장 자존감의 근거로 삼는다." (Adam Grant, 『싱크 어게인: 모르는 것을 아는 힘』, 2021)

단 한 번의 운 좋은 진입이 감정적 확신을 강화하면 그다음부터는 기준이 아니라 감정이 판단을 주도한다. 문제는 그 감정이 다음 수익을 보장하지 않는다는 점이다. 실전에서 가장 큰 손실이 항상 큰 수익 직후에 발생했다는 사실을 여러 차례 경험했다.

처음에는 명확한 원칙 없이 우연히 이익을 얻었고 그다음에는 '이번에도 통할 것이라는 기대'가 작동했다. 원칙은 느슨해지고 진입은 점점 조급해졌으며 감정은 어느새 시장보다 앞서 달렸다. 결국 수익 경험이 새로운 기준으로 굳어졌지만, 그 기준은 체계적 전략의 산물이 아니라 우연한 성공의 흔적일 뿐이다. 감정은 그 기억에 의존했고 착각은 되풀이되었다.

이러한 '수익 착시'는 다음과 같은 심리적 구조를 따른다.

- 성과를 실력으로 오해한다: 결과가 긍정적이면 과정의 오류조차 실력으로 착각한다.
- '다음에도 통할 것'이라는 확신에 사로잡힌다: 감정이 먼저 진입을 유도하고 기준은 뒤로 밀린다.
- 복기 과정을 생략한다: 수익의 원인을 분석하지 않고 '잘됐으니 문제없다'는 태도로 넘어간다.
- 자만으로 이어진다: 자신감이 원칙을 대체하고 감정은 해석의 필터가 되어 시장을 왜곡한다.

이 흐름을 제때 인식하지 못하면 이익은 반복의 토대가 아니라 원칙을 잊게 만드는 계기가 된다. 이때의 수익은 성장이 아니라 착각을 부추기는 연료로 작용하며 트레이더는 자신도 모르는 사이 기준에서 벗어난 행동을 정당화한다.

이 심리적 함정을 넘어서기 위해서는 반드시 '수익 복기 점검 질문'을 통해 자신을 되돌아봐야 한다.

- 이번 진입은 사전에 정한 원칙에 따른 결정이었는가?
- 손절 기준은 명확히 지켰는가, 아니면 단순히 운에 기대어 버틴 결과였는가?
- 이 이익은 다시 재현할 수 있는 구조인가, 아니면 일시적 흐름에 불과한가?

이러한 질문이 없다면 이익은 학습의 기회가 아니라 새로운 착각으로 변질된다. 성찰 없는 성과는 언제나 위험하다. 성과는 쉽게 자만을 낳고, 자만은 곧 원칙 붕괴의 시작이 된다.

"감정에 휘둘린 무작위 행동은 파멸을 부르지만, 감정을 무시하는 것도 위험하다. 감정은 시장의 흐름을 읽는 중요한 신호다." (Jasper Osita, 『How Fear Becomes Your Edge in Trading』, 2025)

수익은 트레이더의 내면에 '검증된 나'라는 환상을 심어준다. 이 자기 확신은 전략을 강화하기보다 기준을 흐리게 만들고 감정이 주도권을 쥐는 구조를 형성한다. 그래서 특히 수익이 발생한 날일수록 복기 노트에 더 많은 질문을 남긴다.

- 왜 진입했는가?
- 어떤 기준이 실제로 작동했는가?
- 거래량과 수급은 어떤 신호를 보냈는가?

성과가 클수록 더욱 냉정한 태도가 필요하다. 진짜 착각은 언제나 수익 뒤에 찾아온다. 성과라는 포장지로 이익을 감싸면 실패의 씨앗이 그 안에 잠복한다. 감정은 결과를 합리화하려 하고 기준은 그것을 검증하려 한다. 두 가지 중 하나만 선택될 수 있다. 많은 트레이더가 수익 직후 '느낌'을 다음 매매에 그대로 적용하지만, 그 느낌은 기준이 아니다. 그것은 단지 과거의 감정일 뿐이며 다음 시장에서 같은 방식으로 재현될 가능성은 희박하다.

수익은 착각의 출발점이 될 수 있다. 감정에 기대어 얻은 성과는 다음 매매의 논리로 잘못 사용되기 쉽고 원칙 없는 감정은 결국 실패로 이어진다. 트레이딩은 감정의 연장이 아니라 반복 가능한 기준의 설계에서 시작된다. 기준 없는 수익은 결코 오래 지속되지 않는다. 감정은 성공의 원인을 그럴듯하게 포장하지만, 재현 가능한 흐름을 만드는 것은 명확한 원칙과 체계적 구조뿐이다.

성과를 얻었다면 반드시 자신에게 다음과 같은 질문을 던져야 한다. 이 질문조차 생략된다면 이미 자기 확신에 빠져 있을 가능성이 높다.

- 이번 수익은 우연이 아니라 기준에 따른 결과인가?

정보 과잉은 기준을 흐리는 감정 유입구다

우리는 시장을 이해하기 위해 다양한 자료를 찾아본다. 뉴스, 애널리스트의 리포트, 유튜브 영상, 전문가의 한마디까지 모두 방향을 가늠하는 단서가 된다. 이때 정보는 기준을 보완하는 재료가 되어야 한다. 그러나 어느 순간 정보가 기준을 강화하기보다 오히려 잠식하기 시작하면 착각이 서서히 스며든다. 정보는 심리를 자극하고 심리는 해석을 쉽게 왜곡한다. 문제의 근원은 정보 그 자체가 아니라 그것을 받아들이는 우리의 태도에 있다.

정보는 결코 중립적이지 않다. 감정이 개입되면 우리는 확인하고 싶은 사실만 선택하고 원하는 해석만 취한다. 인지적 편향은 정보를 있는 그대로 보지 못하게 만들고 그 결과 우리는 기준 위에서 판단하는 것이 아니라 감정에 휘둘려 반응하게 된다.

"우리는 정보를 객관적으로 해석하지 않는다. 감정과 신념이 정보를 선택하고 그 의미를 결정한다." (Lisa Feldman Barrett, 『감정은 어떻게 만들어지는가?』, 2017)

이러한 착시는 눈에 띄지 않게 작동한다. 우리는 '정보에 근거해 판단한다'고 믿지만 실제로는 그 반대다. 감정이 먼저 방향을 정하고 그 감정을 합리화할 정보를 나중에 고른다.

정보는 시장의 일부에 불과하지만, 트레이더는 그 조각에 감정을 덧씌워 전체 상황으로 확대해석한다. 뉴스 하나에 반응해 매수하거나 전문가의 멘트에 기대를 품고 진입하는 경우가 그렇다. 이러한 결정이 기준에 따른 것이라면 문제가 없지만 대부분은 감정 위에서 이루어진다. 정보가 많아질수록 기준은 흐려지고 감정은 더욱 강화된다. 과잉 정보는 착각의 연료이자 판단을 흐리는 심리적 잡음이다.

나 역시 과거 유명 전문가의 멘트를 믿고 종목에 진입했다가 적지 않은 손실을 겪은 경험이 있다. 설명은 논리적으로 들렸고 전망도 설득력 있어 보였다. 그러나 그 결정은 내 기준이 아닌 타인의 관점에서 비롯된 선택이었다. 손절이 늦어진 이유도 기준의 부재가 아니라 '그 사람만은 틀리지 않을 것'이라는 확신에 사로잡힌 감정 때문이었다.

"권위자의 말은 사실 여부와 상관없이 쉽게 신뢰를 얻고, 그 신뢰는 우리의 사고를 멈추게 만든다." (Adam Grant, 『싱크 어게인: 모르는 것을 아는 힘』, 2021)

정보는 구조를 강화할 때는 유용하지만 감정에 스며드는 순간 언제나 위험해진다. 정보 착시는 다음과 같은 단계로 전개된다.

- 신뢰의 전이: 과거에 적중한 전문가나 유튜버에게 반복적으로 의존하면서 그들의 말이 점차 하나의 '신호'로 받아들여진다.
- 선택적 수용: 듣고 싶은 내용만 취하고 불편하거나 불확실한 분석은 배제한다.
- 출처 중심 해석: 정보의 논리나 맥락보다 '누가 말했는가?'를 판단 기준으로 삼는다.
- 기준의 소멸: 특정 정보가 진입의 직접적 근거가 되고 기존 기준은 사라진 채 해석은 전적으로 감정에 의해 좌우된다.

정보는 기준을 보완하는 도구일 뿐 판단의 중심축이 되어서는 안 된다. 내가 먼저 기준을 세우지 않으면 정보는 언제든 감정의 편에 선다. 이 착각을 막기 위해 정보를 수집한 뒤 반드시 기준과의 일치 여부를 확인하고 스스로 감정이 흔들리고 있지 않은지 점검하는 루틴을 반복한다.

그 루틴의 핵심은 다음 질문이다.

- 이 정보는 내 기준과 무관한 외부 해석인가?
- 정보가 아니라 시장 구조가 진입 조건을 충족하는가?
- 이 정보를 접했을 때 감정이 흔들렸는가 아니면 차분했는가?

정보에 감정이 실리는 순간 분석은 감정적 해석으로 바뀐다. 특히 전문가가 확신에 찬 어조로 말하면 우리는 내용보다 어조에 반응한다. 그러나 시장은 그 분석대로 움직이지 않는다. 시장은 감정에 먼저 반응하고 기준 없는 해석은 결국 착각으로 수렴한다.

정보는 트레이더에게 하나의 재료일 뿐이다. 그 재료를 어떻게 가공할지는 '기준'이 결정한다. 기준 없이 흡수한 정보는 결국 감정에 휘둘린 매매로 이어진다. 매일 복기 노트에 '오늘 접한 정보 중 감정이 크게 요동한 것'을 별도로 기록한다. 그 정보가 기준에 어떤 변화를 주었는지 어떤 영향을 남겼는지 꼼꼼히 점검한다.

- 그 정보는 기준을 강화했는가 아니면 흐리게 했는가?

이 점검을 생략하면 정보는 어느새 기준을 대체하고 우리는 시장이 아니라 감정이 덧칠한 시장을 보게 된다. 이 과정을 나는 '정보 감정 필터링'이라 부른다. 정보 자체가 위험한 것은 아니지만 감정적 기대를 자극하는 순간 객관성을 잃는다.

정보는 감정에 의해 손쉽게 왜곡된 현실로 바뀔 수 있다. 특히 상승장에서는 이러한 인지 착시가 더욱 빈번하게 발생한다. 뉴스 한 줄에 휘둘려 고점에서 성급히 진입하거나 전문가의 한마디에 흔들려 전체 포지션을 바꾸는 일이 반복된다.

바로 그때, 나는 반드시 스스로에게 묻는다.

- 이 정보가 내 기준을 단단히 세워 주었는가, 아니면 단지 감정을 합리화했는가?

정보는 시장 분석에 필수적이지만 해석이 개입되는 순간 감정의 자극으로 변질된다. 따라서 우리는 정보를 감정과 명확히 구분하고, 언제나 기준을 정보보다 앞세워야 한다. 새로운 정보를 접했을 때는 다음 질문을 먼저 던져야 한다.

- 무엇이 말해졌는가?
- 왜 내가 그 소식에 반응했는가?

우리는 시장을 분석한다고 믿지만 실제로는 감정에 끌리는 정보 소비자가 되는 순간 이미 오해의 함정에 빠져 있는 셈이다.

"긍정적·부정적 감정은 정보를 해석하는 방식을 바꾸어, 같은 사실도 다른 결론으로 이끈다." (Daniel Kahneman, Olivier Sibony & Cass R. Sunstein, 『노이즈: 생각의 잡음』, 2022)

이 오류에서 벗어나기 위해 내가 택한 가장 실효적인 훈련은 진입 직전에 어떤 정보를 접했는지 모두 기록하는 일이다. 어떤 뉴스가 판단을 자극했는지, 어떤 해석이 불안을 유발했는지, 그 정보가 실제로 내 기준을 지지했는지까지 꼼꼼히 점검하며 복기한다.

정보는 판단을 보조하는 도구일 뿐 결정을 대신할 기준이 될 수는 없다. 시장은 정보가 아니라 구조에 반응한다. 구조가 결여된 정보는 그저 잡음에 가깝고 감정에 기대는 해석은 쉽게 착각으로 이어진다. 트레이딩은 겉으로는 정보에 따라 움직이는 것처럼 보이지만, 실제로는 분명한 기준이 중심에 놓여야 한다. 자료는 기준을 보완할 수는 있어도 그 자체가 기준으로 대체되어서는 안 된다.

기준은 매수의 근거이면서 동시에 매수를 중단시키는 최후의 안전장치이기도 하다. 기준이 없다면 매수는 단순한 충동이 되고 매도는 두려움에 떠밀린 선택이 된다. 정보는 늘 유혹이다. 호재는 과신을 부르고 악재는 불안을 키운다. 그 자극이 기준을 흔드는 순간 감정은 '해석'이라는 이름으로 시장을 오도한다. 결국 정보는 무기가 될 수도 덫이 될 수도 있으며 그 차이는 기준이 있느냐 없느냐로 결정된다.

- 정보보다 기준이 먼저다.
- 감정보다 구조가 먼저다.
- 해석보다 복기가 먼저다.

이 원칙을 지켜야 우리는 시장을 왜곡 없이 있는 그대로 바라볼 수 있다. 그 순간부터 시장은 예측의 대상이 아니라 관찰과 대응의 영역으로 자리 잡는다. 기준은 시장을 통제하려는 수단이 아니라 시장 속에서 자신을 통제하는 장치다.

타인의 비교가 기준을 붕괴시킨다

트레이딩은 철저히 고립된 싸움이다. 그러나 그 고독 속에서도 우리는 끊임없이 타인의 시선을 의식한다. 혼자 모니터 앞에 앉아 있는 순간조차 커뮤니티의 수익 인증 글, 실시간 매매 화면, 전문가의 평가는 우리의 심리를 흔든다. 누군가 수익을 냈다는 소식에는 불안이 스며들고 누군가 손절했다는 소식에는 기묘한 안도감이 따라온다. 감정은 언제나 외부 자극에 흔들리며 우리는 그 불안정한 토대 위에 억지로 기준을 세우려 한다.

시장은 언제나 냉정하다. 그러나 우리는 '비교'라는 감정의 필터를 통해 시장을 왜곡한다. 비교에서 비롯된 감정의 진폭은 기준의 힘보다 더 크며 판단은 어느새 감정이 이끄는 방향으로 기울어진다. 타인의 매매는 본래 나와 무관한 정보여야 하지만, 비교는 무의식 깊숙한 곳에서 감정 회로를 자극해 그 자각조차 흐리게 만든다. 착각은 바로 이 지점에서 싹튼다.

"비교는 감정을 가장 빠르게 자극하며, 우리는 종종 타인의 성과를 기준으로 자신을 정의하려 한다." (Susan David, 『Emotional Agility』, 2016)

비교는 타인의 결과만 각인시키는 왜곡된 렌즈다. 우리는 수익 인증, 고점 매도 시점의 캡처, 하루 수익을 자랑하는 화려한 게시글만 기억한다. 그 이면에 숨어 있는 망설임과 리스크는 보지 못한다. 이렇게 왜곡된 기억은 기준을 흔들며 '나도 움직여야 하지 않을까?'라는 조급함을 불러온다. 조급함은 기준보다 먼저 의사결정을 재촉하고 감정은 앞서며 기준은 뒤따라 흔들린다.

비교는 외부에서 시작되지만, 영향력은 내면 깊숙이 파고든다. 스스로 인식하지 못하면 우리는 어느새 타인의 기준으로 시장을 해석하게 된다. 나 역시 실전에서 타인의 매매를 모방하다가 기준을 무너뜨린 경험이 있다. 한 트레이더가 단기 급등주에 진입했다는 소식을 듣고 내 기준과 맞지 않음에도 같은 종목에 덩달아 들어갔다. 매매일지에는 분명 진입 조건이 적혀 있었지만, 정작 그 순간에는 스스로 세운 원칙을 외면했다. 결과는 손실이었다. 그는 자신의 전략에 따라 움직였지만, 나는 단지 '따라가고 싶은 충동'에 휩쓸렸을 뿐이었다.

이후 복기 노트에 스스로를 향한 경고를 깊게 새겨 넣었다.

- 남의 성공은 나의 전략이 아니다.

비교는 단순한 감정 반응이 아니라 반복되는 심리 패턴이다. 그 흐름은 다음 네 단계로 전개된다.

- 조급함의 촉발: 타인의 진입을 보고 '놓치면 안 된다'는 불안이 생긴다.
- 자기 의심: 남의 수익을 보며 '나는 잘못하고 있는 것 아닐까'라는 의문이 떠오른다.
- 감정의 대리 실행: 타인의 행동을 보며 '나도 뭔가 해야 한다'는 압박이 커진다.
- 기준의 붕괴: 감정이 한발 앞서 나가는 순간 자신이 세운 기준은 믿음을 잃고 무너진다.

"비교는 동기보다는 불안을 더 자주 낳으며, 반복될수록 자존감과 판단력을 갉아먹는다." (Brené Brown, 『The Gifts of Imperfection』, 2022)

이 흐름을 차단하지 못하면 타인의 매매가 결국 내 전략의 기반을 흔든다. 이를 막기 위해 나는 '감정 복기 루틴'을 실천한다. 매매 직전 반드시 세 가지 질문을 손으로 직접 적는다.

- 이 종목은 내 기준에 부합하는가?
- 진입의 타이밍과 이유는 내 구조 안에서 도출된 것인가?
- 지금의 판단은 감정인가, 루틴인가?

이 질문은 단순한 자문이 아니다. 감정의 흐름을 글로 붙잡아 두는 훈련이자 비교로 인한 동요를 내면에서 차단하는 장치다. 특히 실적 부진이 길어질수록 비교의 압력은 강해지고 타인의 수익은 과장되며 자신의 기준은 점점 왜소해진다. 그 순간 감정은 확대 장치가 되어 기준을 훼손한다. 우리는 어느새 타인의 결과에만 시선을 고정하고 그 뒤에 숨어 있는 실패와 불확실성은 애써 외면한다.

"감정은 우리의 주의를 특정 방향으로 모으면서 동시에 현실을 제한된 틀로 축소한다." (Lisa Feldman Barrett, 『감정은 어떻게 만들어지는가?』, 2017)

매매일지에 '비교 충동' 항목을 따로 기록한다. 누군가의 매매를 보고 어떤 감정이 올라왔는지 그리고 그 감정이 내 전략에 어떤 영향을 주었는지 구체적으로 남긴다. 핵심은 아주 미세한 흔들림조차 놓치지 않는 것이다. '부러움', '조급함', '불안', '의심' 같은 단어 하나하나가 비교가 기준을 침범했는지를 판별하는 심리적 센서가 된다.

트레이딩 세계에서는 타인의 성공이 오히려 나의 흔들림과 실패를 불러온다. 남의 흐름을 좇는 순간 내 기준은 사라진다. 기준이 무너진 매매에서는 진입을 감정이, 청산을 후회가 좌우한다. 이것이 바로 구조화된 실패의 공식이다.

비교 심리에서 벗어나려면 타인의 매매를 존중하되 절대 모방하지 않아야 한다. 시장은 타인의 결과가 아니라 자기 기준을 끝까지 지키는 사람만 인정한다. 기준 없는 비교는 결국 기준 없는 손실로 귀결될 뿐이다.

- 타인의 수익은 내 전략이 아니다.
- 비교는 감정에서 시작되어 기준을 무너뜨린다.
- 시장은 감정을 따르지 않는다. 기준을 따를 뿐이다.

비교를 멈추고, 다시 기준을 붙잡아야 한다.

기준 없는 자신감은 감정의 착각이다

트레이딩에서 '자신감'은 양날의 검이다. 자기 신뢰는 기준을 지키는 강력한 원동력이 될 수 있지만 그 기반이 감정이라면 오히려 원칙을 무너뜨리는 가장 위험한 요인이 된다. 확신은 트레이더에게 버틸 수 있는 에너지를 제공하지만, 그 뿌리가 감정이라면 시장의 작은 변동에도 쉽게 흔들리며 곧 불안정한 상태로 바뀐다. 몇 차례의 수익 경험 후 생기는 과도한 자신감은 전략 검증 없이 부풀려진 심리적 착각인 경우가 많다. 구조가 아니라 감정에서 비롯된 믿음은 결국 실패를 반복하게 만드는 심리적 착시의 출발점이 된다.

"사람들은 몇 번의 성공을 능력으로 과대평가하고, 그로 인해 근거 없는 자신감을 키우는 경향이 있다." (Adam Grant, 『싱크 어게인: 모르는 것을 아는 힘』, 2021)

이러한 근거 없는 자신감은 지속적인 학습과 훈련이 아니라 왜곡된 기억에서 비롯된다. 인간은 성공의 기억을 과장하고 실패의 기억을 축소하는 경향이 있으며 이 심리적 메커니즘은 트레이딩에서도 그대로 작동한다. 우리는 수익은 자신의 실력 덕분이라 여기면서 손실은 시장의 특이 변수나 외부 요인 탓으로 돌리기 쉽다.

왜곡된 기억은 현실 인식을 흐리게 하고 실제 역량보다 부풀려진 자신감을 만든다. 그 결과 기준은 과도한 자신감에 가려지고 시장 해석은 점차 구조가 아닌 감정의 렌즈를 통해 이루어진다. 감정은 과거의 성공 경험을 억지로 현재 상황에 끼워 맞추려 하며 그 과정에서 기준은 점점 흐릿해진다.

나 역시 실전에서 단기간 연속 수익을 올린 뒤 '이제는 흐름을 읽을 수 있다'는 확신에 사로잡힌 적이 있었다. 몇 번의 성공은 시장을 통제할 수 있다는 착각을 불러일으켰고 그로 인해 원칙은 흔들렸다. 손절 폭은 넓어졌고 진입은 점차 감정적으로 앞당겨졌다. 그러나 결과는 정반대였다. 감정은 실력을 가장한 자신감을 만들었고 결국 기준은 무너졌다.

기준 없이 형성된 확신은 감정의 파도에 쉽게 휘말려 시장 상황이 바뀔 때마다 흔들린다. 반대로 명확한 기준은 검증된 구조 위에 세워지므로 환경이 변해도 중심을 잃지 않는다. 진정한 자신감은 감정이 아니라 축적된 기준의 반복에서 나온다.

'근거 없는 자신감'은 네 가지 심리 구조와 맞물려 서로를 강화하며 트레이더를 기준 없는 매매로 끌어들인다. 더 큰 문제는 이 틀 안에서 트레이더가 '기준이 있다'고 착각한 채 스스로에게 질문조차 하지 않고 매매를 반복한다는 점이다.

- 검증되지 않은 방식으로 재진입한다: 한 번 수익이 나면 같은 방법을 반복하지만 사실상 기준이 없다.
- 실패에 둔감해진다: 손실이 나도 '이번만 예외'라며 합리화하고 같은 실수를 되풀이한다.
- 루틴을 생략한다: '이번엔 알겠다'는 감정적 확신이 일상의 절차를 건너뛰게 만든다.
- 통제의 환상에 빠진다: 시장을 읽는다는 착각 속에서 기준보다 직감에 의존한다.

이러한 착각을 줄이기 위해서는 수익이 발생한 직후 가장 철저한 복기 절차를 거쳐야 한다. 구체적으로 스스로에게 세 가지 질문을 던진다.

- 이번 수익은 사전에 설정한 기준안에서 나온 결과인가?

- 동일한 조건이 반복된다면 같은 수익을 다시 낼 수 있는 구조인가?
- 이 수익은 전략의 결과인가, 아니면 단순히 시장 흐름에 편승한 우연인가?

이 질문들은 자신감의 실체를 감정이 아닌 구조의 시각에서 검증하게 한다. 감정 위에 세워진 확신은 쉽게 무너지지만, 기준 위에 쌓인 자신감은 시간이 지나도 흔들리지 않는 체계로 남는다.

"감정은 순간적인 확신을 줄 수 있지만, 지속적인 자신감은 반복과 구조 속에서 자란다." (상진아, 『감정에 지지 않는 법』, 2015)

수익을 냈을 때도 반드시 루틴을 복기하며 손실이 발생했을 때도 같은 절차를 반복한다. 이 과정을 통해 감정의 개입을 최소화한다. 트레이더에게 자신감은 필수 자산이지만 그 확신이 명확한 기준에서 나오지 않는다면 결국 감정의 또 다른 형태에 불과하다. 단기 연속 수익이나 특정 테마 종목에서의 일시적 성공은 흔히 '자신감'이라는 착각을 낳는다. 이 착각은 예측을 확신으로 바꾸고 그 확신은 기준 생략을 정당화한다. 결국 기준 없는 매매는 대체로 실패로 끝난다.

나는 오히려 수익이 가장 컸던 날을 가장 경계한다. 그날의 과도한 자신감이 다음 손실로 이어질 가능성이 크기 때문이다. 감정은 스스로에게 거짓된 확신을 주고 이 허위 확신은 기준을 느슨하게 만든다. 특히 시장이 급등하거나 급락하는 극단 상황에서는 감정 기반의 자신감이 기준을 압도해 모든 기술적 구조를 무력화시킨다.

"감정은 우리가 인식하는 것보다 훨씬 더 깊숙이 우리의 판단을 왜곡한다. 특히 자신감이 과도할수록, 틀릴 가능성을 외면하게 된다." (Daniel Kahneman, 『생각에 관한 생각』, 2018)

트레이더는 감정이 고조되는 순간을 즉시 포착하고 그 감정이 기준을 대신하지 않도록 항상 스스로 점검해야 한다. 진짜 자신감은 '오늘의 매매가 옳았다'는 순간적 만족이 아니라 '어떤 상황에서도 기준을 지켰다'는 누적된 기록에서 비롯된다. 나 역시 자신감을 루틴으로 검증하는 습관을 들였다. 수익과 손실을 가리지 않고 언제나 같은 절차를 밟는다. 자신감이 일시적 감각이 아닌 체계로 굳어지는 순간은 오직 흔들림 없는 실행 속에서 완성된다.

감정에서 비롯된 자신감은 결국 착각이다. 그것은 전략적 근거가 아니라 왜곡된 기억이 만들어 낸 자기 확신일 뿐이다. 기준을 끊임없이 재확인해야 한다. 시장은 감정적 자신감을 검증하지 않는다. 시장이 신뢰하는 유일한 자신감은 반복 가능한 기준이다. 결국 살아남는 트레이더는 감정에 휘둘리지 않고 기준 위에 자신감을 세우는 사람이다.

익숙함은 기준이 아니라 감정의 위장이다

가장 위험한 착각은 '나는 이걸 잘 안다'는 믿음에서 비롯된다. 트레이더는 반복되는 차트와 자주 접한 종목, 익숙한 패턴을 보며 마치 시장을 꿰뚫은 듯한 환상에 빠진다. 반복된 경험은 안도감을 주지만 그 편안함은 점차 경계를 흐리게 만든다. 그러나 익숙함이 곧 통찰을 보장하지는 않는다. 익숙하다는 이유로 기준을 느슨하게 적용하는 순간 시장은 전혀 다른 얼굴을 드러낸다. 착각은 언제나 익숙함이라는 문을 통해 스며들고 그 감정은 무의식적으로 판단을 지배하기 시작한다.

"뇌는 익숙함을 곧 신뢰로 오인하도록 진화했지만, 그 신뢰는 사실의 반영이 아니라 단순한 노출의 결과일 뿐이다." (Daniel Kahneman, 『노이즈: 생각의 잡음』, 2022)

우리는 익숙함을 '이미 알고 있다'는 감정과 혼동하고 그 위에 확신을 쌓는다. 그러나 그 확신은 경험이 아니라 기억이 자동으로 만들어 낸 반응일 뿐이다. 익숙함은 종종 감정이 붙은 과거의 기억에 지나지 않으며 실제로는 현재 상황과 무관한 경우가 많다. 시장에서 익숙함은 통찰이 아니라 반복된 기억이 남긴 심리적 잔상에 가깝다. 과거의 수익, 반복된 패턴, 자주 접한 뉴스는 무의식적으로 '이건 내가 아는 영역이다'라는 인식을 강화한다. 특히 동일한 차트 구조나 유사한 뉴스 흐름을 여러 차례 경험한 트레이더일수록 스스로를 '전문가'라 착각하기 쉽다.

하지만 시장은 단 한 번도 완전히 같은 형태로 반복된 적이 없다. 겉보기에 유사해 보여도 그 안의 맥락과 참여자 심리, 구조는 매번 다르게 작동한다. 익숙한 구조 속 미세한 차이를 포착하지 못하면 착각에 빠지기 쉽다. 실제로 시장은 매 순간 새로우며 변화는 종종 예측을 벗어난 방식으로 나타난다. 우리는 그 차이를 미리 감지하기보다 손실을 겪은 뒤에야 깨닫는다.

- 익숙한 상황이라고 해서 같은 결과를 기대하는 것은 낯익은 길을 걸으며 늘 같은 풍경을 그리는 것과 같다.

시장은 끊임없이 변하며 트레이더는 이 흐름을 감지하지 못할 때 가장 큰 대가를 치른다. 나 역시 과거에 자주 거래하던 테마주가 있었다. 특정 뉴스에 민감하게 반응했고 차트 움직임에도 익숙했다. 몇 차례 수익 경험이 쌓이자, 시장이 마치 예측 가능하다고 착각했다. 그러나 어느 날 비슷한 뉴스와 유사한 가격 움직임에도 결과는 완전히 달랐다. 손실은 컸고 이유조차 알 수 없었다. 그제야 나는 시장을 분석한 것이 아니라 익숙함을 기준으로 오인하고 있었음을 깨달았다.

그날의 시장은 과거와 같지 않았다. 그러나 나는 여전히 익숙함에 끌려 기준을 감정에 가려버렸다. 결국 판단을 지배한 것은 경험이 아니라 착각이었다. 시장은 과거를 참고하되 언제나 현재의 맥락에서 재해석해야 한다. 시장은 과거의 기억을 참고하되 반드시 현재의 맥락에서 재해석해야 한다. 동일한 패턴이라도 참여자들의 기대와 두려움이 달라지면 결과 역시 달라진다. 실제 시장에서는 익숙함이 감정으로 바뀌는 순간 기준이 무너진다는 사실이 분명하게 드러난다.

"기억은 객관적 사실이 아니라, 당시의 감정 상태에 의해 끊임없이 재구성되는 인식일 뿐이다." (Antonio Damasio, 『느끼고 아는 존재』, 2021)

익숙함이 기준을 왜곡하는 과정은 일정한 감정의 흐름을 따른다. 반복해서 접한 패턴은 마치 기준처럼 느껴지고 누적된 경험은 하나의 전략으로 착각된다. '예전에도 이렇게 움직였으니까'라는 이유로 작은 차이는 무시되고 '이번에도 될 것이다'라는 확신은 감정적 충동을 자극해 무의식적 진입을 불러온다. 사전 점검은 생략되고 복기는 '비슷했다'는 막연한 기억만 남긴 채 끝난다.

결국 기준 없는 매매가 반복되고 손실은 자기합리화로 덮인다. 이러한 착시는 트레이더의 근본 원칙을 서서히 붕괴시킨다. 특히 감정이 편안할수록 기준은 더 느슨해지고 그 순간의 판단은 손쉬운 확신으로 둔갑한다.

익숙함은 감정을 안정시키는 것이 아니라 경계심을 해제하는 은밀한 유혹이다. 익숙한 움직임을 기준으로 삼는 순간 감정이 원칙을 대체하고 기대가 시스템을 대신한다. 감정은 언제나 익숙함을 통해 기준을 밀어내며 그렇게 무너진 기준은 복기나 반성 없이 사라지고 우리는 그 시점을 알지 못한 채 같은 함정에 다시 빠져든다.

이러한 오류를 줄이기 위해 나는 다음 루틴을 꾸준히 지킨다.

- 아무리 익숙한 패턴이라도 반드시 기준표와 대조해 점검한다.
- 과거와 유사한 흐름일수록 현재의 맥락을 더욱 세밀하게 분석한다.
- 익숙한 감정이 올라오면 '이건 착각일 수 있다'는 경고 문구를 스스로 되새긴다.

복기 노트에는 익숙했던 흐름일수록 더 많은 의문을 남긴다.

- 이 구조는 과거와 무엇이 다른가?
- 지금의 해석은 기대인가, 기준인가?

진입 전 감정이 편안하다면 의도적으로 불편한 시나리오를 거꾸로 검토한다. 과거 수익 경험은 현재와 분리해 구조적으로 분석하는 복기를 지속한다. 익숙함을 감정이 아닌 구조로 해석하려는 노력이 부족하면 우리는 같은 패턴에 반복해 속게 된다. 익숙함은 학습처럼 보이지만 사실은 감정이 만든 착시일 수 있다.

“우리의 사고는 낯선 것보다 익숙한 것에 끌리도록 진화했다. 그러나 그 익숙함이 항상 진실을 보장하지는 않으며, 때로는 단지 과거 경험의 잔상일 뿐이다.” (Daniel Kahneman, 『생각에 관한 생각』, 2018)

익숙한 상황일수록 차트를 더 느긋하게 관찰하고 감정을 더 세밀하게 점검한다. 익숙하다는 이유로 기준을 생략하면 시장은 반드시 예상과 다르게 움직인다. 시장은 절대 똑같이 반복되지 않으며 우리가 그 낯섦을 피하려 할수록 더 큰 대가를 치른다. 익숙함은 판단의 기준처럼 보이지만 실제로는 과거의 기억이 만든 하나의 거울일 뿐이다. 그 거울은 현재를 비추지 않고 오직 과거만 반복해서 보여준다.

그래서 복기 노트에 늘 이 문장을 기록한다.

- 익숙함은 기억이 만든 거울이며 그 거울은 현재가 아닌 과거만을 비춘다. 익숙한 흐름, 자주 본 뉴스, 반복된 구조일수록 우리는 무심코 신뢰하지만 바로 그럴수록 더 많은 질문을 던져야 한다.
- ‘예전에 이렇게 움직였으니까?’라는 기억에 의존하기보다 ‘지금 이 시장은 무엇이 다른가?’를 먼저 물어야 한다.

시장은 과거의 기억에 기대어 거래하는 자에게 단 한 번도 보상하지 않는다. 어제의 성공은 오늘의 확신을 보장하지 않고 한때의 익숙함도 다시 반복될 것이라는 믿음은 언제든 배신당한다. 오직 기준을 지키며 현재의 흐름을 해석한 이에게만 진정한 기회가 열린다. 익숙함은 잠시 안도감을 줄 수 있으나 그 안도에 기대는 순간 시장은 새로운 변수로 우리의 판단을 시험한다. 시장은 결코 우리를 편안히 두지 않으며 기억이 아니라 현재를 해석하는 힘만이 생존을 가능케 한다.

진정으로 살아남는 트레이더는 익숙한 구조 속에서도 늘 새로운 시장을 감지하고 그 신호를 감정이 아닌 기준으로 해석한다. 익숙함은 감정의 언어이고 기준은 의식적인 불편함의 언어다. 반복은 기억을 만들지만 검증되지 않은 반복은 결국 착각을 낳는다. 트레이더는 그 착각을 깨기 위해 익숙함을 의심하고 기준을 끊임없이 복기해야 한다.

나는 예외라는 믿음, 감정이 기준을 위협할 때

'다른 사람은 몰라도 나는 예외일 거야.' 트레이더라면 누구나 한 번쯤 이런 생각에 빠진다. 수많은 실패 사례를 보면서도 자신만은 같은 실수를 반복하지 않을 것이라 믿는다. 그러나 이 믿음은 대부분 감정에서 비롯된 순간적 확신일 뿐이며 현실적으로 검증되지 않은 심리적 착각이다.

"과잉 확신은 인간 판단에서 가장 흔하고 끈질긴 오류다. 사람들은 자신이 남보다 더 현명하다고 믿으며, 실제보다 낮은 실패 확률을 추정하는 경향이 있다." (Daniel Kahneman, 『생각에 관한 생각』, 2018)

'나는 다를 거야'라는 믿음은 자기 위안의 극단이자 시장이라는 냉혹한 구조를 외면하려는 무의식적 회피다. 이 확신은 겉으로는 용기를 주는 듯하지만, 실전에서는 기준을 흐리게 만들고 감정을 증폭시키는 위험한 심리적 함정이 된다.

특히 일정 수준 이상의 수익을 경험한 트레이더일수록 자신이 통제력을 가진 특별한 존재라는 착각에 빠지기 쉽다. 반복된 성공은 경험의 산물처럼 보이지만 그 이면에는 기준보다 더 강하게 작동하는 감정의 기억이 자리한다. 경험이 기준을 대신해도 괜찮다고 느껴지는 순간, 판단의 주도권은 이미 감정에게 넘어간다.

이 감정은 '자기효능감'이라는 이름으로 정당화되며 시장에서 살아남기 위한 심리적 무기처럼 보일 수 있다. 그러나 실제로는 내면의 불안을 감추려는 방어기제일 뿐이다. 자기 확신이라는 감정은 전략처럼 보이지만 그 전략은 기준이 사라진 틈을 교묘히 파고든다.

트레이딩에서 '나는 예외다'라는 믿음은 치명적 결과로 이어질 수 있다. 특히 타인의 실패와 동일한 조건에서 오직 자신만은 성공할 수 있다고 믿는 순간 감정은 기준을 압도하고 판단은 더 이상 구조가 아닌 감정에 의존한다. 이러한 자기 착각은 비교 심리, 자만, 조급함, 왜곡된 기억이 결합하며 더욱 강화된다.

결국 '나는 예외다'라는 믿음은 감정의 총합이 빚어낸 자기중심적 확신에 불과하다. 그러나 시장은 그런 감정에 전혀 반응하지 않는다. 시장은 오직 구조로 움직이며 개인의 서사나 예외성에는 관심조차 두지 않는다. 오히려 자기 확신이 커질수록 시장은 더욱 냉정하게 반응하고 그 확신을 '가격'이라는 방식으로 되돌려준다.

실전에서 나 역시 수없이 '나는 다를 거야'라는 생각에 사로잡혔던 순간을 복기해 왔다. 예컨대 남들이 경계하는 갭상 시초가 매매에 '나는 기술적으로 해결할 수 있다'고 믿고 진입했다가 손실을 본 적이 있다. 또 남들이 피하는 고점 눌림목에서도 '나는 구조를 안다'며 무리하게 추격 매수를 감행했다.

돌이켜보면 그 진입들에는 공통점이 있었다. 기준은 희미했고 감정은 강했으며 '나는 예외다'라는 근거 없는 믿음이 판단을 지배했다. 복기 과정에서 깨달은 것은 이런 믿음이 기준이 불분명할수록 더 강하게 작동한다는 점이다. 명확한 기준이 없을수록 사람은 기억에 더 의존하고 그 기억은 감정과 결합해 왜곡된 자신감을 만든다.

"과거의 성공 경험은 자신감을 높이지만, 그것이 미래의 올바른 판단을 보장하지는 않는다." (Daniel Kahneman, 『생각에 관한 생각』, 2018)

'나는 다를 거야'라는 착각은 보통 다음과 같은 흐름으로 전개된다.

첫째, 다른 사람의 실패를 쉽게 무시한다. '그건 그 사람이 부족해서'라는 단순한 해석이 아무런 비판 없이 받아들여진다.

둘째, 자신의 전략을 과신한다. 일부 성공 경험만으로 전체 전략을 정당화하며 현재의 구조적 위험은 간과된다.

셋째, 경고 신호를 무시한다. 진입 조건이 불분명해도 감정에 이끌려 진입하고 위험 신호조차 기회로 착각한다.

넷째, 판단 기준보다 감정적 해석이 앞선다. '이번엔 알 것 같다'는 느낌이 모든 논리적 점검을 대신한다.

이 네 가지 흐름은 긴밀히 연결되어 있으며 착각은 일시적 판단이 아니라 반복되는 감정 루프 속에서 재생산된다. 이 루프는 스스로 인식하고 끊지 않는 한 기준을 내부에서부터 서서히 붕괴시키며 실전에서 실패를 반복하게 만든다. 특히 익숙함과 과신이 결합할 때 그 영향력은 더욱 커진다.

이 착각의 루프를 끊기 위해 매매 전후 다음 자문 루틴을 실천한다.

- 이 전략은 과거에 충분히 반복되었고 객관적으로 검증된 사례인가?
- 같은 구조에서 실패한 이들이 있었다면 나는 무엇을 근거로 자신 있게 진입하려 하는가?
- 지금의 판단은 기대감에 기초한 해석은 아닌가?
- 이번 진입은 체계적 절차의 결과인가, 감정이 만든 즉흥적 선택인가?

이 질문들은 단순히 실수를 막기 위한 장치가 아니다. 감정이 판단에 개입하기 전에 그 개입을 자각하게 만드는 내면의 방어선이다. 질문은 기준을 강화하고 기준은 착각을 해체한다. 우리는 언제나 감정보다 질문이 먼저 작동하도록 훈련해야 한다. 질문이 자리를 잡는 순간 감정은 본래 자리로 물러난다.

트레이더의 자신감은 전략이 아니라 기준에서 나와야 한다. '내가 다를 것'이라는 믿음은 자신에 대한 확신이 아니라 기준으로 증명되지 못한 감정의 부산물일 뿐이다.

"자신감은 성공에서 생기는 것이 아니라, 철저한 준비와 축적된 증거에서 비롯된다." (Ryan Holiday, 『에고라는 적』, 2017)

실전에서 수익이 발생한 직후 '다음에도 이렇게 하면 되겠지'라는 생각이 들 때마다 그 판단을 복기하며 반드시 검증한다. 만약 그 전략이 반복될 수 없다면 그것은 전략이 아니라 우연한 단발성 결과일 뿐이다.

복기는 감정을 해체하는 도구이며 루틴은 그 복기의 중심이어야 한다. 기준은 감정을 통제하는 운용 지침서이자 실전 매뉴얼이다. 이 매뉴얼이 없다면 우리는 기분에 따라 진입하고 기대에 따라 손실을 방치하며 착각 속에서 실패를 반복한다.

감정은 종종 전략의 탈을 쓰고 나타난다. 그 탈을 벗겨내지 않는 한 기준은 언제나 감정에 밀린다. 시장은 예외를 허용하지 않는다. '나는 예외일 거야'라는 믿음이 작동하는 순간 기준은 무너지고 감정이 판단을 장악한다. 감정은 자신을 정당화하는 데 능숙하고 착각은 바로 그 정당화 위에서 자라난다.

매매 후 복기 노트에 반드시 이 질문을 남긴다.

- 이번 판단에서 나는 어떻게 나만의 예외성을 만들어 냈는가?

이 질문은 그 판단이 기준에 근거했는지 아니면 감정에서 비롯되었는지를 분명하게 가려낸다. 착각은 늘 자기 서사의 형태로 반복되며 시장은 그 서사를 가차 없이 거부한다. 자기 서사에 갇힌 트레이더는 시장을 읽는 것이 아니라 오직 자신의 기억만 되풀이할 뿐이다. 그러나 그 기억이 구조로 전환되지 않는다면 시장은 그 기억을 곧바로 무력화한다. 감정의 신화를 기준의 언어로 환원하는 것이 복기의 본질이자 목적이다.

'나는 다르다'라는 믿음은 전략이 아니라 감정일 뿐이다. 시장은 예외를 허용하지 않는다. 시장에서 검증되는 것은 오직 기준이며 반복과 재현이 가능한 구조만이 생존을 가능하게 한다. 착각은 자신을 특별하게 여기려는 무의식에서 비롯되고 그 감정은 판단의 기준을 서서히 침식한다.

그러나 시장은 누구도 특별히 대우하지 않는다. 진입은 감정이 아닌 기준의 언어로 기록되어야 한다. 기준 없는 자신감은 언제나 착각이라는 이름으로 되돌아온다. 진짜 '다름'은 예외를 만드는 것이 아니라 기준을 반복하는 데서 시작된다. 감정 위에 세운 수익은 결국 감정에 의해 무너진다. 살아남는 트레이더는 자기 서사를 복기하는 사람이 아니라 구조를 복기하는 사람이다.

감정이 개입된 복기, 기준을 무너뜨리는 착각

복기는 실패를 자산으로 바꾸는 핵심 도구다. 그러나 이 복기조차 감정의 영향을 받으면 착각을 강화하고 기준을 왜곡하는 장치로 변질될 수 있다. 우리는 실패를 분석한다고 믿지만 실제로는 스스로를 위로하거나 방어하며 오히려 정당화에 몰두할 때가 많다. 복기한다고 해서 저절로 성장하는 것은 아니다. 감정이 개입된 복기는 실수를 미화하고 기준을 흐리게 하며 실패의 본질을 가린다.

"사람들은 과거를 평가할 때 사실보다 더 단순하고 일관된 이야기로 재구성하는 경향이 있다." (Daniel Kahneman, 『생각에 관한 생각』, 2018)

복기는 감정이 개입되는 순간, 성찰의 도구가 아니라 자기합리화의 틀이 된다. 특히 감정적 피로가 누적된 날의 복기는 성찰이 아니라 쉽게 위안의 기능으로 전락한다. 우리는 복기하고 있다고 믿지만, 실제로는 감정의 방어막 속에서 자신을 포장할 뿐이다. 형식은 유지되지만, 내용은 자기 보존적 서사로 채워지기 일쑤다. 그럴 때 복기는 구조를 회복하는 장치가 아니라 감정을 정당화하는 메커니즘으로 작동한다.

트레이더는 종종 복기 과정에서 다음과 같은 표현으로 감정의 잔재를 정당화하고 자신을 합리화한다.

- 그때는 어쩔 수 없었어.
- 뉴스가 갑자기 나왔으니, 예외야.
- 기술적으로는 맞았으니까.

표면적으로는 이성적으로 복기하는 것처럼 보이지만 실제로는 감정의 흔적을 남긴 채 판단 오류를 감추고 있는 셈이다. 문제는 이러한 방어적 복기가 곧 다음 실수를 반복하는 토대가 된다는 점이다. 감정의 연장선에서 이루어진 복기는 실패의 구조를 재현하게 만든다. 진정한 복기란 감정을 정리하고 기준을 복원하는 과정이어야 한다. 복기는 자신을 정당화하는 시간이 아니라 자신을 해체하고 재구성하는 시간이다.

"실패를 되돌아볼 때 사람들은 원인을 찾기보다, 자신을 합리화할 수 있는 이야기를 만드는 경향이 있다." (Daniel Kahneman, 『생각에 관한 생각』, 2021)

매일 실전 복기를 해왔지만, 어느 순간 그것이 자기 위안의 기록으로 변질되고 있음을 깨달았다. 예컨대 진입 타이밍이 늦었음에도 '뉴스가 빨랐기 때문'이라며, 손절이 지연되었음에도 '시장 전체가 흔들렸기 때문'이라고 책임을 회피했다.

- 왜 늦게 진입했는가?
- 왜 손절을 미뤘는가?
- 그 순간 감정은 무엇을 말하고 있었는가?

이 질문들 대신 스스로를 변호하는 문장들로 복기를 채웠다. 그 순간 복기는 정당화의 도구가 되었고 실수는 다시 반복됐다. 나는 이것을 '기억 위에 쌓은 가짜 복기'라고 부른다. 감정이 개입된 복기에는 반복되는 착각의 패턴이 있다.

첫째, 실패의 원인을 외부로 돌린다. 시장, 뉴스, 타이밍 탓으로 본질을 회피하고 책임을 분산한다.

둘째, 자신의 판단을 정당화한다. 기준이 없었음에도 '당시로선 최선이었다'며 오류를 덮는다.

셋째, 복기를 결과 중심으로 한다. 결과가 좋으면 과정의 오류를 무시하고 결과가 나쁘면 감정의 서사로 가린다.

넷째, 감정적 회피를 복기의 객관성으로 포장한다. '이성적으로 분석했다'는 생각 자체가 오히려 자기합리화로 작용한다.

이 흐름은 복기의 얼굴을 한 감정의 루프이며 기준은 점점 침묵한다.

"기억은 고정된 사실이 아니라, 현재의 감정 상태가 개입된 해석일 뿐이다." (Lisa Feldman Barrett, 『감정은 어떻게 만들어지는가?』, 2017)

감정은 복기라는 이름을 얻는 순간 더욱 교묘해지고 기준은 감정의 언어 앞에서 침묵한다. 이러한 오류를 차단하기 위해 나는 복기를 시작하기 전 반드시 심리 자가 진단 루틴을 실행한다.

- 지금, 이 복기에는 감정이 개입되어 있지 않은가?
- 실패의 원인을 외부가 아닌 내 루틴 안에서 찾고 있는가?
- 결과가 아니라 과정을 분석하고 있는가?
- 이번 매매에서 기준은 어디에서 흔들렸는가?
- 복기의 문장은 정당화인가 해체인가?

이 다섯 가지 질문은 복기의 초점을 '정당화'에서 '복원'으로 바꿔 놓는다. 질문이 빠진 복기는 감정의 대본이 되고 질문이 자리 잡은 복기는 구조의 지도가 된다. 진짜 복기는 자신을 객관화하는 작업이다. 감정이 판단을 어떻게 왜곡했는지, 그 왜곡을 정확히 언어화하는 것이다.

복기 노트에는 항상 같은 질문을 적는다.

- 이번 매매에서 나는 나를 어떻게 속였는가?

이 문장은 자기기만과 정면으로 마주하게 만드는 복기의 출발점이다. '괜찮았어', '이번만은 예외야', '시장 변수가 컸어' 같은 문장으로 채워진 복기 노트는 더 이상 복기가 아니라 자기 위안일 뿐이다. 복기는 서사가 아니라 구조를 복원하는 과정이다. 실패를 단순한 이야기로 포장하는 것은 일시적 위안에 지나지 않는다. 그러나 구조로 정리하는 순간 비로소 진정한 변화가 가능해진다. 복기의 본질은 감정의 언어를 기준의 언어로 전환하는 데 있다. 감정은 실패를 숨기려 하지만 기준은 실패를 분해해 재구성한다.

복기의 진정한 목적은 실패를 지우는 것이 아니라 그 안에 내재한 구조를 다시 세우는 데 있다. 감정에서 분리된 복기만이 기준을 재정립할 수 있으며 그 기준만이 다음 성공의 기반이 된다. 복기는 기계적 반복이 아니라 감정을 분리하고 자신을 냉정하게 되돌아보는 구조적 성찰의 시간이다.

복기마저 감정적으로 흐르면 트레이더는 같은 실수를 반복하는 패턴에 갇힌다. 복기는 단순한 회고가 아니라 다음을 새롭게 설계하는 내면의 공사다. 감정은 기억을 미화하지만, 복기는 기준을 복원한다. 우리는 실패를 기반으로 다시 흔들리지 않는 기준을 세운다.

손절 지연, 감정 착각이 부른 결과

트레이딩에서의 착각은 단순한 판단 실수가 아니다. 그것은 감정의 왜곡으로 기준을 침식하고 행동을 지연시키며 전략의 일관성을 무너뜨리는 구조적 오류로 변한다. 착각이 반복되면 결과는 언제나 유사한 행동 패턴으로 수렴한다. 첫째는 기준의 무시, 둘째는 손절의 지연이다. 이 둘은 별개의 현상이 아니라 감정이 판단을 장악할 때 나타나는 연속적 행동 흐름이다.

이 지점에서 손실은 눈덩이처럼 불어나고 트레이딩은 시스템이 아닌 감정의 흐름에 지배되기 시작한다.

"감정은 논리를 대신하지 않지만, 우리가 논리를 이해하고 적용하는 전 과정에 깊이 관여한다." (Antonio Damasio, 『느끼고 아는 존재』, 2021)

착각은 단순한 사고 오류를 넘어 행동 왜곡으로 이어지며 그 결과 실전 손실이 반복되는 구조가 된다. 트레이더는 손실 앞에서 종종 이렇게 스스로를 설득한다.

- 조금만 더 버티면 반등할 수도 있잖아.
- 이번엔 예외일지도 몰라.
- 이 정도 흔들림은 충분히 감내할 수 있어.

이러한 판단은 겉보기에는 이성적 선택처럼 보이지만 실제로는 기준이 아닌 감정의 언어로 포장된 자기 정당화일 뿐이다. 이때의 착각은 단순한 판단 오류가 아니라 행동 지연을 정당화하고 감정 회피를 합리화하는 심리적 구조다. 특히 시장이 불안정하거나 예상과 다르게 전개될 때 우리는 기준이 아닌 '희망'이라는 감정에 기대어 의사결정을 내리기 쉽다. 실전에서도 명확한 손절 기준을 세워두었음에도 이를 무시하고 손절을 미루는 일이 반복됐다.

그중 시장이 급변하거나 흐름이 예상과 달랐던 시점에서 이러한 경향은 더욱 두드러졌다. 복기해보면 진입은 기준에 따라 이루어졌지만, 손절은 감정에 따라 의도적으로 지연됐다. '조금만 더 보자', '이 구간은 지지가 될 수도 있어', '지금 정리하면 너무 아깝다'는 생각들은 겉보기에는 논리 같았지만 실제로는 감정이 만든 해석에 불과했다.

"감정은 단순한 반응이 아니라, 우리가 정보를 구성하고 해석하는 방식을 형성하는 인지적 틀이다." (Lisa Feldman Barrett, 『감정은 어떻게 만들어지는가?』, 2017)

이 판단은 전략적 사고가 아니라 감정에 기반한 반사적 반응이었고 기준은 그 앞에서 무력화됐다. 특히 과거 수익 경험이 누적될수록 손절 회피 심리는 더 강하게 작용한다. '수익을 놓치고 싶지 않다'는 감정적 압박은 손절을 지연시키며 기준을 사실상 무력화한다.

한 번은 상승장에서 큰 수익을 낸 다음 날 비슷한 패턴이 보이자 자만 섞인 확신으로 같은 종목에 재진입했다. 그러나 시장 흐름은 즉시 하락으로 전환되었고 손절 기준에 도달했다. 그럼에도 다음과 같은 생각에 사로잡혀 손절을 미뤘다.

- 잠깐 흔들리는 거야.
- 이 구간만 버티면 반등할 거야.

결국 미뤄진 판단은 큰 손실로 이어졌다. 반대로 복기 루틴을 철저히 따른 날에는 기준에 따라 신속히 손절을 실행해 손실을 최소화할 수 있었다. 이 두 사례의 차이는 전략의 유무가 아니라 감정 개입의 정도

였다. 기준을 지킨 날에는 구조가 작동했고 감정에 휩쓸린 날에는 착각이 전략을 대체했다.

착각의 결과는 다음과 같은 행동 패턴으로 드러난다.

- 기준 무시: 손절 가격이 명확히 확인되었음에도 어떠한 대응도 하지 않는다.
- 손절 지연: 손절 조건이 충족되었는데도 '조금 더 지켜보자'며 결정을 미룬다.
- 정당화 반복: 뉴스, 시장 흐름, 타인의 의견을 끌어와 감정적 결정을 합리화한다.
- 기준 변경: 감정 주도적 판단으로 인해 전략이 마음대로 수정되고 그 결과 기존 기준은 무력화된다.
- 과거 경험의 오남용: 운 좋았던 반등 사례를 현재 상황에 적용해 기준 위반을 정당화한다.
- 결과 미화: 손실을 축소하기 위해 장기 보유로 전환하고 실수를 인정하지 않는다.

이 여섯 가지는 감정이 판단을 지배할 때 반복적으로 나타나는 전형적 착각-행동 루프다.

이 악순환을 끊기 위해 매매 전 반드시 다음 점검 루틴을 실행한다.

- 손절 기준은 명확히 사전에 설정되어 있는가?
- 손절 조건이 충족되는 순간, 바로 실행할 수 있는 심리적·기술적 준비가 되어 있는가?
- 망설임의 이유는 구조적 근거인가 감정적 반응인가?

- 현재 판단은 전략적 사고에 기반한 것인가, 아니면 회피 본능에 따른 것인가?
- 이번 판단은 과거의 반복된 실패 패턴과 닮아 있지는 않은가?

이 질문들은 감정이 판단을 장악하기 전에 개입을 차단하고 기준의 방어선을 세우는 심리적 도구다. 기준은 시장이 흔들려도 반드시 지켜야 할 불변의 원칙이다.

손절 지연은 단순한 기술적 오류가 아니다. 그것은 감정이 기준을 대체한 결과이며 '행동 유예'라는 형태로 나타나는 전형적 심리 패턴이다. 기준이 사라진 자리를 감정이 메우는 순간 판단은 장악되고 손실은 시간과 함께 급격히 확대되어 통제력을 잃는다. 손절은 전략의 종착점이 아니라 전략을 구성하는 핵심 요소이자 리스크를 제한하는 최후의 방어선이다. 제때 실행되지 않으면 전략 전체의 균형이 무너지고 그 균열은 반복된 손실과 심리적 소진으로 이어진다.

복기 노트에는 반드시 이렇게 기록한다.

- 이번 손절은 사전에 설정한 기준 시점에 따라 정확히 실행되었는가?
- 손절이 지연되었다면 그 원인은 전략 부족이었는가, 감정 회피였는가?
- 손절을 미룬 순간, 나는 '불안', '기대', '분노', '아쉬움' 중 어떤 감정을 경험했는가?

감정은 언어화되지 않으면 통제할 수 없고 통제되지 않은 감정은 결국 '착각'이라는 이름으로 되돌아온다.

착각-감정 루프는 다음과 같은 순환 구조로 전개된다. 이 고리를 인식하지 못하면 손실을 단순히 불운의 결과로만 해석한다. 그러나 그것은 단순한 우연이 아니라 반복된 감정이 구조로 응고되며 빚어진

필연적 결과다. 착각은 결국 판단과 행동을 왜곡하고 실전에서 지울 수 없는 흔적을 남긴다.

기준을 무시하거나 손절을 지연하는 순간 트레이딩은 구조가 아니라 감정의 흐름에 휘둘린다. 시장은 감정에 어떤 보상도 주지 않는다. 시장이 평가하는 유일한 기준은 오직 일관된 원칙이 얼마나 정확히 실행되었는가이다.

"투자에서 가장 큰 적은 시장이 아니라, 스스로 통제하지 못한 감정이다." (Warren Buffett, 연설/발언 인용)

착각이 기준을 덮는 순간 실패는 구조로 굳어진다. 그것은 단 한 번의 예외가 아니라 반복되는 손실 시스템의 시작이다. 기준은 지켜질 때만 전략이 되고 손절은 제때 실행될 때만 전략의 일부가 된다. 감정이 행동을 지배하는 순간 우리는 시장이 아니라 자기 감정과 거래하게 된다. 이 거래는 결코 이익을 남기지 않는다. 손실을 잠시 미룰 뿐 피할 수 있게 해주지 않는다. 결국 감정이 밀어낸 기준은 손실이라는 이름으로 반드시 되돌아온다.

시장은 어떤 변명도, 어떤 감정도 고려하지 않는다. 시장이 인정하는 유일한 사람은 감정의 파도 속에서도 기준을 일관되게 지켜낸 자다. 기준 없는 착각은 필연적 손실로 귀결된다. 감정이 기준을 밀어내는 순간 손절은 지연되고 전략은 무력화된다. 그렇게 손실은 예외가 아니라 패턴으로 고착된다. 감정이 의사결정을 통제하는 한, 트레이딩은 끝없는 예외의 연속으로 추락한다. 결국 기준은 사건이 지난 뒤에야 후회의 문장으로 회고될 뿐이다.

손실을 멈추고 싶다면 감정의 언어가 아닌 기준의 언어로 복기해야 한다. 기준은 거래의 나침반이다. 그러나 그 나침반이 흔들릴 때마다 감정에게 방향을 묻는다면 길을 잃는 패턴은 끝없이 반복된다. 감정을 뚫고 유지되는 기준만이 손절을 가능하게 하며 그 누적이 결국 시장에서의 생존 확률을 높인다.

손절은 단순히 손실을 줄이는 행위가 아니다. 그것은 기준이 감정을 이긴 순간을 기록하는 과정이다. 그 기록이 쌓일 때 트레이더는 비로소 감정이 아닌 구조로 시장을 해석하는 힘을 얻게 된다.

착각을 감정 설계로 전환하는 복기의 기술

착각은 언제나 감정이 기준을 덮는 순간 시작된다. 그러나 감정이 늘 해로운 것은 아니다. 감정을 억제하거나 배제하려는 시도는 오히려 더 큰 반작용을 부른다. 트레이더에게 필요한 것은 감정을 외면하거나 억누르는 것이 아니라, 그 흐름을 구조화해 기준 속에 통합하는 일이다.

착각은 무의식적 정서의 반영이다. 그러나 그 반응을 인식하고 구조화하는 순간, 감정은 통제 가능한 영역 안으로 들어온다. 결국 트레이더의 과제는 감정을 억제하는 것이 아니라 기준안에 설계해 착각의 출발점을 관리하는 것이다. 감정은 시장에서 가장 먼저 나타나는 심리적 지문이자 잘못된 진입을 사전에 경고하는 구조적 신호가 될 수 있다.

"감정을 억누르려 할수록 오히려 더 강하게 되돌아오며, 감정은 통제가 아니라 수용을 통해서만 비로소 조절된다." (Susan David, 『Emotional Agility』, 2016)

트레이딩에서 정서는 판단보다 먼저 포착되는 심리적 신호다. 불안, 기대, 흥분, 두려움은 모두 시장 자극에 대한 뇌의 자동 반사 작용이다. 이는 피할 수 없는 인간의 본능이며 트레이더라면 누구나 마주하게 된다. 그러나 그 반응을 어떻게 다루느냐에 따라 동일한 상황에서도 결과는 극명하게 달라진다.

감정이 기준을 흐리는 순간 착각은 시작된다. 그러나 그 감정을 기준 속에 통합할 때 판단은 오히려 더 선명해진다. 감정이 분리되면 사고는 흩어지고 결합되면 루틴은 더욱 견고해진다. 감정은 제거해야 할 장애물이 아니라 전략적으로 활용할 수 있는 심리 신호다. 억누를수록 감정은 교묘히 기준을 침범하며 판단을 흔든다.

실전에서 복기 노트를 감정 중심으로 재설계한 이후, 착각의 빈도는 눈에 띄게 줄었다. 과거에는 기술적 패턴과 진입 시점만 기록했지만, 지금은 '진입 당시의 심리 상태', '손절을 미룬 감정의 정체', '수익에 대한 기대 강도'까지 함께 분석한다. 예를 들어 매수 직전의 긴장도, 뉴스에 대한 즉각적 반응, 상승 전환 직후의 기대감을 수치화해 기록한다. 이 정서 로그는 기준이 무너질 수 있는 심리적 위험 구간을 미리 드러내 준다.

감정을 기록하고 언어화하는 순간 착각은 감정으로부터 분리되어 재해석되기 시작한다. 특히 감정 로그를 일자별로 누적해 보면 착각이 반복되는 시점이 일정한 패턴을 따른다는 사실이 드러난다. 수요일 오전이나 특정 이슈가 발생한 날처럼 정서가 흔들리는 구간에서 착각은 집중적으로 발생한다.

"감정은 단순한 순간적 반응이 아니라, 특정 상황에서 반복적으로 재현되는 신경 패턴이다." (Joseph LeDoux, 『불안과 공포의 뇌과학』, 2017)

이러한 구조를 바탕으로 착각을 '설계된 감정'으로 전환하기 위한 전략은 네 가지다.

첫째, 감정을 사전에 예측하고 구체화한다.

- 오늘 내가 마주할 가능성이 높은 정서는 무엇인가?
- 그 반응이 나타날 때 어떤 행동으로 이어질 수 있는가?

이와 같은 질문을 던져 감정의 유형과 작동 경로를 미리 정리한다. 예컨대 장 초반 강한 시가 상승은 '놓치고 싶지 않다'는 조급함을 유발한다. 이 반응이 감지되는 순간 자동으로 진입을 보류하는 내부 장치가 필요하다.

둘째, 기준안에 감정 반응 조건을 포함한다.

- 불안이 감지되면 진입을 유예한다.
- 기대감이 과도할 경우 루틴을 두 번 반복한다.
- 흥분 상태에서는 루틴 검토 시간을 3분 이상 확보한다.

이와 같은 감정별 대응 방안을 구체적으로 설계하여 기준에 통합한다. 이는 단순한 억제가 아니라 감정의 흐름을 구조 안으로 흡수하는 전략적 장치다.

- 셋째, 감정 중심 복기 루틴을 정립한다.
- 이 진입은 어떤 정서에서 출발했는가?
- 손절을 지연시킨 감정은 무엇이었는가?
- 수익 기대는 어느 시점에서 지나쳤는가?

이 질문을 포함한 복기는 단순 회고를 넘어 판단 메커니즘을 심층적으로 재구성한다.

넷째, 감정과 기준을 유기적으로 연결한다.

감정은 위험을 알리는 신호이자 기준을 조정하는 출발점이 될 수 있다. 감정을 기준의 적으로 보지 않고 오히려 기준을 발전시키는 재료로 받아들일 때 착각이 만들어 내는 심리 구조는 점차 힘을 잃는다.

매매 전에는 반드시 오늘 마주할 감정을 예측하고 감정 프리셋을 설정한다.

예컨대 '월요일 오전에는 기대감이 과도해질 수 있다', '장중 뉴스에 흥분하지 않도록 호흡 루틴을 포함한다'처럼 정서적 반응을 사전에 설계하고 구체적인 대응 방안을 마련한다.

이 프리셋을 기준 루틴에 통합하면 감정이 기준을 침범하기 전에 기준이 먼저 감정을 다루는 체계가 만들어진다. 이는 단순한 각오가 아니라 시장이라는 자극 환경 속에서 정서를 예측 가능한 흐름으로 전환하는 장치다. 감정은 반복적으로 출현하지만, 그 패턴을 인식하는 순간 착각은 자동 반응이 아니라 구조화된 과정으로 대체된다. 감정 프리셋은 스스로에게 미리 전하는 심리적 경고문이다.

또 다른 핵심 전략은 감정을 수치화하는 것이다. 복기 노트에 매매 전후 감정의 강도를 10점 만점 기준으로 기록한다. 예컨대 진입 전 기대감은 8점, 불안감은 3점처럼 수치화한 뒤 실제 수익·손실과의 상관관계를 분석한다.

이 데이터는 절대적 지표는 아니지만 반복되는 감정 패턴을 인식하고 체계화하는 데 매우 효과적이다. 특히 일정 수준 이상의 기대감이 감지될 때 손실 확률이 높게 나타난다면 해당 정서는 명백한 리스크 신호로 간주해야 한다. 이 경우 진입 판단을 유보하거나 루틴을 재점검하는 절차가 반드시 뒤따라야 한다.

"감정을 언어로 구분하고 기록하는 순간, 감정은 더 이상 모호한 흐름이 아니라 통제 가능한 신호가 된다." (Lisa Feldman Barrett, 『감정은 어떻게 만들어지는가?』, 2017)

예컨대 기대감이 8점 이상일 때 손절이 세 번 중 두 번 발생했다면, 이 수치는 단순한 기록을 넘어 통계적으로도 위험 신호로 작용한다. 반대로 기대감이 낮고 불안감이 높을 때 수익이 반복된다면 이 조합은 '과잉 확신 회피 조건'으로 기능하며 전략적 진입 판단을 보완하는 정서적 기준이 된다.

감정 점수화는 정서를 다루는 출발점이자 착각을 조기에 감지하는 정량적 신호다. 감정이 사전에 설계되면 착각의 구조가 예측 가능해지고 예측이 가능해지는 순간 감정은 더 이상 제어 불가능한 반응이 아니라 기준안에 통합할 수 있는 전략적 요소로 전환된다. 이때 감정은 전략을 방해하는 요인이 아니라 오히려 전략을 고도화하는 핵심 지표로 기능한다.

감정을 설계한다는 것은 착각을 인식할 수 있는 과정을 만드는 일이다. 이는 트레이더가 가장 먼저 수행해야 할 자기 점검의 본질이다. 감정이 설계되는 순간 기준은 추상적 원칙을 넘어 실전에 적용 가능한 구체적 전략으로 변한다. 착각은 더 이상 우연한 예외가 아니라 재현 가능한 심리 패턴으로 재정의된다.

매매 후 복기 노트에는 반드시 감정이 기준을 넘어선 순간을 기록하고 그 정서를 다음 기준 설계에 의도적으로 반영해야 한다. 이 과정을 꾸준히 반복하면 감정은 시스템 안에 흡수되고 착각은 통제 가능한 예측적 리듬으로 전환된다.

특히 중요한 것은 복기 과정에서 실패한 판단에 수반된 감정의 흐름을 구조적으로 구분하는 일이다. 단순히 결과만 되짚는 것이 아니라 판단이 이루어진 심리적 맥락과 정서의 전개 과정을 분리해 기록해야 한다. 예컨대 손절을 미룬 날에는 어떤 감정이 지배했는지, 급등을 추격한 날에는 어떤 반응이 기준을 압도했는지를 감정 중심의 틀로 분류해야 한다. 이러한 방식은 단순 회상을 넘어 착각을 줄이는 실질적 전략이 된다.

착각을 줄이는 가장 현실적인 방법은 정서를 미리 설계하는 것이다. 감정을 억누를수록 반작용은 커지지만, 이를 루틴 안에 구조화하면 감정은 관리 가능한 형태로 전환되어 전략적 자원으로 기능한다.

우리는 기준만으로 시장을 이길 수 없다. 기준은 필수적이지만, 감정과 결합될 때 비로소 전략은 완결성을 갖는다. 감정은 혼란의 근원이면서 동시에 가장 즉각적인 경고 신호이며, 기준은 방향을 잡는 나침반이다. 두 요소가 조화를 이룰 때 매매는 비로소 흔들림 없는 체계를 갖춘다. 이 균형이 곧 '설계된 감정'의 힘이며, 트레이딩에서 착각을 줄이고 생존 가능성을 극대화하는 핵심 체계다.

착각은 반복될수록 실패를 구조화한다

착각은 한 번의 실수로 끝나지 않는다. 복기되지 않은 착각은 반복되고 반복된 착각은 결국 하나의 구조로 굳어진다. 트레이딩에서 가장 두려운 실패는 단순한 실수가 아니다. 실수가 누적되며 감정과 오판이 습관으로 굳어질 때, 그것은 구조적 붕괴로 이어진다. 우리는 한두 번의 실수는 회복할 수 있다고 믿는다. 그러나 동일한 실수를 거듭하면서도 학습하지 못하는 순간, 실패는 더 이상 예외가 아니라 하나의 체계로 작동한다.

"반복된 경험은 뇌의 예측 모델을 강화해, 유사한 상황에서 동일한 감정 반응을 자동으로 재현하게 만든다." (Lisa Feldman Barrett, 『감정은 어떻게 만들어지는가?』, 2017)

예컨대 한 번의 조급한 진입으로 인한 손실을 단순히 '운이 없었다'고 넘기고 복기조차 하지 않은 채 같은 패턴을 반복한다면, 그것은 실수가 아니라 만들어진 실패 구조의 초기 신호다. 실패는 우연이 아니라 감정과 착각이 누적되어 나타난 구조적 결과이며 이 체계는 기준을 잠식하고 결국 진입과 손절의 모든 흐름을 무너뜨린다.

착각의 구조화는 겉으로는 드러나지 않지만 실제로는 정교하게 진행된다. 처음에는 감정이 기준을 잠시 흔드는 수준이지만 곧 기준 자체가 감정 반응에 맞춰 서서히 변형된다. 손절은 지연되고 진입은 성급해진다. 복기는 점검의 도구가 아니라 정당화의 언어로 변질되며 '뉴스 때문이었다', '그 정도 조정은 감수할 수 있었다'와 같은 자기합리화가 내면화된다.

결국 트레이더는 착각을 인식하지 못한 채 정서적 무감각 상태에 빠진다. 반복된 감정 반응은 하나의 자동화된 시스템으로 굳어지고 그 체계는 사고가 아닌 반사, 판단이 아닌 습관으로 작동한다. 이 지점에 이르면 기준은 사라지고 트레이더는 스스로 구축한 실패 루프 안에 갇히게 된다.

신경과학 연구에 따르면 반복되는 감정 반응은 뇌의 자동화 회로를 통해 특정 자극-반응 경로를 지속적으로 강화한다. 감정 루틴이 강화될수록 논리적 사고보다는 감정적 조건 반사에 의존하게 되고, 이는 곧 외부 자극에 대해 항상 동일한 반응을 반복하는 심리적 루프에 빠졌음을 의미한다.

"반복된 감정 경험은 뇌 회로를 재배선하며, 특정 자극에 대한 정서 반응을 자동화한다." (Joseph LeDoux, 『불안과 공포의 뇌과학』, 2017)

실전 복기 노트를 통해 나는 특정 감정 패턴이 되풀이된다는 사실을 알았다. 조급함은 늘 진입을 서두르게 했고 익숙함은 루틴을 무시하게 했다. 이러한 흐름은 일시적인 반응이 아니라 매주 되풀이되는 고착된 심리 루프였다. 뉴스가 빠르게 퍼지는 날일수록 '기회를 놓칠 수 없다'는 조급함이 폭발했고 그 결과 진입 기준을 무시하거나 손절을 지연시키는 동일한 착각 흐름이 반복됐다.

이 인식 이후 나는 착각을 방지하기 위해 감정 루프를 기록·분석하는 복기 체계를 설계했다. 실수는 단순한 판단 오류가 아니라 감정에서 출발한 자동 반응의 결과였으며 이를 방치하면 같은 결과가 반드시 되풀이됐다. 이 경험을 통해 명확히 깨달았다. 기준은 논리의 산물이지만 실행력은 정서적 설계를 통해서만 확보된다.

착각이 실패의 구조로 이어지는 과정은 다음과 같이 구체화 된다.

- 감정이 기준을 흔든다. 조급함·불안·기대감은 진입을 앞당기고 신호를 왜곡하며 판단의 주도권은 기준에서 감정으로 이동한다.
- 기준이 감정에 맞춰 변형된다. 손절 조건은 느슨해지고 진입은 성급해지며 '이번만은 다를 것'이라는 자기 설득이 전략을 대체한다.
- 복기가 감정으로 포장된다. 실패는 '뉴스', '예상치 못한 변수' 같은 외부 요인으로 전가되고, 루틴의 결함은 감정 서사에 가려져 인식되지 않는다.

이처럼 착각은 학습되지 않으면 곧바로 구조로 굳는다. 동일한 오류는 습관처럼 반복되고 되풀이된 흐름은 하나의 실패 시스템으로 정착된다. 겉으로는 매매 전략을 따르는 듯 보이지만 실제로는 감정이 기준 위에 올라선 심리적 오류 구조일 뿐이다. 감정은 조용히 기준을 침식하며 판단의 순서를 바꾸고 행동의 흐름을 지배하기 시작한다. 결국 착각은 단순한 실수가 아니라 감정이 시스템을 붕괴시키는 진행형 과정이다.

이 반복된 흐름을 차단하기 위해 나는 '착각 루프 차단 시트'를 고안해 매매 전·후 점검 루틴에 편입했다. 매매가 끝난 직후 반드시 다음 네 가지 항목을 확인한다.

- 이번 매매는 과거 실패와 닮은 감정 흐름을 따랐는가?
- 기준이 감정에 의해 변형된 징후는 없었는가?
- 복기 내용이 감정적 언어가 아닌 구조화된 표현으로 정리되었는가?
- 이번 착각이 반복되지 않도록 어떤 구체적 설계를 할 수 있는가?

이 네 가지 질문은 단순한 복기 도구가 아니다. 그것은 실패를 해체하는 자기 해부 장치이자 착각의 반복 경로를 끊어내는 심리적 차단 장치다. 질문을 던지는 행위는 감정을 분해하고 기준을 복원하며 반복을 구조화된 학습으로 전환한다. 감정이 흐름을 만들면 질문은 그 흐름의 방향을 되묻는다. 착각 루프는 무비판적 감정 흐름 속에서 형성되지만, 이 점검은 그 흐름에 '멈춤'과 '재구성'의 단서를 제공하는 핵심 메커니즘이다.

나는 반복되는 감정 패턴을 더 명료하게 파악하기 위해 '감정 복기 차트'를 도입했다. 하루의 매매를 시간대별로 세분화하고 각 구간의 감정 변화를 정밀하게 추적하여 기록한다.

예를 들어

- 오전 9:00~9:20 → 기대감 상승
- 9:20~9:40 → 불안 증가
- 9:40 이후 → 손절 회피 성향 두드러짐

이렇게 구간별 감정 변화를 기록한 뒤, 각 감정 상태에서 실제 행동이 기준과 얼마나 부합했는지를 함께 분석한다.

이 시각화 과정은 단순한 기록을 넘어 감정의 흐름을 드러내고 복기의 객관성을 높이는 주요 분석 도구가 된다. 심리 반응은 기술적 지표보다 먼저 반복되고 착각의 구조는 결과보다 앞서 작동한다. 따라서 손실은 잘못된 진입의 우연한 산물이 아니라 누적된 감정 흐름이 빚어낸 구조적 귀결이다.

결국 감정 복기 차트는 단순한 기록지가 아니다. 그것은 인지 왜곡을 감지하고 기준을 복원하기 위한 정밀 심리 모니터링 체계다. 감정 반응을 숫자와 시간 위에 올려놓는 순간, 트레이더는 자동화된 감정에 휘둘리는 존재가 아니라 감정을 설계하고 구조화하는 주체로 변화한다.

"감정을 언어화하고 기록하는 순간, 그것은 더 이상 막연한 느낌이 아니라 통찰을 이끄는 구체적 신호가 된다." (Lisa Feldman Barrett, 『감정은 어떻게 만들어지는가?』, 2017)

착각은 결국 '개인화된 실패 알고리즘'을 형성한다. 이 알고리즘은 무의식적으로 작동하며 기준과 루틴을 조용히 침식한다. 더 위험한 점은, 이 파괴가 의식적 자각 없이 서서히 진행된다는 것이다. 이 무의식적 구조를 해체하지 않는 한, 시장은 같은 교훈을 형태만 바꿔 반복해서 들려준다.

그래서 나는 복기 노트에 반드시 다음 문장을 남긴다.

- 이번 실패는 구조였는가, 예외였는가?

이 질문은 단순한 원인 분석이 아니다. 실패가 일회성인지 아니면 되풀이되는 구조인지를 판별하는 심리적 탐지 장치다. 이 물음이 빠진 복기는 감정적 위안으로 흐르기 쉽다. 그러나 이 질문을 꾸준히 반복할 때 비로소 착각이라는 감정 알고리즘의 루프를 끊어낼 수 있다.

실패 루틴을 도식화하면 다음과 같은 순환 사이클이 드러난다.

- 감정 → 기준 약화 → 진입·손절 왜곡 → 복기 생략 → 반복

이 사이클은 생각보다 훨씬 견고하다. 감정이 행동을 강화하고 그 행동이 다시 감정을 정당화하는 상호 강화 구조가 반복되기 때문이다. 그 결과, 우리는 같은 감정에서 같은 결정을 되풀이하고 이 반복은 루틴이 아니라 무의식적 오류 시스템으로 고착된다.

따라서 이 악순환을 끊기 위해서는 순환 고리의 한 지점을 의식적으로 차단해야 한다. 나 역시 이를 위해 복기 단계에서 '행동-감정-기준 역추적 시트'를 작성한다. 이 시트는 실패 루프를 해체하고 기준을 복

원하는 데 핵심적인 도구로 작동한다.

이 시트는 매매 과정을 세 가지 핵심 항목으로 구분하고 이를 시각화된 질문 형식으로 점검한다.

- 어떤 감정이 발생했는가?
- 그 감정이 행동에 어떤 영향을 주었는가?
- 기준이 감정에 의해 어떻게 조정되었는가?

이 질문을 복기 과정에 반복적으로 적용하면 정서가 판단을 왜곡한 메커니즘이 한층 선명하게 드러난다. 이때 복기는 단순히 감정을 정리하는 단계가 아니라 감정이 사고를 장악한 순간을 해부하고 해체하는 과정으로 발전한다. 감정은 판단의 출발점이며 반복은 그 감정을 검증하는 구조다. 그러나 이 둘이 비판 없이 결합되는 순간, 시스템은 오류를 일으킨다.

트레이딩은 반복의 예술이다. 그러나 감정이 그 반복을 장악하는 순간, 학습은 중단되고 시스템 전체가 무너진다. 우리는 종종 감정이 왜곡한 반복을 자각하지 못한 채 동일한 실수를 하나의 고정된 구조처럼 재현한다.

그래서 복기 노트에는 다음 항목들을 반드시 구체적으로 기록한다.

- 진입 직전 감정 평가(예: 기대감 7/10)
- 진입의 심리적 동기(예: 익숙한 패턴에 대한 조건 반사)
- 손절 유예의 근거(예: '지지선 근처'라는 주관적 해석)
- 복기 언어의 성격(예: '뉴스 때문에 어쩔 수 없었다'는 감정 기반 정당화)

이와 같은 정량·정성 복기는 실패를 단순한 결과가 아니라 감정 유발 요인과 구조적 흐름의 상호 작용으로 재해석하게 만든다. 도식화는 학습을 복원하는 데 있어 가장 현실적이고 강력한 도구다. 감정을 해체하고 기준을 복원하기 위해서는, 감정의 흐름을 시각적 구조로 추적해야 한다.

트레이더는 반복되는 감정을 감지하고 반복되는 착각을 단순한 실수가 아니라 체계화된 패턴으로 인식해야 한다. 이때 비로소 기준은 중심을 되찾고 시스템은 안정적으로 작동한다.

감정을 외면하면 착각은 시작된다

우리는 종종 감정을 통제하려고만 한다. 두려움은 없애야 하고 기대는 억눌러야 하며 불안은 감추어야 할 대상으로 여긴다. 그러나 트레이딩에서 진짜 위험은 감정 자체가 아니다. 감정을 외면하는 태도에서 비롯된다. 감정은 감추는 순간 착각으로 변한다. 억누르는 순간 통제력을 잃는다. 착각은 감정을 무시한 상태에서 자라며 이 무시는 단순한 실수가 아니라 기준을 마비시키는 구조적 요인이 된다. 직면하지 않은 감정은 잠재된 혼란으로 남는다. 그것은 시장의 파도처럼 밀려와 결국 결정적인 순간, 우리의 기준을 무너뜨린다.

"감정은 억제된다고 사라지지 않으며, 보이지 않는 방식으로 사고와 행동을 계속 지배한다." (Antonio Damasio, 『느끼고 아는 존재』, 2021)

감정을 억제하는 전략은 단기적으로는 통제처럼 보인다. 그러나 실전에서는 더 큰 불안정성과 왜곡된 판단을 불러온다. 억눌린 감정은 종종 강한 반작용으로 되돌아오며 그 반작용은 기준을 무너뜨리는 잠재적 위험 요인이 된다. 감정을 외면하는 태도는 겉보기엔 이성적 선택처럼 보이지만 실제로는 더 비합리적인 결과를 초래한다.

감정은 언제나 먼저 반응한다. 호가창을 보기 전에도, 차트를 분석하기 전에도 신경계는 이미 움직인다. 이 반응은 진입을 준비하는 몸과 마음에 선행 신호를 제공한다. 그러나 이 감정을 무시하면 감정이 기준에 어떻게 침투했는지조차 인식하지 못한다. 착각은 바로 이 무의식적 감정 침투에서 비롯된다. 감정을 느끼지 않는 것이 아니라 외면하려는 태도에서 착각이 발생하는 것이다. 감정은 단순한 반응이 아니라 전략적 정보이며 그 정보를 무시하는 순간 기준은 흐려지고 행동은 왜곡된다.

실전 초기 나는 감정을 철저히 배제하려 했다. '기계처럼 매매하라'는 강박에 빠져 진입 직전의 두려움, 손실 후의 복수심리, 수익 후의 자만을 의식하지 못한 채 지나쳤다. 복기에서도 감정은 빠져 있었고 오직 결과만 기록되었다. 그러나 감정을 제거했다고 믿던 그 시점에 오히려 판단은 감정에 지배되고 있었다. 감정을 없앴다고 생각했지만, 실상은 인식하지 못한 채 착각의 반복을 방치하고 있었던 셈이다.

나는 기준이 감정을 이겨야 한다고 믿었다. 그러나 감정을 인식하지 못한 기준은 결국 작동하지 않는다. 감정을 배제하려는 시도는 오히려 감정의 흐름을 차단한다. 그 공백 속에 왜곡된 착각이 자리 잡는다. 감정이 자리를 잃으면 판단은 방향을 잃는다.

감정을 외면할 때 발생하는 착각은 일정한 경로를 따른다. 감정이 인식되지 않으면 루틴에 반영되지 않는다. 무의식적 감정이 행동을 유도하지만, 우리는 그 과정을 자각하지 못한다. 착각은 감정의 산물임에도 기술적 오류로만 해석된다. 복기에서는 감정이 배제되고 실패의 본질은 흐려진다. 이때 기준은 감정을 반영하지 못한 채 수동적 반응 도구로 전락한다. 결국 '감정 없는 기준'이라는 허상에 의존하면 기준은 더 이상 작동하지 않는다.

"감정을 언어로 명명하는 행위는 편도체의 반응을 약화시키고 전전두엽의 활동을 강화해, 판단과 자기통제를 회복하는 데 중요한 역할을 한다." (Matthew Lieberman, 『사회적 뇌:인류 성공의 비밀』, 2013)

트레이더는 감정을 '입력 변수'에서 배제하려 할 때 오히려 판단의 정밀도를 잃는다. 감정 없는 기준은 이론적으로는 완벽해 보이지만 실전에서는 지속성과 일관성이 담보되지 않는다. 이 한계를 깨기 위해 매매 루틴을 감정 인식에서 출발하는 방식으로 재설계했다.

- 진입 전에 현재 느끼는 감정을 명시한다.
- 그 감정이 기준에 어떤 영향을 줄 수 있는지 묻는다.
- 매매 후 실제 결과에 감정이 어떻게 작용했는지 기록한다.
- 반복되는 감정 패턴을 기준 보완에 반영한다.

이 루틴은 감정을 제거하는 절차가 아니라 기준 내부로 흡수하는 과정이다. 감정은 기준 밖에 둘 요소가 아니라 정밀하게 조율할 장치로 설계되어야 한다. 루틴의 목적 역시 감정을 억누르는 데 있지 않고, 기준의 일부로 편입하는 데 있다.

이를 위해 복기 노트에는 반드시 다음 질문을 빠짐없이 포함한다.

- 오늘 가장 강하게 느낀 감정은 무엇이었는가?

이 질문은 단순히 감정을 드러내는 데 그치지 않는다. 감정이 기준에 어떤 영향을 미쳤는지 분석함으로써 감정 기반 매매를 걸러내고 반복 패턴을 식별하는 도구가 된다. 결국 이는 기준의 취약 지점을 드러내는 심리적 센서다. 또한 다음과 같은 점검 항목을 추가한다.

- 복수심리가 손절을 지연시키지는 않았는가?
- 수익 후 자만이 진입 타이밍을 앞당기지 않았는가?

감정은 제거할 대상이 아니라 해석하고 활용해야 할 전략 변수다. 감정을 기록하는 습관은 반복되는 감정 패턴을 예측 가능하게 만들고 감정 개입 위험이 큰 지점을 사전에 경고한다. 이 기록은 착각 가능성을 구조적으로 차단하는 심리적 방패가 된다.

"감정은 제거해야 할 잡음이 아니라, 행동을 예측하고 조정하는 뇌의 데이터다." (Lisa Feldman Barrett, 『감정은 어떻게 만들어지는가?』, 2017)

심리학 연구에 따르면 감정을 억누르기보다 언어화하고 구조화하는 전략이 스트레스를 줄이고 행동의 일관성을 높인다. 감정을 말로 표현하는 순간 편도체 활동은 감소하고 전두엽의 통제 기능은 강화된다. 이 과정은 감정에 휘둘리는 대신 감정을 전략적으로 다룰 수 있는 인지적 거리를 확보하게 하며 트레이딩에서 선제적 의사결정을 가능하게 한다. 감정에서 거리를 두는 것이 아니라 감정과의 연결 구조를 인식하고 그 안에서 기준을 강화하는 것이야말로 진정한 감정 통제다.

감정은 마주해야 통제할 수 있다. 감정 없는 매매는 존재하지 않는다. 오히려 감정을 제거하려 할수록 그 감정에 더 크게 휘둘리게 된다. 착각은 감정이 기준 밖에서 작동할 때 발생한다. 그러나 감정이 기준안에 포함되면 착각은 조절 가능한 경고 신호로 바뀐다. 그 순간부터 감정은 실수의 원인이 아니라 기준을 강화하는 단서가 된다.

감정을 보려는 노력과 기록하려는 습관, 그리고 기준안에 통합하려는 설계가 반복될수록 착각은 예외가 아닌 교훈으로 전환되고 실수는 하나의 시스템으로 재편된다. 감정을 정제하는 과정은 매매의 질을 높이는 차원을 넘어 트레이더가 자신의 심리 구조를 직면하고 재구성하는 자기 통찰의 과정이다.

트레이딩에서 진짜 실력은 감정을 숨기는 능력이 아니라 감정을 이해하고 다루는 능력이다. 이해가 깊어질수록 기준은 더욱 단단해지고 착각은 더 이상 반복되지 않는다. 감정을 의식적으로 다룰 수 있는 트레이더만이 시장 안에서 일관된 기준을 유지할 수 있으며, 그 기준은 결국 안정된 성과로 이어진다. 감정을 외면하지 않는 태도야말로 착각을 멈추는 첫 번째 조건이다.

제 5 장

흔들림 없는 사람들의 전략

트레이딩의 실패는 대체로 記錄되지 않은 감정의 반복에서 비롯된다. 감정을 기록하지 않으면 같은 실수를 형태만 바꾼 채 끝없이 되풀이한다. 복기는 단순한 회상이 아니라 감정–판단–결과로 이어지는 흐름을 눈앞에 드러내는 과정이다.

감정의 흐름을 언어로 구조화하면 패턴이 드러나고 대응 전략이 분명해진다. 복기하지 않는 사람은 매번 다른 얼굴로 실패하고 복기하는 사람은 같은 실패를 다른 각도에서 경험하며 그 안에서 배운다.

생존하는 사람은 감정을 읽는 사람이다

시장은 매일 우리를 시험한다. 오르내리는 차트는 단순한 숫자가 아니라 트레이더의 내면을 겨냥하는 감정의 흔적이다. 우리는 가격을 분석한다고 믿지만, 그 움직임은 결국 참여자들의 심리 진동이 반영된 결과일 뿐이다. 아침에는 희망으로 시작했다가 오후엔 불안에 잠기고, 종가 무렵에는 조급함과 후회로 손끝이 얼어붙는다. 하루라는 짧은 시간에도 감정의 파도는 끊임없이 우리를 흔든다.

시장은 가격을 흔드는 듯 보이지만, 실제로 흔들리는 것은 우리의 감정이다. 가격은 변동성을 보장하지만, 감정은 생존 여부를 결정한다. 수익은 숫자로 기록되지만, 그 숫자를 만든 동력은 언제나 감정이다.

결국 우리는 두 가지 길 앞에 선다. 감정에 휘둘릴 것인가 아니면 그것을 구조화할 것인가. 이 선택이 곧 생존과 퇴장을 갈라놓는다. 시장을 읽는 진짜 능력이란 단순한 차트 해석이 아니다. 감정을 구조화하여 기준으로 전환하는 힘, 그것이 트레이더의 생존 기술이다.

감정은 단순한 느낌이 아니라 시장에서 행동을 촉발하는 강력한 요인이다. 기준보다 먼저 작동하는 순간, 시장은 그 틈을 놓치지 않는다. 기준이 이성적 분석의 산물이라면 감정은 무의식적 반응이 흩어진 조각 신호다. 이 조각들이 쌓이면 집단 심리라는 거대한 파동으로 바뀌어 트레이더의 판단을 압도한다.

뇌는 차트를 해석하기 전에 이미 감정적으로 반응한다. 인지 평가 이론은 감정을 자극의 단순한 부산물이 아니라 자극을 어떻게 해석하느냐에 따라 달라지는 심리 반응으로 설명한다. 같은 차트를 두고도 누군가는 '추세 전환'을, 다른 이는 '속임수 반등'을 느낀다. 감정은 자극이 아니라 그 자극을 해석하는 과정에서 형성된다.

"감정은 사건 그 자체가 아니라, 사건을 어떻게 해석하느냐에 의해 형성되며 그 해석은 과거 경험과 기대에 깊이 의존한다." (Lisa Feldman Barrett, 『감정은 어떻게 만들어지는가?』, 2017)

따라서 감정은 억제할 대상이 아니라 관리하고 예측해야 할 해석 체계다. 진입 직전의 기대감과 손실 후의 조급함, 그리고 수익 직후의 자만이 기준보다 먼저 작동하는 순간 매뉴얼은 곧바로 무력화된다. 시장은 우리의 뇌가 판단을 내리기도 전에 손끝을 움직이게 만든다. 이 개념은 학술 이론을 넘어 실제 매매에서 위험을 사전에 감지하는 도구가 된다.

실전에서 크게 흔들렸던 날들을 돌이켜보면 공통점이 있다. 기준이 없었던 것이 아니라 감정이 먼저 움직이고 기준은 뒤따랐다. 매수 조건은 분명했지만, 불안이 앞서 손절을 늦췄고 수익 기대가 서두르게 하여 익절을 성급히 실행했다. 머리는 알고 있었지만, 손은 감정의 지시에 즉각 반응했다.

감정을 억누르려는 시도는 오히려 반작용을 키운다. 핵심은 감정을 제거하는 것이 아니라 그것이 발생하는 순간을 인식하고 기준이 더 먼저 호출되도록 시스템을 설계하는 데 있다. 감정이 도달하기 전에 기준이 개입해야 한다. 이것이 감정을 구조화하는 첫걸음이다. 감정은 반드시 찾아온다. 기준이 늦게 호출되면 우리는 시장이 아니라 감정의 흐름을 따라간다.

이를 위해 다음과 같은 루틴을 마련했다.

- 진입 전에 경험할 수 있는 감정을 미리 적어 둔다.

- 그 감정이 기준을 침해할 수 있는 지점을 확인한다. 예를 들어 기대감은 과잉 진입을, 불안은 손절 회피를 일으킨다.
- 감정이 강하게 치밀어 오르면 실행을 멈춘다. 이 짧은 멈춤은 단순한 지연이 아니라 심리적 간격을 확보하는 시간이다.
- 매매 후에는 감정이 드러난 순간과 그에 따른 기준의 반응을 구체적으로 기록한다.

감정을 기록하는 순간, 그것은 통제의 대상에서 벗어나 분석 가능한 신호로 전환된다. 루틴 역시 단순한 자동화가 도구가 아니라, 위기의 재발을 차단하는 전략적 장치다.

루틴을 더 정교하게 다듬기 위해 '감정-기준 매트릭스'를 만들었다. 예컨대 '기대감' 아래에는 '진입 지연', '호가 분포 재확인', '분봉 흐름 점검'을, '불안' 아래에는 '손절 조건 검토', '물량 축소', '시장 베팅 금지'를 대응 항목으로 두었다. 이 구조는 단순히 진입 타이밍뿐 아니라 매도, 손절, 홀딩까지 포괄하는 감정 대응 체계다. 감정은 무작위적이지 않다. 조건이 충족되면 비슷한 방식으로 반복된다. 조건을 읽는다는 것은 곧 감정을 예측하는 일이고, 감정을 예측한다는 것은 기준이 개입할 시점을 확보한다는 뜻이다.

"감정은 반복되는 경향성을 지니며, 이를 인식하고 구조적으로 대응할 때 비로소 감정은 통제 가능한 정보로 전환된다." (Mark Douglas, 『심리투자 불변의 법칙』, 2021)

어느 날 장 초반, 특정 종목이 실시간 이슈를 타고 급등했다. 강한 기대감이 올라왔지만. 곧 감정 루틴이 작동했고, 진입을 3분간 유예했다. 그 사이 외국인 수급이 빠르게 이탈했고 종목은 고점 대비 -4.2%

까지 하락했다. 진입은 이루어지지 않았고 이번에는 기준이 감정보다 먼저 개입했다. 이 사례는 루틴이 감정을 억누르는 장치가 아니라 감정을 기준으로 전환하는 트리거로 기능한다는 사실을 보여준다.

반면 실패의 기록도 있다. 실적 발표를 앞둔 종목에서 '이번엔 다를 것'이라는 기대감에 휘둘려 물량을 과도하게 실었다. 기준은 존재했지만, 감정이 그 개입을 가로막았다. 결과적으로 실적은 예상을 밑돌았고 -9%의 손실로 이어졌다. 여기서 드러난 교훈은 분명하다. 무너진 것은 기준 자체가 아니라 기준이 실행되지 않았다는 사실이다. 트레이딩의 성패는 기준이 있느냐가 아니라 그것이 실제로 작동하느냐에 달려 있다.

지금도 복기 노트에 '감정-기준 충돌 구간'을 따로 기록한다. 어떤 감정이 선행했는지, 기준이 이를 방어했는지, 아니면 감정에 잠식되었는지를 구조적으로 정리한다. 이 기록이 누적되면서 감정은 단발적 사건이 아니라 반복되는 흐름으로 인식되었고, 예측과 개입이 가능해졌다. 감정은 두려워할 대상이 아니다. 훈련할 수 있는 반응 신호다.

"감정은 억제의 대상이 아니라 이해와 수용의 대상이다. 우리가 감정을 자각하는 순간, 그것은 자동적 반응이 아니라 의식적 선택이 된다." (Susan David, 『Emotional Agility』, 2016)

훈련이란 감정을 억누르는 것이 아니다. 오히려 감정이 어떤 맥락과 흐름 속에서 반복되는지를 포착하는 능력을 기르는 과정이다. 생존하는 트레이더는 감정이 없는 사람이 아니다. 감정을 먼저 느끼되, 그 위에 기준을 호출할 수 있는 사람일 뿐이다.

기준은 감정을 억누르지 않는다. 대신 감정을 인식하고 구조화하며, 루틴으로 정제해 감정 위에 정렬된다. 감정을 이긴다는 것은 부정하는 것이 아니라, 감정보다 먼저 기준을 작동시키는 것이다.

감정은 제거의 대상이 아니다. 설계되고 호출되어야 할 신호다. 이 신호를 기준으로 전환할 수 있는 사람만이 시장에서 살아남는다. 감정은 억제하거나 회피할 대상이 아니라 기준을 호출하게 만드는 내부 알람이며 기준은 감정보다 먼저 작동하도록 설계되어야 한다.

루틴은 감정을 제거하는 도구가 아니다. 감정을 해석하고 기준 위에 정밀하게 정렬하는 전략이다. 복기와 반복 역시 감정을 억누르기 위한 절차가 아니라 감정을 시스템 안에서 통제 가능한 정보로 바꾸는 기술이다. 감정을 구조화한 사람만이 기준을 지킬 수 있고 기준을 지킨 사람만이 시장에서 살아남는다.

고수는 감정을 정직하게 드러낸다

고수는 감정을 없앤 사람이 아니다. 그들은 누구보다 자주 그리고 깊게 감정의 파동을 체감한다. 하지만 감정을 억누르거나 외면하지 않고 매매 맥락 속에서 정확히 인식하며 구조화한다. 감정은 트레이딩의 적이 아니다. 오히려 그것은 반응의 실마리이자 기준이 흔들릴 가능성을 조기에 알려주는 내부 센서다.

"감정은 단순한 느낌이 아니라, 환경 변화에 빠르게 적응하도록 진화한 생존 신호 체계다." (Joseph LeDoux, 『불안과 공포의 뇌과학』, 2017)

문제는 감정을 느끼지 않는 것이 아니라 그것을 숨기고 부정하는 태도에서 시작된다. 감정을 억누르면 기준은 흐려지고 루틴은 작동하지 않으며 결국 반복되는 심리적 함정에 빠진다. 억제된 감정은 왜곡된 형태로 되돌아오고 그 순간 기준은 무력해지며 매매는 전략이 아닌 반사적 대응으로 전락한다. 이때 시장에 대한 주도권은 완전히 사라진다. 감정은 단순한 심리 상태가 아니라 전략의 기초가 될 수 있는 정보 자산이다. 그것을 부정하는 순간 우리는 분석의 도구 하나를 잃게 된다.

한동안 나도 착각했다. 고수는 무표정하며 흔들림 없이 기계처럼 거래하는 사람이라고 믿었다. 그래서 손실이 나도 감정을 드러내지 않으려 애썼고 수익이 나도 들뜨지 않으려 자제했다. 감정은 방해 요소이며 제거해야 실력자가 될 수 있다고 생각했다. 그러나 실전에서 가장 위험했던 날들은 언제나 감정을 억누른 순간이었다. 손실을 보고도 '괜찮다'며 회피했고 수익이 나도 자신감을 억누른 채 무모한 진입을 반복했다. 억제된 감정은 예기치 않은 순간에 폭발했고 그때 기준은 아무 힘도 발휘하지 못했다.

"감정은 단순한 느낌이 아니라, 우리의 사고와 행동을 이끌어가는 근본적 메커니즘이다." (Antonio Damasio, 『느끼고 아는 존재』, 2021)

감정은 억누른다고 사라지지 않는다. 인식되지 않은 감정은 무의식적 결정으로 전환되어 매매 전 과정을 지배한다. 이때 판단은 기준이 아니라 감정의 흐름을 따른다. 감정을 부정한다는 것은 곧 기준을 상실한다는 뜻이며 기준이 감정보다 늦게 반응하는 순간 트레이더는 이미 흐름에서 이탈한 상태다.

반대로 고수는 감정을 기록하고 언어화하며 외면하지 않는다. 그들은 감정을 복기 노트에 구조화된 언어로 정리하고 반복적으로 점검한다. 진입 전의 기대감, 진입 직후의 긴장, 수익 발생 시 자신감, 손절 직전 불안 등 모든 감정은 단순한 느낌이 아니라 실전 체크리스트로 분류되고 해석된다. 감정을 제거하지 않고 다룰 수 있는 정보로 전환하는 것이 숙련자의 핵심 역량이다. 감정은 막연한 심상이 아니라 시스템 안에 통합될 수 있는 전략 변수다.

특히 감정은 트레이더의 반복 패턴을 구성하는 핵심 요소다. 감정을 기록하는 것은 단순한 일기가 아니라 자기 인식의 출발점이며 기준의 취약 지점을 조기에 발견하는 메타 분석 도구다. 감정이 기준과 어떻게 맞물리는지를 추적해야 방향과 강도를 객관적으로 파악할 수 있다. 감정 기록은 다스림의 출발점이자 내면을 비추는 거울이다.

나는 이 감정의 흐름을 하나의 시스템으로 구축했다. 매일 아침 '오늘 예상되는 감정'을 기록하고 장중에는 그 감정이 실제로 작동한 시점을 표시한다. 장 종료 후에는 그 감정이 매매에 끼친 영향을 복기한다. 예를 들어 전날 큰 수익을 냈다면 다음 날 아침 '과잉 자신감 예상'이라고 메모하고 진입 전 기준 점검 항목을 추가한다. 진입 타이밍을 늦추기 위해 3초 멈춤 규칙을 적용하거나 초기 진입 물량을 최소 단위로 제한한다.

감정은 억제의 대상이 아니라 기준과 함께 설계되어야 할 신호다. 감정은 실시간 시스템에 입력되는 즉각적인 반응이며 기준은 그 신호를 판단하고 중화하는 해석 장치다. 이 구조는 감정이 작동하는 속도보다 기준이 먼저 개입하도록 훈련하는 과정이다. 감정을 느끼되 그 흐름에 휘말리지 않도록 정렬하는 시스템을 구축하는 것이다. 이는 기준이 우선 반응하도록 뇌의 경로를 재설계하는 작업이기도 하다.

고수는 감정을 수치화한다. '불안감 7, 기대감 5, 자신감 8'이라는 수치는 단순한 느낌이 아니다. 그것은 다음 매매에서 기준을 보완하고 루틴을 정비하는 입력 데이터다. 감정은 데이터다. 감정을 숨기면 흐름을 잃고, 드러내면 트레이딩 맥락이 선명해진다. 감정을 다루는 능력은 곧 시장을 해석하는 역량과 직결된다.

"감정은 막연한 느낌에 머무르지 않고, 언어화와 기록을 통해 추적 가능한 데이터로 전환될 수 있다." (Lisa Feldman Barrett, 『감정은 어떻게 만들어지는가?』, 2017)

수치화는 감정의 파형을 구조로 전환하는 작업이다. 감정 수치를 기준과 함께 기록하고 누적하면 루틴의 결정 지점마다 어떤 요인이 흔들렸는지를 정밀하게 추적할 수 있다. 감정은 본래 무형의 흐름이지만 수치로 환원되는 순간 시장의 변동성처럼 가시화된다. 이때 감정은 설명하고 조정할 수 있는 전략 변수로 작동한다.

기준을 가장 충실히 지킨 날을 돌아보면 감정이 없었던 것이 아니라 오히려 또렷하게 인식한 날이었다. 감정을 회피한 날이 아니라 루틴이 그것을 견제하고 조율한 날이었다. 기대감이 올라왔지만, 체크리스트로 점검했고 불안이 작동했지만, 실행을 지연시키는 구조가 개입했다. 핵심은 감정을 없애는 것이 아니라 기준이 감정보다 먼저 작동하도록 훈련하는 것이다.

복기는 짧고 명확했다. 핵심은 이것이다.

- 감정을 숨기지 않았고 기준은 그 위에서 작동했다.

감정이 드러났기에 기준이 제자리를 지킬 수 있었고, 해석되었기에 자동처럼 반응했다. 감정을 드러냈다는 것은 감정에 지배당하지 않았다는 증거다. 기준은 감정을 제거함으로써 강해지는 것이 아니라 감정 위에 정렬될 때 비로소 기능한다.

고수는 복기를 감정 중심에서 시작한다. 기술적 신호보다 먼저 스스로에게 묻는다.

- 오늘 어떤 감정이 기준을 흔들었는가?

이 질문은 단순한 표현이 아니라 시스템 오류의 원인을 추적하는 분석 절차다. 감정 로그는 개인적 일기가 아니라 심리적 취약 지점을 드러내는 기록이자 되풀이되는 패턴이다. 감정이 흔들린 시점, 기준이 개입한 타이밍 그리고 감정과 기준이 충돌한 순간을 복기 루틴 속에서 지속적으로 점검할수록 감정의 영향력은 약해지고 기준의 실행력은 더욱 단단해진다.

감정을 복기하는 사람은 감정의 흔들림과 함께 시장의 흐름을 읽어낸다. 그런 사람은 다음 진입 시점에서 기준을 감정과 정렬할 준비가 되어 있다. 감정 복기는 단순한 반성이 아니라 구조적 패턴을 해석하는 전략의 연장선이다. 결국 감정은 억제하는 것이 아니라 기록하고 분석함으로써 기준의 일부로 흡수되어야 한다.

복기의 마지막을 반드시 한 문장으로 매듭짓는다.

- 오늘의 감정 중 기준을 흔들었을 가능성이 있는 것은 무엇인가?

이 질문 하나가 다음 날 기준을 더 단단하게 만들고 감정을 다시 루틴으로 되돌린다. 감정은 사라지지 않는다. 다만 기준안에 머무르도록 훈련될 수 있을 뿐이다. 감정은 반복되는 구조이며 기준은 그 위에서 반응하는 구조다. 감정의 흐름은 예측할 수 있고 기준은 그 흐름에 개입하도록 설계될 수 있다.

고수는 감정이 올라오는 흐름과 기준이 작동하는 흐름 사이에 간극을 만든다. 그 간극이 바로 흔들림이 멈추는 지점이다. 기준은 단순한 지식이 아니라 감정을 통과한 뒤에도 작동할 수 있어야 하는 구조다. 결국 고수란 감정을 없앤 사람이 아니라 감정을 숨기지 않는 사람이다. 감정을 지우려 하지 않고 기준 위에 올려놓는 용기. 그 용기가 흔들림 없는 매매를 만든다. 감정은 기준의 적이 아니라 기준을 설계하는 가장 정직한 재료다. 감정을 숨기지 않을 때 비로소 우리는 그것을 설계할 수 있다. 감정은 시장의 파도이자 기준의 닻이다.

기준을 지키는 사람들의 감정 전략

기준은 단순한 매매 규칙이 아니다. 혼란 속에서도 되돌아갈 수 있는 내면의 복귀 지점이며 감정이 요동칠 때 나를 붙잡아주는 심리적 닻이기도 하다. 기준은 사고팔 타이밍을 정하는 기계적 절차가 아니라 시장이라는 거대한 불확실성 속에서 '나는 누구인지'와 '어떤 판단을 지향하는 사람인지'를 끊임없이 묻는 정체성의 중심이다. 결국 기준은 거래 기술이 아니라 내가 누구인지를 증명하는 일상의 방식이다.

"기준은 단순한 기술이 아니라, 시장 속에서 내가 누구인지를 일관되게 드러내는 방식이다." (Mark Douglas, 『심리투자 불변의 법칙』, 2021)

기준이 없다는 것은 나침반 없이 항해하는 것과 같다. 방향을 잃은 배는 외부 바람에 휘둘리고 중심을 잃은 트레이더는 감정의 풍랑에 떠밀려 침몰한다. 시장은 언제나 예측할 수 없는 흐름을 가진다. 뉴스 하나로 분위기가 급변하고 수급 하나로 호가창이 요동친다. 그 속에서도 자기중심을 지키는 사람들이 있다. 이들은 예측의 정확성보다 평정심을 중시하며 세운 기준을 끊임없이 점검하고 되새긴다.

기준은 단순한 도구가 아니라 감정을 견디기 위한 심리 시스템이다. 감정에 대응하는 일관성과 안정성을 회복하게 해주는 내면의 알고리즘이며 트레이딩이라는 고위험 결정 환경에서 '나답지 않은 선택'을 차단하는 최후의 방어선이기도 하다.

트레이딩은 불확실성과 감정 사이에서 일관성을 유지하려는 고도 심리전이다. 이 전장에서 중요한 것은 '예측의 정답률'이 아니라 '기준의 실행력'이다. 기준은 감정에 흔들리지 않고 실전에서 의사결정을 내리도록 돕는 구조 장치다.

많은 초보 트레이더는 기준을 단순한 기술적 규칙이나 도식화된 조건표로만 여긴다. 그들은 기준을 외워두기만 하면 지킬 수 있다고 믿지만, 정작 본질은 기준 그 자체가 아니라 '그 기준을 언제 꺼내 쓸 수 있는가'라는 실행의 타이밍이다.

정해놓고도 지키지 못하는 기준은 존재하지 않는 것과 같다. 고수는 이 사실을 누구보다 잘 안다. 그래서 그들은 기준을 단순한 '약속'이 아니라 훈련된 반사 행동으로 전환한다. 감정이 기준을 덮기 전에 기준이 먼저 작동하도록 설계된 시스템은 오직 반복 훈련을 통해서만 구축된다.

"지속적인 자기통제는 의지력이 아니라, 감정보다 먼저 작동하는 반복 가능한 구조에서 비롯된다." (Mark Douglas, 『심리투자 불변의 법칙』, 2021)

'감정은 빠르고 기준은 느리다'는 사실을 인정한 사람만이 기준이 감정보다 먼저 반응하도록 구조를 설계할 수 있다. 나 또한 기준을 세우는 데는 익숙했지만, 그것을 지키는 데는 반복해서 실패했다. 문제는 기준 그 자체가 아니라 기준을 꺼내 쓸 시점을 준비하지 못한 루틴의 부재였다. 기준은 문서 속에만 남아 있었고 감정이 치솟는 순간을 막아낼 장치는 없었다. 기준은 매매의 출발점이 아니라 감정을 버텨내는 방어막이어야 한다. 행동과 연결되지 않는 기준은 아무리 정밀해 보여도 현실에서는 무력하다.

고수란 기준을 많이 세운 사람이 아니라 감정보다 먼저 그 기준을 꺼내 드는 사람이다. 기준의 힘은 정의의 문구가 아니라 호출되는 시점과 실행되는 빈도로 결정된다. 숙련된 트레이더는 기준이 자동으로 작동하도록 몇 가지 핵심 전략을 체계적으로 구축한다. 이 전략들은 단순하지만, 심리적 충돌 속에서도 흔들리지 않도록 끊임없이 반복 훈련된다.

- 기준의 실행 시점과 감정 반응 시점을 분리한다. 진입과 손절 기준은 감정이 개입되기 전에 루틴으로 고정하며, 매매 중에는 미리 정해둔 매뉴얼을 따른다.
- 기준은 단일 조건이 아니라 조건 그룹으로 설계한다. 세 가지 이상의 조건을 병렬로 묶고 하나라도 충족되지 않으면 전체가 무효가 된다.
- 기준 이탈 여부는 주관이 개입되지 않도록 시각화된 체크리스트로 판단한다. 감정이 강해질수록 뇌는 즉각적이고 비합리적인 판단으로 치우친다. 시각화된 구조는 심리적 안전장치 역할을 한다.
- 기준 붕괴 가능성을 미리 시뮬레이션하고 예외 상황까지 시스템에 포함한다. 이렇게 하면 기준은 감정적 리스크를 상쇄하는 구조적 메커니즘으로 발전한다.

이러한 전략을 루틴에 적용하면서 기준은 고정된 규칙이 아니라 살아 움직이는 시스템으로 진화했다. 단순한 '5일선 돌파 시 진입'이 아니라 '5일선 돌파 + 거래량 증가 + 분봉 패턴 일치 + 감정 로그에 과열 기대감 없음'이라는 다층 조건으로 정교화되었다. 기준은 이제 기술적 신호뿐 아니라 감정 흐름과 복기 항목까지 아우르는 입체 구조로 확장되었다.

이 구조의 목적은 매매를 기계적으로 수행하는 데 있는 것이 아니다. 핵심은 감정 개입을 통제하여 트레이더의 선택권과 평정심을 지키는 데 있다. 기준은 억압적 틀이 아니라 심리적 균형을 유지하는 프레임이며 반복과 복기를 거치며 점차 견고해지는 내면의 인프라로 자리 잡는다.

- 나는 이 구조를 어떻게 일상의 루틴 속에 녹여냈는가?

이 질문 자체가 실행 가능한 기준의 핵심이다.

"감정을 억누를 수는 없지만, 그 힘이 개입하기 전에 기준이 먼저 작동하도록 설계할 수는 있다." (Mark Douglas, **『심리투자 불변의 법칙』**, 2021)

기준을 지키는 사람은 복기 방식부터 다르다. 그들은 단순히 '기준을 어겼다'고 기록하지 않는다. 감정이 개입된 시점, 체크리스트가 생략된 단계, 루틴이 작동하지 않은 구간을 구체적으로 언어화한다. 복기는 잘잘못을 따지는 반성이 아니라 다음 매매를 설계하는 구조 분석이다. 실패는 언제나 감정과 기준 사이의 간극에서 발생하며 그 틈을 좁히는 것이 복기의 본질이다.

복기 노트를 통해 반복적으로 자신에게 질문을 던진다.

- 이 기준은 왜 작동했는가?
- 기준이 무너졌다면 감정의 개입 때문인가, 구조적 결함 때문인가?
- 이 기준은 다음에도 반복 가능한가?

이러한 질문들은 단순한 회고가 아니다. 다음 매매의 실행력과 구조적 탄탄함을 결정짓는 설계도다. 복기는 과거를 되짚는 행위가 아니라 미래를 설계하는 전략 도구이며, 이 과정을 통해 기준은 지식에서 행동으로 진화한다.

기준은 종이에 적혀 있는 한 아무 힘도 갖지 못한다. 감정이 요동칠 때 즉시 꺼내 쓸 수 있어야 의미가 생긴다. 반복될수록 기준은 단단해지고 복기 될수록 생존력을 얻는다. 반복과 복기는 기준의 실행력을 끌어올리고 감정 개입을 줄이며 판단의 일관성을 회복하는 핵심 루틴이다. 기준은 머릿속에만 맴도는 명제가 아니라 즉시 호출되는 실전 시스템이어야 한다. 감정이 치솟는 순간 자동으로 반응하는 구조를 만들어야 한다.

결국 고수란 기준을 가장 먼저 꺼내 드는 사람이다. 시장이 혼란스러울수록 감정이 요동칠수록 그들은 언제나 기준으로 되돌아간다. 기준은 기술보다 오래가고 수익보다 깊은 생존 조건이 된다. 차트를 볼 때가 아니라 감정이 솟구칠 때 진짜로 작동하며 감정을 통과한 뒤에야 실체를 드러낸다.

흔들리지 않는 사람들의 전략은 언제나 기준에서 출발한다. 기준은 단순한 규칙이 아니라 감정의 중심에서도 작동하는 정체성 구조이며 혼란 속에서도 중심을 지켜주는 내면 시스템이다. 감정을 억누르기 위한 장치가 아니라 감정을 통과해 되돌아오게 하는 복귀 경로다. 고정된 수치가 아니라 흔들릴 수 있는 자신을 되돌리는 반복 가능한 움직임이다.

기준이 강한 사람은 감정을 두려워하지 않는다. 오히려 감정을 기준 위에 올려놓는다. 감정을 숨기지 않고 드러낸 뒤 기준을 정렬한다. 그 기준은 감정의 파도 속에서도 흔들리지 않는 심리적 닻이며 감정을 통제 가능한 전략 변수로 전환하는 유일한 도구다.

손절은 감정을 꺾는 게 아니라 구조화하는 기술이다

손절은 감정을 통제하는 가장 명확한 실천이자 기준이 여전히 작동하고 있음을 보여주는 강력한 행동이다. 단순히 손실을 줄이기 위한 전략이 아니라 감정이 폭주하는 순간 스스로를 되돌리는 구조적 행위다. 많은 사람은 손절을 매매의 실패로 인식하지만, 고수는 이를 기준 실행의 성공으로 본다.

손절은 감정이 가장 격해지는 순간, 기준이 감정을 뚫고 작동하는 결정적 실행이다. 이 짧은 순간이야말로 실전 매매의 핵심 분기점이며 시스템이 실제로 작동하는지를 판별하는 정밀한 시험대다. 감정을 통제하고 기준을 작동시키는 능력은 바로 이 손절의 순간에서 가장 분명하게 드러난다.

실전에서 기준이 제대로 작동하는지는 손절의 순간을 통해 가장 정확히 검증된다. 손절이 제때 실행되지 않는 이유는 대부분 기술 부족이 아니라 감정 개입 때문이다. 손절가를 알고 있어도 실행하지 못하는 이유는 두려움, 기대, 미련, 회복 심리 같은 과도한 감정이 기준을 압도하기 때문이다. 사람은 손실을 인정하는 순간, 자존감이 무너질지도 모른다는 두려움을 느낀다.

"손실은 단순히 돈을 잃는 사건이 아니라, 자기 정체성을 건드릴 때 더 강한 회피 반응을 불러낸다." (Antonio Damasio, 『느끼고 아는 존재』, 2021)

손실 직전의 판단은 언제나 '판단'이 아니라 감정의 필터를 거친 반사적 반응일 뿐이다. 고수와 중수의 차이는 종목 선정 능력이 아니라 손절을 '감정을 돌파하는 구조적 행위'로 설계했는가에 달려 있다. 손절은 감정이 요동치는 순간 기준이 감정을 제압할 수 있도록 구조화되어야 하며 이는 트레이더가 실전에서 감정을 다루는 가장 직접적이고 강도 높은 훈련이다. 손절은 마치 심리적 급브레이크와 같다. 충돌을 피하기 위한 마지막 개입이며 이때는 의식적 판단이 아니라 반복 훈련된 구조만이 감정의 속도를 멈출 수 있다.

손절은 매매의 끝이 아니라 감정 통제 루틴의 시작점이다. 나 역시 실전에서 손절을 제때 실행하지 못해 여러 차례 큰 손실을 겪었다. 돌이켜보면 손절을 미룬 이유는 늘 같았다. '이번엔 예외일지도 몰라', '조금만 기다리면 반등할 거야', '이 정도 손실은 회복할 수 있어' 같은 자기 위안이 그 순간을 덮어버렸다. 그러나 이런 위안은 기술적 분석의 결과가 아니라 감정이 판단을 위장한 결과였다.

손절을 미룬 순간은 판단의 오류가 아니라, 감정이 기준보다 먼저 작동한 시점이었다. 감정은 논리의 외피를 두른 채 스며들었고, 우리는 그것을 판단이라 착각했다. 이 감정은 단순한 정서가 아니라 신체 반응과 인지적 해석, 손실 회피 본능이 얽힌 복합 반응이다. 손절이 의미를 가지려면 이 감정 구조를 해체해야 한다. 손절에 실패한 트레이더는 기술이 부족해서가 아니라 감정을 인식하고 언어화하는 능력이 부족하기 때문이다.

"감정을 자각하지 못하는 순간, 우리는 그것이 행동을 지배한다는 사실조차 모른 채 반응한다." (Susan David, 『Emotional Agility』, 2016)

감정을 감지하지 못하면 기준은 무력해지고 손절 실패는 정보 부족이 아니라 감정 인식 결핍에서 비롯된다. 고수는 손절을 단순한 기술로 보지 않는다. 그들은 손절을 감정까지 반영된 시스템의 일부로 받아들인다. 손절은 단순한 차트 조건이 아니라 감정이 작동할 시점을 예측하고 대응하는 구조 전략이다.

이 손절 루틴은 단지 손실을 줄이기 위한 장치가 아니라 감정과 기준이 충돌하는 지점을 설계할 수 있는 관리 구간으로 전환하는 훈련이다. 이 전략을 반복 가능한 루틴으로 구조화함으로써 감정이 기준을 압도하지 못하도록 체계적으로 훈련했다.

다음은 실전에서 체득한 손절 설계 루틴이다.

- 손절가는 진입 전에 미리 설정하고 자동화하여 감정 개입의 여지를 원천 차단한다.
- 손절가에 도달하기 1틱 전, 체크리스트를 통해 현재 감정 상태를 점검한다.
- 손절에 실패했을 경우, 복기 항목을 분리해 감정적 원인을 명확히 언어화한다.
- 손절 직후 일정 시간 동안 재진입을 제한하여 반사적 감정의 개입을 차단한다.

감정이 요동칠 순간을 예측하고 그 순간을 견딜 수 있는 구조가 마련될 때 손절은 단순한 기술을 넘어 심리 설계로 작동한다. 실전에서는 '기술적 타점'보다 감정 대응 능력이 훨씬 더 큰 차이를 만들어 낸다. 손절은 단기 전술이 아니라 내면 구조를 정비하는 작업이다. 손절 훈련의 반복은 감정이 기준을 넘어서는 것을 막아주는 가장 강력한 방어책이다.

손절을 감정 설계의 일부로 인식하는 순간, 그것은 두려움이 아닌 통제의 도구가 된다. 손절은 감정을 다루는 가장 실질적인 기술이자 감정을 꺾는 최초의 실행이다. 손절은 시장에 대한 대응이 아니라 자기 자신에 대한 통제이며 감정을 다루지 못하면 아무리 정교한 기술도 무력해진다. 손절은 감정을 밀어내는 행위가 아니라 그것을 구조 안에 담아내는 심리 설계다. 손절은 나를 이기기 위한 기술이며 기준은 시장이 아니라 나에게 먼저 적용되어야 한다.

손절 복기 시 반드시 점검해야 할 세 가지 질문은 다음과 같다.

- 손절이 지연되었다면 그 순간 느꼈던 감정은 무엇이었는가?
- 손절 직후 어떤 감정적 반응이나 행동 충동이 나타났는가?
- 그 반응은 향후 루틴 설계에 어떻게 반영될 수 있는가?

이 질문들을 반복함으로써 손절은 고통이 아닌 '설계된 대응'으로 전환된다. 손절은 반복 훈련 없이는 절대 익숙해지지 않지만, 초기 심리적 저항만 넘기면 점차 자연스러워진다. 마치 운동선수가 매일 체온을 올려 근육 손상을 예방하듯, 손절은 트레이더의 심리 온도를 조절하고 정화하는 장치다. 이러한 훈련을 감정 통제 루틴의 핵심으로 삼으면서 기준은 단순한 원칙이 아니라 심리적 면역 체계로 자리 잡았다.

"감정을 반복적으로 마주하는 경험은 회피보다 훨씬 강력한 조절 능력을 길러낸다." (Joseph LeDoux, 『불안과 공포의 뇌과학』, 2017)

손절의 진정한 성과는 단기 수익에 있지 않다. 오히려 다음 진입에서 감정을 배제하고 거래 맥락을 유지할 수 있는 능력, 즉 '맥락 유지 능력'에 있다. 손절 후 복기는 트레이더 내면의 정서 루프를 가시화하는 도구이자 감정이 언제 기준을 무력화했는지를 탐지하는 센서다. 또한 감정–판단–실행이라는 세 구간 중 어느 시점에서 기준이 끊겼는지를 추적하는 구조적 장치이기도 하다.

가장 깊이 각인된 손절은 수익과 무관하게 자존심만 남았던 날이다. 손실은 있었지만, 기준은 흔들림 없이 지켜졌고 재진입의 충동은 꺾였으며 복기 노트도 차분히 기록되었다. 그러나 손절을 미루어 얻은 수익은 불안의 그림자를 남겼고 그 기억은 후회와 심리적 빚으로 돌아왔다.

결국 매매는 기준이 맞부딪히는 전장이다. 손절은 그 기준의 최종 방어선이며 단순한 수치가 아니라 감정 통제 가능 여부를 가늠하는 심리적 리트머스 시험지다. 감정을 다스리지 못한 수익은 다음 기준을 허물지만, 감정을 통과해 지켜낸 손절은 다음 시스템을 한층 강화한다. 기준은 손절 훈련으로 다져지고 감정은 손절을 통해 단련된다.

감정은 피할 수 없지만 설계는 가능하다

트레이딩에서 루틴은 단순한 습관이나 기계적인 반복이 아니다. 그것은 감정을 구조화하고 기준을 지속적으로 작동시키며 충동을 차단하는 실전형 심리 설계 도구다. 고수는 감정이 없는 사람이 아니다. 그는 감정을 예측하고 준비하며 설계된 체계 안에 미리 배치한다.

감정은 억제해야 할 대상이 아니라 조율 가능한 흐름이며, 이 흐름을 읽기 위해 우리는 루틴을 설계한다. 감정을 제거하는 것이 아니라 루틴 속에 배치하는 것이 진정한 통제의 시작이다. 감정을 설계한다는 것은 감정 앞에서 즉각적으로 반응하지 않고 선택할 수 있는 시간을 확보하는 것이다.

"진정한 자기 통제력은 충동을 억누르는 데 있지 않고, 자극과 반응 사이에 선택의 공간을 만들어내는 데 있다." (Susan David, 『Emotional Agility』, 2016)

사람이 흔들리는 이유는 감정이 크기 때문이 아니다. 그 감정을 담아낼 틀이 없기 때문이다. 기대가 커지거나 불안이 치밀거나 자만이나 조급함이 몰려올 때 중요한 것은 감정 자체가 아니라 그 감정을 맞이하며 어떤 구조로 대응할 수 있는가이다. 구조가 없으면 감정은 곧 혼란이 되고 구조가 있으면 감정은 신호로 읽힌다.

루틴은 감정에 질서를 부여하는 틀이다. 판단이 흐려질 때 루틴은 감정을 기준 위에 정렬해 주는 심리적 안전망이 된다. 감정이 흐름이라면 루틴은 그 흐름에 방향을 부여하는 체계적인 물길이다. 루틴이 존재하면 감정은 더 이상 장애물이 아니라 분석 가능한 정보가 된다.

실전에서 감정을 설계하기 위해 루틴을 세 가지 층위로 구분했다. 이 구조는 감정의 발생 전·도중·이후를 아우르는 통합형 대응 시스템이다. 세 단계는 각각 독립된 절차가 아니라 시간의 흐름 속에서 감정을 추적하고 정제하며 기준과 결합하는 연속 과정이다. 감정은 한순간에 생기지 않으며 감정을 다루는 능력은 결국 이 세 시점에서 스스로 어떻게 지켜내는가에 달려 있다. 고수의 루틴은 단순한 체크리스트를 넘어 감정의 시간 흐름 전체를 조율하는 정신적 타이머처럼 작동한다.

사전 루틴은 감정 예측과 기준 점검 단계다. 매매 전에 예상되는 감정을 문장으로 기록한다. 예컨대 '전날 수익으로 인한 기대 상승'이나 '월요일 오전의 불안감 예상'처럼 반복되는 감정 패턴을 구체적으로 적는다. 이 작업은 자가 감정 로그의 출발점이 된다.

체크리스트를 통해 기준을 충족하기 전에는 절대 진입하지 않으며 감정 수치가 일정 기준 이상이면 매매를 보류한다. 중요한 점은 이 수치가 전적으로 주관적이어도 무방하다는 것이다. 자기 감정을 수치화하는 행위 자체가 감정에 대한 자각이며 이 자각은 기준이 개입할 수 있는 시간적 여유를 확보하게 한다.

"감정은 정량적으로 추적할 수 있으며, 반복되는 패턴을 데이터로 전환할 때 통제 가능한 정보가 된다." (Lisa Feldman Barrett, 『감정은 어떻게 만들어지는가?』, 2017)

감정을 수치화하는 것은 곧 그것을 객관화하는 일이다. 이 과정은 감정이 기준을 압도하지 못하도록 막아주는 첫 번째 심리 필터가 되며 이어지는 실행 루틴은 감정이 행동으로 번지려는 순간을 차단하는 정신적 제동 장치로 작동한다. 예를 들어 진입 버튼을 누르기 전 3초간 멈춰 기준을 재확인하는 이 짧은 간격은 심리학적으로 중요한 의미가 있다. 감정과 행동 사이의 자동 반응 회로를 끊어내는 데 필요한 최소한의 시간일 뿐 아니라 반복될수록 감정을 구조 속에 길들이는 학습

효과까지 만들어 낸다.

손절 직전에는 스스로에게 두 가지 질문을 던진다.

- 이 손절은 계획된 것인가 충동인가?
- 지금의 감정은 두려움인가 판단인가?

수익 중 조기 익절의 충동이 치밀 때는 기준 충족 여부를 소리 내어 읽으며 감정과 판단 사이의 거리를 확보한다. 이 말소리는 뇌의 기준을 재각인시키는 자기 지시어가 된다. 루틴은 멈춤이 아니라 작동이다. 감정을 억누르기 위한 것이 아니라 감정을 기준 위에 올려놓는 심리 작동 장치다.

복기 루틴은 감정 기록과 루틴 점검으로 구성된다. 그날 가장 두드러진 감정을 한 단어로 요약한다. 이것은 단순한 표현이 아니라 감정에 이름을 붙이는 행위이며 이 명명 과정이 감정을 다루는 기술의 핵심이 된다. 루틴이 무너진 지점을 분석하고 그 원인을 감정 중심으로 구조화한다. 예를 들어 '익절을 서둘렀다'라는 결과 중심 표현 대신 '기대감이 기준보다 강했다'라는 감정 중심 인식으로 전환한다.

복기의 마지막 단계는 같은 감정이 다시 올 때 사용할 문장을 미리 써두는 것이다. 예컨대 '기대감이 치밀면 진입을 2분 유예한다'처럼 행동 지침을 준비한다. 이 한 문장이 다음 날의 나를 구조화된 실행으로 이끈다.

"감정은 이름 붙여 분류하는 순간 단순한 느낌이 아니라, 예측 가능한 패턴으로 전환된다." (Lisa Feldman Barrett, 『감정은 어떻게 만들어지는가?』, 2017)

감정을 설계한다는 것은 반복을 전제로 문장을 준비하는 일이다. 복기 루틴은 단순한 후회가 아니라 감정을 구조화하는 학습 과정이다. 이 루틴을 실전에서 정교화하면서 매매 결과뿐 아니라 매매 후 심리 상태까지 달라졌음을 체감했다. 수익이 나도 자만하지 않았고 손실이 나도 복수 매매에 휘둘리지 않았다. 루틴이 존재한다는 사실만으로 감정은 통제할 수 있는 대상이라는 인식으로 바뀌었고, 이는 곧 자기 통제력의 회복으로 이어졌다.

트레이더에게 가장 무서운 것은 손실이 아니다. 감정을 다룰 수 없다는 자각이다. 루틴은 이 자각을 바로잡고 통제권을 되찾게 하는 기술이다. 감정 통제의 본질은 억제가 아니라 감정을 이해하고 예측하는 반복 구조에 있다. 루틴은 바로 그 반복의 질서를 만든다.

고수는 루틴을 단지 기준을 반복하는 장치로 보지 않는다. 그들은 루틴을 통해 감정을 정제하고 기준과 연결하며 감정에서 회복하는 복기의 도구로 활용한다. 루틴은 단순한 행동 반복이 아니라 감정을 해석하고 방향을 설정하는 내면의 언어다.

그래서 고수의 루틴은 절대 단순하지 않다. 그것은 감정을 정제한 내면 설계도이자 트레이더의 심리 상태를 점검하는 정밀한 감정 지도다. 그들에게 루틴은 규칙이 아니라 심리적 내비게이션이다. 감정이라는 지도 위에서 현재 위치를 인식하고 기준이라는 목적지로 되돌아가는 경로를 안내한다.

시장은 매일 달라지지만, 감정은 반복된다. 트레이더의 내면은 시장보다 더 자주 흔들린다. 이 흔들림을 막는 유일한 기술은 예측이 아니라 반복이다. 감정은 반복해서 밀려온다. 하지만 루틴이 끊기지 않는다면 그 감정은 구조 속에 갇혀 통제된다. 고수는 매일 같은 버튼을 누른다. 그 버튼은 감정보다 먼저 작동하도록 정밀하게 설계된 시스템의 일부다.

루틴은 감정을 숨기지도, 과장하지도 않는다. 그것은 감정을 담는 그릇이자 넘치지 않도록 정돈하는 구조다. 그 구조가 있을 때 우리는 흔들리지 않는다. 결국 감정을 설계한다는 것은 루틴을 반복하는 사람으로 자신을 재구성하는 일이다. 감정은 다시 오지만 이미 감정보다 먼저 움직이는 루틴을 가진 사람이다. 이 훈련된 반복이야말로 트레이더를 가장 오래 살아남게 만드는 힘이다.

감정을 복기하는 자의 언어는 다르다

복기는 단순한 기록이 아니다. 그것은 내면과의 대화이자 감정과 기준의 충돌을 해석하는 고도의 언어 체계다. 복기는 단지 매매 결과를 정리하거나 손익을 계산하는 데 그치지 않는다. 트레이더의 내면을 추적하고 기준이 실제로 작동했는지를 진단하는 심리 보고서다. 복기는 수치를 남기는 행위가 아니라 감정의 잔향을 기록하는 작업이다.

고수는 복기를 숫자로만 작성하지 않는다. 그들은 감정의 흐름을 추적하며 실패와 성공의 배경을 정서적 언어로 풀어낸다. 복기란 감정의 움직임 속에서 기준이 어떻게 작동했는지를 해석하고 그 의미를 재구성하는 내면의 언어다. 이 과정은 반복될수록 정교해진다. 감정은 패턴으로 변하고 복기의 언어는 개인화된 전략 언어로 진화한다.

"감정은 반복될수록 예측 가능한 패턴으로 형성되며, 언어화되는 순간 전략적 사고의 일부로 통합된다." (Lisa Feldman Barrett, 『감정은 어떻게 만들어지는가?』, 2017)

'내면과의 대화'란 단순히 감정을 느끼는 것을 넘어 그 감정이 어떤 방식으로 행동을 유도했는지 분석하고 이를 언어로 구조화하는 사고 기술이다. 이는 무의식적으로 흘러가던 감정을 의식의 테이블 위로 올리는 과정이다.

복기는 과거를 단순히 되짚는 것이 아니다. 그것은 내면의 인지 구조를 파악하고 감정의 맥락을 해석하며 판단을 흔든 심리 요인을 언어로 재구성하는 훈련이다. 감정은 맥락 없이 작동하지 않는다. 복기를 통해 그 맥락을 포착하고 감정을 분석할 수 있는 단위로 해석한다. 이 과정이 곧 내면 언어의 형성이다.

복기하지 않는 사람은 매 순간 감정과 기준의 경계를 새로 설정해야 한다. 그러나 복기를 반복하는 사람은 자신의 감정 패턴을 인식하고 흔들릴 지점을 사전에 감지하며 대응 루틴을 설계한다. 복기란 감정을 기억하고 구조화하며 기준으로 전환하는 전략적 행위다. 과거의 실수를 미래 시스템으로 바꾸는 실천이다. 그 시스템은 기술적 조건의 반복이 아니라 감정이 기준을 침범하지 않도록 언어와 절차를 구조화한 통합 실행 장치다.

"실패를 단순한 사건으로 남겨두는 사람은 반복한다. 그러나 그것을 언어화해 구조로 바꾸는 사람은 시스템을 얻는다." (Mark Douglas, 『심리투자 불변의 법칙』, 2021)

복기는 고수의 언어다. 그들은 감정을 회피하지 않고 직면하며 이를 언어화해 전략으로 전환한다. 복기란 실패를 단순한 결과로 받아들이는 것이 아니라 설계 가능한 구조로 바꾸는 자기 설계의 실천이다. 반복된 복기의 축적은 감정을 이해하고 다룰 수 있는 고유한 전략 언어를 형성한다.

복기는 단순한 손익 정리가 아니다. 그것은 '무엇이 흔들렸는가'를 자문하는 자기 탐색 과정이다. 예컨대 진입이 빨랐다면 단순히 '조건 미충족'이라는 기술적 언어로 넘어가지 않는다. 대신 '기대감이 기준을 앞질렀다'나 '과잉 확신이 판단을 왜곡했다'처럼 감정을 먼저 언어화한다.

이러한 언어 구조 덕분에 감정이 기준을 압도했던 순간을 명확히 인식할 수 있으며 다음 매매에서는 유사한 감정을 구조적으로 차단할 수 있다. 감정을 언어화한다는 것은 감정을 외부 구조로 끌어내어 다루는 행위다. 동시에 감정을 통제 가능한 대상으로 바꾸는 첫걸음이 된다. 감정 언어는 나를 감정의 흐름에서 한 걸음 떨어뜨리고 내면을 객관적으로 관찰할 수 있는 거리로 이끄는 장치다.

중요한 점은 감정을 단순한 감정으로 기술하는 데 그치지 않고 그 감정이 발생한 인지 조건과 흐름이 기술적 판단에 어떤 영향을 미쳤는지를 구조적으로 설명하는 것이다. 언어는 감정을 다루는 도구일 뿐 아니라 감정과 기준 사이의 거리를 확보하는 심리적 장치이기도 하다. 복기에서 언어가 수행하는 기능은 감정을 판단 가능한 구조물로 바꾸는 기술이며 이 기술은 반복과 훈련을 거치면서 점점 정교해진다. 복기 언어는 자각의 프레임으로 작용하며 심리적 착각에서 벗어나 기준으로 복귀하게 하는 회복 장치 역할을 한다.

나는 복기 과정에서는 언어를 세 가지 유형으로 구조화해 사용한다.

- 감정 중심 원인어 구조

  '내가, 이 시점에 진입한 이유는 두려움이었다', '익절을 서둘렀던 건 불안에서 비롯되었다'처럼, 감정이 매매 판단의 직접적 원인임을 명확히 드러내는 방식이다.

- 기준 충돌 진단어 구조

  '이 진입은 기준과 감정이 충돌한 구간이다', '기준은 존재했지만, 감정이 우선 작동했다'처럼, 감정과 기준의 우선순위 및 충돌 지점을 진단하는 구조다.

- 복원 언어 구조

  '같은 감정이 다시 오면 이 구조로 대응한다', '이 감정은 다음 기준 설계에 포함된다'처럼, 감정을 향후 전략 시스템에 통합하는 형태다.

이 세 가지 구조는 단순한 문장이 아니라 감정을 구조화하고 해석하는 심리 언어의 틀이다. 반복적으로 사용할수록 자동화되어 판단보다 먼저 작동하는 심리 방어막이 된다.

복기 노트가 단순한 일지를 넘어서는 순간은 감정의 흐름과 기준의 충돌 지점이 구조적으로 명시될 때다. 매매마다 감정 변화를 키워드나 점수로 기록하고 별도의 감정 로그 항목을 둔다.

예를 들어

- 기대감 상승 7 → 진입 → 기준 무시 → 조기 익절 후 후회

이와 같은 로그는 감정 흐름의 패턴을 분명히 보여준다. 이렇게 축적된 감정 언어는 가장 빈번하게 흔들리는 조건을 드러낼 뿐만 아니라, 다음 기준 설계에 활용할 수 있는 정량적 자료가 된다.

"감정은 추상적이지만, 반복된 기록과 분석을 통해 예측 가능한 패턴으로 전환될 수 있다." (Joseph LeDoux, 『불안과 공포의 뇌과학』, 2017)

감정을 수치화한다는 것은 단순한 행동 추적을 넘어 감정을 예측하고 조절할 수 있는 전략 자산으로 전환하는 과정이다. 복기는 실패를 반복하지 않기 위한 감정 활용법이며 감정 데이터를 전략 정보로 바꾸는 운영 시스템이다. 이러한 과정을 거쳐야만 감정은 비로소 통제 가능한 대상으로 변모한다. 복기는 단기적 감정 통제를 넘어 장기적 감정 설계를 위한 핵심 자산으로 축적된다.

복기하는 이는 자신의 내면을 해석할 수 있는 언어를 지닌 사람이다. 그 언어는 단순한 평가를 넘어 감정과 판단의 근원을 파고드는 자기 질문으로 구성된다.

- '맞았다', '틀렸다'가 아니라 왜 그때 흔들렸는가?
- 다음에는 무엇을 설계해야 하는가?

고수의 복기할 때마다 스스로에게 다음과 같은 질문을 던진다.

- 내가 나를 어디서 속였는가?

이 문장은 실패를 외면하지 않고 감정을 직면하는 용기에서 비롯된다. 복기의 문장은 자책이 아니라 자각이다. 감정을 기록하는 이는 그 감정을 다룰 수 있는 사람이며 복기를 언어화하는 이는 자신을 한 걸음 떨어져 바라보는 사람이다. 결국 고수는 자기 관찰의 언어를 가진 사람이며 그 언어는 흔들리지 않는 전략의 전제다.

복기하는 사람은 감정을 숨기지 않는다. 그들은 감정을 있는 그대로 기록하고 그 기록을 바탕으로 기준을 재설계한다. 복기는 고수의 전략서가 아니라 감정으로부터 자신을 구해내는 내면의 일기이며 흔들림을 막기 위한 복원 도구다. 복기는 감정의 구조를 해석하고 그것을 기준 설계에 반영하는 고도의 자기 대화다.

복기라는 언어가 축적될 때 우리는 흔들려도 무너지지 않는 트레이더로 거듭난다. 감정을 복기할 수 있는 사람만이 기준을 복원할 수 있다. 실패의 감정조차 그 손에 들어가면 다음 설계의 자산으로 전환된다. 복기의 반복은 사고를 정제하는 과정이며 정제된 언어야말로 감정을 기준 위에 세우는 가장 정직한 방법이다. 복기는 감정의 일기이자 자기 설계의 지도다.

고수는 감정과 판단을 구분해 사고한다

감정은 종종 판단의 형상을 하고 나타난다. 트레이더의 의식을 통과하는 순간 감정은 기술적 판단처럼 이성의 외피를 두르고 손끝의 클릭을 유도한다. 특히 시장처럼 자극이 끊임없이 반복되고 피로와 기대가 교차하는 환경에서는 감정이 판단의 형식을 흉내 내는 일이 잦다. 이때 의식은 무방비로 감정의 흐름에 휩쓸리고 진입은 계획된 실행이 아니라 정서적 반응으로 전락한다.

대부분의 실패는 바로 이 지점에서 시작된다. 감정이 판단을 위장해 행동을 이끄는 그 찰나다. 틀린 것은 종목이 아니라 흔들린 것은 판단이다. 그 판단은 겉보기에는 논리적이지만 본질은 충동에 있다. 감정은 판단의 외피를 입고 결정을 이끌며 판단은 감정의 언어를 빌려 스스로를 정당화한다. 감정이 판단을 위장하고 판단이 감정을 합리화하는 이 겹쳐진 순간을 분리하지 못하면 우리는 '판단처럼 보이는 감정적 반응'에 무너진다.

고수는 이 미묘한 경계선을 절대 놓치지 않는다. 그들은 판단의 결과보다 그 판단이 감정에서 비롯되었는지 기준에서 비롯되었는지를 구별하는 능력에 더 큰 가치를 둔다. 그들에게 시장은 단순한 정보의 흐름이 아니라 감정이 충돌하고 스며드는 심리의 장이다. 차트는 그 감정의 잔향이 남긴 시각적 흔적일 뿐이다.

"우리는 상황을 먼저 감정적으로 평가한 후, 그 평가를 이성적으로 정당화한다." (Antonio Damasio, 『느끼고 아는 존재』, 2021)

실력은 예측에서 비롯되는 것이 아니라 구분에서 시작된다. 감정과 판단을 분리해 낼 수 있는 사람만이 감정을 억누르지 않고도 판단을 끝까지 지켜낸다. 그러나 이 구분 능력은 단순한 반복 훈련으로는 길러지지 않는다. 그것은 일상적인 자기 점검, 감정의 언어화, 그리고 복기를 통해 서서히 축적되는 메타 인식의 산물이다.

감정이 판단을 대신하는 순간은 대부분 극도로 논리적인 언어로 위장되어 나타난다. 우리는 스스로 이렇게 말한다.

- 지지선이 강하게 작동하니 반등이 올 것이다.
- 체결 강도가 살아 있으니 지금 들어가도 괜찮다.

그러나 복기해보면 그 언어 뒤에는 대개 손실 회피 본능이나 기회 상실에 대한 조급함이 숨어 있었음을 깨닫게 된다. 감정은 판단의 외형을 정교하게 모방하고 우리의 뇌는 이 감정적 반응을 판단으로 오인한 채 행동한다.

이는 단순한 사고 오류가 아니라 감정 인식의 실패, 정확히는 인지적 착시다. 감정은 인지 회로를 선점하고 판단은 그 뒤를 따라 감정을 정당화한다. 이 선후 관계를 인식하지 못하면 감정은 언제나 판단처럼 보이고 우리는 '판단했다고 믿었지만 사실은 감정에 반응했을 뿐'이라는 오류를 반복하게 된다.

이 위장을 구분하기 위해 하나의 검증 루틴을 설계했다. 이 루틴은 감정을 억누르기 위한 장치가 아니다. 오히려 감정을 정면으로 응시하고 판단으로 위장된 찰나의 반응을 분해하고 재구성하기 위한 심리 분석 도구다.

매매 직후에는 판단 근거를 한 문장으로 요약한다. 예를 들어 '지금 외국인 수급이 강하게 유입되고 있으니 진입'이라고 적었다면, 그것을 다시 읽으며 자기 검증을 수행한다. 이때 문장 속에 '기대된다', '놓치면 후회할 것 같다', '분위기가 좋다'와 같은 정서 표현이 숨어 있지는 않은지 반드시 점검한다. 이 점검은 단순한 확인이 아니라 감정이 판단을 위장하는 찰나의 틈을 포착하려는 의식적 훈련이다.

감정 표현이 보인다면 그것은 이미 판단의 탈을 쓴 감정이다. 이 문장화 작업은 단순한 복기가 아니다. 뇌가 감정의 신호를 외부 정보로 전환하도록 유도하는 실천적 인지 훈련이다.

다음 단계는 사전에 설계한 기준과의 일치 여부를 점검하는 일이다. 내 기준은 체결 강도, 거래량 증가, 분봉 구조, 수급 주체의 연속성으로 구성된다. 이 중 세 가지 이상이 충족되어야 판단으로 간주하며 그렇지 않으면 정서적 반사로 분류한다. 판단은 감정의 조합이 아니라 기준 충족으로 입증되어야 한다. 감정은 경험의 언어로 말하고 구조는 반복 가능성으로 답한다.

끝으로 감정과 판단의 충돌 여부를 복기 노트에 정리한다. 메모가 아니라 다음과 같이 구체적으로 점검한다.

- 진입 이유: 외국인 매수, 체결 강도 90 지속
- 진입 직전 '이번엔 다를 것 같다'는 강한 기대감 개입
- 진입 속도 과도, 기준 충족 불완전

이처럼 감정의 흔적과 기준 충족 여부를 하나의 기록 안에 구조적으로 통합한다. 이 기록은 다음 매매에서 유사한 감정 패턴이 되풀이되지 않도록 막아주는 심리 데이터베이스가 된다.

복기는 단순한 실패 분석이 아니다. 감정의 언어를 해체해 기준의 언어로 전환하는 과정이다. 이 루틴은 단순한 자각을 넘어 신경학적 변화를 이끌어낸다. 감정을 언어로 환원하는 순간 뇌는 그것을 충동적

명령이 아니라 해석 가능한 정보로 재분류하기 시작한다. 이때 전전두엽의 인지 억제 회로가 활성화되며 편도체의 정서 반응 조절 시스템이 작동한

"감정을 억누르지 않고 언어화할 때, 우리는 그것을 충동이 아닌 선택 가능한 정보로 다룰 수 있다." (Susan David, 『Emotional Agility』, 2016)

즉 감정을 억누르는 것이 아니라 구조로 전환해 판단이 흔들리지 않도록 설계하는 것이다. 루틴은 감정을 억제하는 장치가 아니라 감정의 흐름을 해석 가능한 정보로 바꾸는 인지 필터다. 이 과정을 반복하는 사람만이 판단의 근원을 명확히 인식하는 힘을 얻게 된다. 복기 역시 이 구조적 흐름을 따른다. 고수는 수익률보다 먼저 자신의 판단이 어디서 비롯됐는지를 돌아본다.

- 이번 판단은 기술에서 비롯된 것인가 감정에서 비롯된 것인가?

이 질문을 중심에 두고 복기를 시작하면 매매는 단순한 과거 회상이 아니라 미래 설계의 토대가 된다. 복기는 반성의 시간이 아니다. 감정적 판단을 해체하고 구조화된 판단을 복원하는 실천 루틴이다.

복기 노트의 첫 줄에 늘 이렇게 쓴다.

- 오늘의 진입은 감정인가 기준인가?

이 한 문장이 기준의 방향을 되살리고 다음 매매의 중심축을 세운다. 복기는 단순한 행동 기록이 아니다. 감정과 판단의 회로를 분리하는 고도의 심리 훈련이다.

실전 사례를 하나 들어보자. 장중 강한 뉴스가 나온 종목이 오후 2시 50분경 체결 강도 140 이상을 기록하며 급등했다. 그 순간 즉각적인

진입 충동이 일었다. 호가창의 매수 잔량도 급증했고 SNS에는 '오늘은 무조건 간다'는 말들이 빠르게 퍼졌다.

곧바로 루틴을 실행했다. 진입 이유를 한 문장으로 정리했는데 그 안에 담긴 '놓치면 후회할 것 같다'는 표현이 내 손을 멈추게 했다. 감정을 인식한 즉시 기준 문서를 다시 열어 조건 충족 여부를 점검했다. 거래량은 기준보다 낮았고 수급 주체도 외국인이 아니었다.

결국 진입하지 않았다. 다음 날 해당 종목은 시초가부터 급락해 하락세로 마감됐다. 그 판단은 감정을 억제한 결과가 아니라 감정을 구조로 재구성한 끝에 나온 결정이었다. 이 경험은 매매의 출발점이 감정이 아니라 구조여야 한다는 사실을 확인시켜 준 결정적 장면이었다.

감정은 피할 수 없다. 그러나 감정이 판단을 대신하게 내버려둘 수는 없다. 고수는 감정을 느끼되 그것을 판단으로 착각하지 않는다. 진짜 판단은 감정의 틈을 뚫고 형성된 구조화된 언어다. 그 언어는 반복 가능한 시스템 속에서 훈련되고 복귀되며 점차 정교해진다.

감정을 무시하는 것은 불가능하다. 다만 그것을 체계화해 사고 과정 속에 통합하는 것이 가능하다." (Mark Douglas, 『심리투자 불면의 법칙』, 2021)

흔들리지 않는 사람은 감정을 제거한 이가 아니라 감정을 해석해 언어로 구조화한 이다. 감정은 시장을 흔들 수 있다. 그러나 언어로 정제된 기준을 반복해 온 사람은 어떤 파도 속에서도 방향을 잃지 않는다.

혼란 속 기준, 감정 위에서 작동한다

시장은 언제나 혼돈스럽다. 예측은 번번이 빗나가고 뉴스는 방향을 바꾸며 가격은 좀처럼 반응하지 않는다. 시장 구조의 복잡성은 인간의 예측 체계를 끊임없이 무력화시키고 트레이더는 그 과정에서 방향 감각을 잃는다. 이 혼돈은 일시적 변수가 아니라 시장의 작동 원리에 내재된 고유한 속성이다.

"불확실한 환경을 해석하려 할수록 우리의 판단은 잡음과 편향의 영향을 더 크게 받는다." (Daniel Kahneman 외, 『노이즈: 생각의 잡음』, 2022)

트레이더는 그 안에서 끊임없이 흔들리고 무의식적으로 감정적 해석에 의존하기 시작한다. 감정은 근거가 없음에도 확신을 만들고 불안은 존재하지 않는 논리를 구성한다. 그 결과 판단은 점점 감정의 언어를 빌려 자신을 합리화한다.

그러나 그 속에서도 기준을 지키는 이들이 있다. 그들이 정답을 알고 있어서가 아니라 정신적 균형을 유지하기 위한 구조를 마련해 두었기 때문이다. 고수는 혼란을 피하지 않는다. 오히려 혼란을 전제로 매매 구조를 설계하며 기준을 단단히 반복한다. 기준은 차트를 위한 것이 아니라 내면의 동요를 억제하는 장치다. 혼돈에 흔들리지 않기 위해 기준이 존재하는 것이지 시장을 정확히 예측하기 위해 존재하는 것은 아니다. 혼란은 피할 수 없으며 기준은 그 혼란을 뚫고 나가는 유일한 실천 언어이자 자기 인식을 지켜내는 마지막 방패다.

기준은 명확할수록 강력하다. 그러나 그 기준이 진정한 힘을 발휘하는 순간은 상승장이 아니라 예측이 무너지고 감정이 요동치는 혼란의 시점이다. 상승장에서는 누구나 기준을 말할 수 있다. 그러나 시장이 꺾이고 변동성이 커지면 대부분의 기준은 감정에 밀려 무너진다. 고수는 바로 그 순간 기준을 꺼내 들며 그것을 지키는 이유는 단 하나, 스스로 무너지지 않기 위해서다. 기준은 정확한 분석보다 더 강력한 심리적 생존 언어다. 그것은 시장을 통제하기 위한 도구가 아니라 혼돈 속에서 자기를 보존하기 위한 최후의 방어선이다.

고수는 기준을 예측의 도구가 아니라 정서 조절 장치로 체화하고, 그 구조 위에서 일관된 의사결정을 실행한다. 기준은 단순한 판단의 출발점이 아니라, 위기 상황에서 감정을 통제하는 심리적 복원 장치다. 그것은 트레이더가 무너지지 않기 위해 설정한 자기 조절 회로이며, 반복을 통해 점점 강화되는 감정 대응 시스템이다.

시장이 급락했을 때, 나는 기준을 지키지 못해 큰 손실을 본 경험이 있다. 손절을 미뤘고 기준을 바꿨으며, 감정을 기준 삼아 매매했다. 당시의 행동은 모두 그럴듯한 '논리적 이유'로 포장되어 있었지만, 복기해보니 그 이면에는 공포와 희망이 자리하고 있었다. 그때 비로소 기준이 정확한 예측의 도구가 아니라 심리적 붕괴를 막는 마지막 방어 장치라는 사실을 깨달았다.

기준은 통계의 산물이 아니라 정서적 동요를 차단하는 인지 시스템이다. 혼돈이 클수록 그것은 기술적 조건이 아니라 심리적 구조로 작동해야 한다. 기준은 단순한 매매 전략이 아니라 감정의 침투를 막는 인지적 경계선이다. 이를 지킨다는 것은 결국 의사결정의 자율성을 회복하려는 시도이며 감정이 뇌의 선행 시스템을 압도하지 못하도록 막는 심리적 주권 선언이다. 기준을 다시 말한다는 것은 판단의 주도권을 감정이 아닌 인식된 구조로 환원하는 실천 행위다.

고수는 시장이 흔들릴수록 더욱 자주 기준을 호출한다. 그들은 변동성 앞에서 매매를 줄이고 기준 점검을 늘린다. 기준은 반복될수록 깊이 내면화되고 내면화된 기준은 감정보다 앞서 작동해 행동을 제어한다.

"자기통제는 반복적 자기 점검에서 비롯되며, 이는 감정에 휘둘리지 않는 습관을 만든다." (Tasha Eurich, 『자기통찰: 어떻게 원하는 내가 될 것인가』, 2018)

기준의 반복은 단순한 절차 재현이 아니라 감정 반응이 의사결정을 압도하지 못하도록 주의 체계를 강화하는 인지 훈련이다. 반복된 기준은 자기통제를 위한 심리적 경계가 되며 정서적 정보에 대한 과잉 반응을 억제하는 신경학적 조절 장치로 작동한다. 기준은 그 자체로 인지 필터이자 외부 정보를 선별적으로 수용하게 만드는 판단의 벽이다. 의식 속에서 기준이 선행될 때 감정 개입은 사전에 차단되고 정보 해석의 우선순위는 자동으로 정렬된다.

시장이 흔들릴수록 나는 기준을 말로 되새긴다. 진입 직전 반드시 내게 묻는다.

- 지금은 20일선 돌파인가?
- 거래량은 증가했는가? 눌림은 확인되었는가?

이처럼 기준을 소리 내어 말하는 행위는 감정이 밀려올 때 기준을 다시 호출하도록 자기 자신에게 구조를 주입하는 방법이다. 말은 단순한 외침이 아니라 흔들린 구조를 복원하는 내면의 명령어다. 이 언어는 감정의 속도를 늦추고 충동 반응을 억제하며 뇌의 인지 회로를 재활성화한다. 결국 기준을 말한다는 것은 감정이 판단을 덮기 전에 구조를 먼저 실행해 반응을 유예하는 심리 전략이다.

기준을 언어로 반복한다는 것은 행동을 늦추고 충동을 억제하며 이성

회로를 복구하는 심리 루틴이다. 말은 단순한 외침이 아니라 뇌를 다시 작동시키는 실행 트리거다. 언어화된 기준은 추상 개념을 실제 행동으로 전환하는 통제 구조가 되며 그 반복은 뇌 속에서 인지 패턴으로 자리 잡아 반사적 조절 기제로 전환된다.

혼돈기에도 기준을 반복하는 것은 단순한 습관이 아니다. 그것은 자극과 유혹이 넘치는 환경 속에서 '나를 유지하는 문장'을 되뇌는 심리적 자기방어 행위다. 기준은 시장보다 앞서 움직이는 감정의 흐름에 제동을 거는 중심축이자 판단을 감정보다 먼저 작동하게 만드는 인지 차단 장치다. 감정이 밀려드는 순간 '기준'이라는 문장을 다시 말하는 것만으로도 트레이더는 내면의 균형을 되찾을 수 있다.

기준은 정보 해석의 축이며 감정이 퍼지기 전에 사고의 경계를 세우는 도구다. 기준의 반복은 외부 자극을 해석하는 내면 질서를 유지하는 실천이며 감정의 파동을 넘어가기 위한 심리 설계 구조다. 기준이 지켜지는 순간 혼돈조차 구조화되고 감정의 개입도 일정한 패턴 안에 머무른다.

고수는 감정을 억누르려 애쓰는 사람이 아니라 감정이 기준을 침범하지 못하도록 경계 체계를 세운 사람이다. 고수는 기준을 단순히 외우지 않는다. 그들은 기준을 반복하며 왜 그것을 지켜야 하는지 스스로 이해한다. 이유는 단순하다. 시장은 언제든 흔들릴 수 있기에 자신을 붙잡아 줄 구조가 필요하다는 사실을 이미 체화하고 있기 때문이다.

기준은 반복되어야 한다. 그것은 단순히 말로 선언되는 것이 아니라 실제로 실행되어야 한다. 기준은 감정이 요동칠 때마다 되뇌는 언어로 작동하며 그 반복은 흐트러진 내면의 질서를 회복시킨다. 감정의 홍수 속에서 기준은 판단의 섬이 되고 그 판단은 본능과 충동 사이 좁은

틈에서 작동하는 유일한 이성의 토대가 된다. 기준은 내면 질서의 언어이며 불확실성을 뚫고 사고의 흐름을 곧게 밀어주는 심리적 나침반이다. 혼란은 예외가 아니다. 혼란은 곧 일상이다. 기준을 지킨다는 것은 그 일상에서 스스로를 지탱할 버팀목을 세우는 것이며 그 기준은 감정의 파고를 넘는 마지막 닻이다.

"감정을 통제하는 힘은 감정보다 먼저 작동하는 시스템을 반복해 훈련하는 데서 비롯된다." (Mark Douglas, 『심리투자 불변의 법칙』, 2021)

흔들리지 않는 사람은 기준을 지키는 사람이고 기준을 지키는 사람은 결국 자기 자신을 지켜낸 사람이다. 기준이란 감정의 세계 속에서도 판단을 작동시킬 수 있도록 나를 붙잡아 주는 궁극의 문장이다.

실패를 멈추는 언어, 감정을 구조화한 사고

트레이딩에서 실패는 불가피하다. 그러나 같은 실패를 반복하는 사람과 그렇지 않은 사람의 차이는 감정을 다루는 방식에서 갈린다. 실패는 단순히 결과가 나쁜 거래를 뜻하지 않는다. 그것은 감정이 기준을 압도하고 그 감정이 구조화되지 않을 때 반복되는 심리 패턴이다.

능숙한 트레이더는 실패를 단순한 손실로 보지 않는다. 그들은 실패를 감정과 구조 사이에서 발생한 충돌의 결과로 해석하며 그 충돌을 복기해 다시는 반복되지 않도록 설계한다. 실패를 반복하지 않는 사고는 감정을 언어화하고 구조로 전환하는 능력에서 출발한다. 이는 단순한 반성이나 기술 보완이 아니라 감정을 인식해 사고 구조 안에 재배치하는 고차원적 자기 점검이다.

핵심은 감정을 억누르는 것이 아니라 감정을 독립된 정보로 전환해 사고의 틀 안에 재구성하는 것이다. 실패를 반복하지 않으려면 그 실패를 유발한 감정의 구조를 먼저 파악하고 감정이 다시 침투하지 못하도록 사고의 뼈대를 재설계해야 한다.

실전 초기 나는 손절 지점에서 늘 망설였다. 기준은 명확했지만 '이번만은 예외일지도 모른다'는 기대와 '지금 손절하면 후회할 것 같다'는 불안이 기준을 흔들었다. 이처럼 감정에 끌린 매매는 손실을 키웠고 복기에서는 결국 '논리적 이유'라는 명분으로 스스로를 정당화하곤 했다.

문제는 손실 그 자체가 아니라 감정이 판단을 대신하는 현상이 반복된다는 데 있다. 이는 구조화되지 않은 감정이 행동을 앞설 때 발생하는 무의식적 인지 오류다. 능숙한 트레이더는 이 과정을 인식하고 감정을 해체해 그 정서를 다시 판단의 프레임 위에 올려놓는다.

반복되는 실패는 단순한 실수의 반복이 아니다. 그것은 감정이 언어화되지 않고 판단 체계와의 간극이 해소되지 않은 상태에서 감정 반응이 행동을 지배하는 구조적 결과다. 감정은 인식되지 않는 한 언제나 판단보다 먼저 작동한다. 따라서 실패를 멈추려면 감정이 판단을 덮치기 시작하는 전조를 인식하고 그것을 분리해 내는 사고 습관을 꾸준히 훈련해야 한다.

"감정은 의식적으로 인식되지 않으면 판단을 압도하며, 이때 반복되는 오류가 발생한다." (Lisa Feldman Barrett, 『감정은 어떻게 만들어지는가?』, 2017)

실패를 반복하지 않는 사람은 감정을 외면하지 않는다. 오히려 자신의 감정을 지속적으로 관찰하며 어떤 상황에서 판단에 영향을 주는지 세밀하게 기록한다. 감정을 언어화하고 복기하며 구조화할 때 실패는 단순한 결과가 아니라 다음 전략을 위한 자산이 된다. 감정 그 자체는 실패의 원인이 아니다. 정리되지 않은 감정이 실패를 반복시키는 근본 구조다.

감정은 원시적이고 즉각적인 신호이며 판단은 그것을 해석하고 조절하는 이차적 인지 구조다. 판단을 온전히 작동시키려면 감정의 충동성을 해체하고 그 충동이 어떤 방식으로 판단을 위장했는지를 언어로 인식해야 한다.

복기 노트에는 '감정-판단 충돌 로그'를 따로 두고 실패한 매매는 반드시 감정 중심으로 기록한다. 판단의 이유보다 그 판단이 어떤 감정에서 비롯됐는지를 먼저 적는다. 이 기록은 감정을 외재화해 다음 판단에서 동일한 감정이 반복되지 않도록 구조화하는 인지 인터페이스다. 감정을 복기한다는 것은 단순한 정서 반영이 아니라 사고의 흐름을 재조정하고 의사결정 구조를 재설계하는 과정이다.

능숙한 트레이더는 실패를 다루는 방식부터 다르다. 그들은 실패한 매매에서 감정이 판단보다 앞섰는지를 명확히 기록하고 기준이 무너진 시점과 그에 따른 심리적 배경을 구조적으로 정리한다. 복기의 문장도 다르다. '틀렸다'라는 단순 평가 대신 '왜 그런 판단을 했는가?'라는 탐색형 질문을 배치한다. 같은 실패가 반복될 가능성에 대비해 대응 문장을 미리 설계하고 그 행동을 사전에 리허설한다. 이 루틴은 단순히 실수를 줄이기 위한 장치가 아니라 감정을 시스템 내부에서 소화하기 위한 사고 틀이다.

복기의 방식 또한 진화한다. 판단을 복기할 때 능숙한 트레이더는 기술적 이유보다 정서적 선행 요인을 먼저 살핀다. 감정의 언어는 실수의 뿌리를 드러내는 도구가 되며 그 언어가 축적될수록 판단의 근거는 더욱 정교해진다. 예전에는 단순히 '기준 미준수', '시장 예외 상황' 정도로 적었지만, 지금은 '이 판단은 불안에서 출발했고 기준은 존재했으나 감정이 앞섰다'는 식의 감정 중심 문장으로 기록한다. 같은 실수라도 감정의 뿌리를 찾아 언어화했을 때 그다음에 설계되는 구조는 전혀 다르게 달라진다.

"감정을 언어화하면 우리는 그것을 다르게 바라볼 수 있고, 무의식적 반응의 반복을 막을 수 있다." (Susan David, 『Emotional Agility』, 2016)

감정의 언어가 쌓이면 실수는 완전히 사라지지 않더라도 같은 실패는 반복되지 않는다. 감정을 언어로 표현하는 과정은 판단의 기반이 된다. 반복된 감정이 구조로 전환되는 순간, 실패는 전략의 자산으로 바뀐다. 감정은 위험 요소가 아니라 전략 수립을 위한 관찰과 추적의 대상이다. 그 흐름을 언어로 포착할 때 사고 체계는 비로소 정립된다. 감정을 명확히 정의하는 것은 판단을 감정에 넘기지 않겠다는 의식적 선언이다. 이 작업이 반복될수록 판단은 감정보다 먼저 작동하기 시작한다.

실패를 반복하지 않는 사람은 실수를 두려워하지 않는다. 오히려 실수를 관찰하고 언어로 복기하며 구조화하는 훈련을 이어간다. 실패를 예외가 아닌 감정의 구조가 드러나는 결정적 순간으로 해석한다. 그리고 그 흐름을 읽을 수 있다면 실패는 다음 전략을 설계하는 가장 중요한 재료가 된다.

감정이 판단을 침범한 순간을 기록하고 그 반복 패턴을 추적하며 그 흐름을 구조로 전환하는 작업을 꾸준히 이어갈 때 실패는 더 이상 같은 방식으로 반복되지 않는다. 감정이 설계되는 순간 반복은 멈춘다. 반복되는 실패는 감정의 재발이며 경직된 사고 구조의 산물이다. 이를 깨뜨릴 유일한 방법은 감정을 언어화하고 구조로 전환하는 것이다. 감정을 통제한다는 것은 억누르는 것이 아니라 판단의 언어로 구조화하는 설계 과정이다.

매매를 마친 뒤 나는 반드시 세 가지 질문을 복기 노트에 적는다.

- 이 판단은 감정인가?
- 기준은 어디에서 무너졌는가?
- 같은 감정이 다시 온다면 나는 어떻게 설계할 것인가?

이 반복적인 질문이 쌓이며 더 이상 실패를 두려워하지 않게 되었고 오히려 실패를 마주할 준비가 된 상태로 시장에 들어갈 수 있었다. 실패는 감정의 거울이다. 그리고 그 거울을 정면으로 응시할 수 있는 사람만이 같은 오류에서 벗어난다.

"실패는 두려움의 원천이 아니라 학습의 원천이다. 진정한 자신감은 실패를 경험하고도 계속 앞으로 나아갈 수 있을 때 형성된다." (Mark Douglas, 심리투자 불변의 법칙, 2021)

감정이 판단을 압도한 순간을 명확히 언어로 포착할 수 있다면 그 감정은 다시는 동일한 실패를 만들어 내지 못한다. 언어는 감정을 멈추는 도구가 아니라 감정을 설계하는 구조다. 결국 실패를 반복하지 않는 사람은 감정을 설계한 사람이다. 그리고 그 설계된 감정 위에 기준이 다시 세워졌을 때 우리는 같은 실수를 반복하지 않게 된다. 이것이 능숙한 트레이더의 사고다. 반복되는 것은 실수가 아니라 설계되지 않은 감정이 만들어 내는 동일한 결과다.

감정을 인식하고 언어화하며 구조화하는 이 순환이 이어질 때 실수는 더 이상 동일한 실패로 귀결되지 않는다. 차이는 감정에서 시작되지 않는다. 차이는 사고의 언어에서 시작된다. 능숙한 트레이더는 그 언어를 매일 새롭게 쓰는 사람이다.

고수는 감정을 멈추기 위해 멈춘다

고수는 멈춤의 기술을 활용한다. 매매가 잘 풀릴 때도 흐름이 좋을 때조차 의도적으로 속도를 늦춘다. 이 멈춤은 단순한 정지나 소극적 회피가 아니라 트레이딩 심리 구조를 떠받치는 적극적 전략이다. 즉흥적 충동이나 연속된 수익 흐름에 휩쓸리지 않기 위해 그들은 스스로 멈추며 기준의 위치를 재점검하고 감정과 행동 사이에 거리를 둔다. 예상치 못한 정적 속에서 작동하는 이 멈춤은 인지 체계를 감정의 흐름에 흔들리지 않는 상태로 복원하는 정교한 장치다.

반면 중수는 흐름이 이어질수록 매매 횟수를 늘리다 결국 기준을 잃는다. 이는 단순한 실력 차이가 아니라 감정 통제 방식과 인지 구조의 차이에서 비롯된다. 고수는 '멈춤'이라는 전략을 체화한 사람으로 감정이 기준을 덮기 전에 루틴을 통해 스스로 멈출 수 있다.

멈춤은 실행의 부재가 아니다. 그것은 의식의 회복이며 감정이 논리를 압도하기 직전 판단 체계의 균형을 복원하는 인지 장치다. 이는 흐름의 단절이 아니라 흐름에 대한 선택권을 되찾는 심리적 주권 선언이다. 진짜 멈춤은 자제력이 아니라 감정이 아닌 구조가 주도적으로 작동하도록 설계된 전략이다.

트레이딩은 '움직임'의 게임이다. 그러나 진정한 성공은 '언제 멈출 것인가'를 아는 순간에 달려 있다. 멈출 시점을 놓치면 감정이 기준을 잠식하고 잘되던 매매마저 연속 손실로 이어진다. 고수는 수익이 날수록 오히려 다음 진입을 늦춘다. 수익에서 비롯된 자신감이 감정을 자극해 기준을 흐릴 수 있음을 직감하기 때문이다. 이 멈춤은 단순한 중단이 아니라 냉정을 회복하는 고도의 심리 기술이다.

"감정을 억누르지 않고 인식하며 잠시 멈출 수 있을 때, 우리는 더 현명한 선택을 할 수 있다." (Susan David, 『Emotional Agility』, 2016)

감정은 흐름 속에서 예고 없이 밀려들어 판단 체계를 교란하고 정립된 원칙을 흐리게 만든다. 이 흐름을 차단하는 기술이 바로 '멈춤'이다. 멈춤은 감정이라는 보이지 않는 속도를 멈추게 하는 심리적 브레이크다. 고수는 이 장치를 매매 루틴에 정밀하게 녹여낸다. 멈춘다는 것은 단순히 속도를 늦추는 행위가 아니라 방향을 다시 설정하는 힘이다. 고수는 이 멈춤을 반복 가능한 루틴으로 만들고 그 반복을 기계적 회피가 아닌 감정의 자율성을 회복하는 인지 시스템으로 운영한다.

나 또한 수익 후 연속 매매에 여러 차례 실패한 경험이 있다. 수익 직후에는 '흐름이 내 편'이라는 착각에 빠져 기준보다 감정이 앞서 작동했다. 한 번의 성공이 기준을 흐리게 만들고 흐려진 기준은 감정 통제를 어렵게 했으며 결국 손실은 반복됐다.

그래서 수익 후 반드시 10분간의 멈춤 시간을 루틴에 포함했다. 능숙한 트레이더는 이 시간이 단순한 휴식이 아니라 기준을 복원하고 감정을 정돈하는 시간임을 안다. 멈춤은 단절이 아니라 내면 체계를 다시 세우는 과정이다. 그것은 흐름을 끊는 행위가 아니라 감정의 잔상을 걷어내고 기준의 언어로 사고를 재정리하는 의식적 실천이다. 흐름 속에 남은 감정의 여운을 털어내고 다시 '기준의 자리'로 돌아오는 복귀 루틴이다.

"자신의 감정을 인식할 때, 우리는 자동 반응이 아니라 의식적 선택을 할 수 있다." (Lisa Feldman Barrett, 『감정은 어떻게 만들어지는가?』, 2017)

트레이더는 '멈춤'을 통해 흐름에 타는 사람에서 흐름을 설계하는 사람으로 전환된다. 이 전환은 기술이 아니라 심리 구조를 재편하고 감정의 주도권을 회수하는 의식적 장치다.

기준을 복원해야만 다음 행동을 설계할 수 있다. 멈춤은 단순한 정적이 아니라 의도적으로 반복되는 루틴이며 이를 통해 기준의 일관성과 감정 통제력을 동시에 확보한다. 감정의 균형이 무너지는 순간을 감지해 심리 중심점으로 복귀시키는 자기 재설정 메커니즘이 바로 멈춤이다. 이 짧은 간극이 쌓일수록 트레이더의 판단은 충동에서 벗어나 구조로 귀결된다.

고수는 멈추는 타이밍을 명확히 안다.

- 연속 수익 이후 감정이 고양되어 기준이 흐려지기 직전
- 예상과 다른 흐름이 나타나 기준의 흔들림이 포착될 때
- 루틴이 약화된 것을 인식했을 때
- 감정 로그에서 조급함이나 과잉 자신감이 감지될 때

이 네 가지 상황은 감정이 판단을 압도할 위험이 가장 큰 시점이다. 고수는 이러한 신호를 내면의 경보 시스템으로 미리 감지하고 즉각 대처한다.

'멈춘다'는 것은 단순한 휴식이 아니다. 그것은 판단 회로를 재가동하고 감정의 지배 상태를 초기화하는 심리 메커니즘이다. 이 멈춤은 루틴 사이의 공백을 메우는 인지 완충지대이자 기준이 흐려지기 전에 감정을 재정렬하는 정밀한 심리 장치다. 능숙한 트레이더는 이 과정을 통해 인지 체계에 명확한 간격을 마련하고 그 간격이 판단의 객관성을 회복하는 데 결정적 역할을 한다는 사실을 안다.

"트레이더에게 중요한 것은 끊임없는 매매가 아니라, 의식적으로 멈출 수 있는 능력이다. 그 순간이 판단을 새롭게 한다." (Mark Douglas, 『심리투자 불변의 법칙』, 2021)

멈춤이 없던 시절 나는 기준을 붙잡고 있다고 착각했다. 그러나 복기를 통해 깨달은 것은 멈추지 못한 날의 매매 대부분이 감정이 기준을 넘어선 결과였다는 점이다. 고수는 감정을 부정하지 않는다. 감정이 올라오는 구조를 이해하고 기준을 덮기 전에 '멈추는 타이밍'을 루틴으로 고정한다. 감정은 흐르지만, 기준은 멈춘다. 멈춤이 없다면 기준은 매 순간 감정의 변형에 휩쓸린다.

고수는 이 흐름을 끊기 위해 의도적으로 정적을 만든다. 정적은 감정의 속도를 멈추는 장치이며 기준이 흔들리기 전에 중심을 지키는 심리 완충 장치다. 멈춘다는 것은 자신을 제어한다는 뜻이다. 이는 기준의 물리적 위치가 아니라 심리 중심을 보호하는 방식이다. 멈춤은 단순한 타이밍의 문제가 아니라 통제력을 작동시키는 심리적 문턱이다. 이 문턱을 넘는 사람만이 기준을 다시 붙잡을 수 있고 그 기준은 감정의 침투를 막아내는 방어막이 된다.

고수는 복기할 때 '왜 멈췄는가?'를 반드시 점검한다. 그들은 멈춘 이유를 일지에 기록하고 멈춤이 기준 회복에 어떤 역할을 했는지 분석한다. 멈춤은 단절이 아니라 회복의 출발점이다. 기준을 지키고 싶다면 기준이 흐려지기 전에 멈추는 습관을 들이는 것에서 시작해야 한다.

수익이나 손실 여부와 관계없이 특정 조건에서 반드시 멈추는 습관을 루틴으로 만든다. 이 멈춤이 반복될수록 기준은 강화되고 감정 개입을 차단하는 핵심 장치가 된다. 복기에서 멈춤은 단지 정지된 순간을 반추하는 것이 아니다. 멈춤의 의도를 되짚으며 다음 매매의 기준을 미리 각인시키는 심리 장치다. 멈춤은 이전의 흔들림을 언어로 구조화해 되새기는 과정이며 그 언어는 감정의 재침투를 막아주는 심리 방벽이 된다. 감정을 멈추는 사람은 감정을 억제하는 사람이 아니다. 그는 감정을 해석하고 의식적으로 성찰하는 사람이다.

고수는 멈춘다. 그리고 그 멈춤은 약함이 아니라 강인함의 증거다. 감정이 기준을 넘어가기 전에 스스로 정지 버튼을 누를 수 있는 사람만이 다음 매매에서도 흔들림 없이 기준을 이어간다. 기준을 세운 사람은 흐름에 휩쓸리지 않고 기준을 지킨 사람은 감정에도 무너지지 않는다.

멈춤은 무기다. 그것은 감정이 침투하지 못하는 심리적 틀이며 그 안에서만 판단은 온전히 유지된다. 고수는 감정을 억제하지 않는다. 그는 감정의 속도를 조절하는 언어, 곧 '멈춤'이라는 반복 가능한 리듬을 체화한 사람이다. 이 멈춤이 거듭될수록 기준은 단단해지고 감정의 개입은 줄어든다. 이것이 고수의 리듬이며 그 속에서만 기준은 흔들림 없이 유지된다.

감정은 반복되기에 반드시 설계되어야 한다

감정은 사라지지 않고 되풀이된다. 시장은 매일 변하지만, 우리의 감정은 놀라울 만큼 유사한 방식으로 반복된다. 기대는 다시 피어오르고 조급함은 같은 모습으로 나타나며 자신감은 또 한 번 기준을 밀어낸다. 겉으로는 감정의 형태가 다양해 보여도 발현은 일정한 패턴을 따라 천천히 판단과 행동을 잠식한다.

고수는 이 반복을 두려워하지 않는다. 그들은 감정을 억누르지 않고 시스템의 일부로 받아들인다. 감정을 통제 대상이 아닌 해석 가능한 신호로 전환하는 순간 감정은 구조화되어 기준의 언어 안에 통합된다. 감정은 사라지지 않는다. 그렇기에 체계화된 반복만이 감정을 다루는 유효한 전략이 된다.

이는 단순한 감정 관리가 아니다. 감정이 행동 결정 구조에 어떻게 스며들어 통합될 수 있는지를 설계하는 고차원적 인지 훈련이다. 비이성적 요소를 반복 가능한 판단 변수로 바꾸는 구조적 인식 행위다. 감정은 사건에 즉각 반응하는 신호이자 사고 체계 전체에 파동을 일으키는 내면의 진동이다. 따라서 이 반복을 인지적으로 포착해 시스템 속 반복 요소로 치환하는 과정이 곧 기준을 세우고 유지하는 핵심 메커니즘이 된다.

나는 특정한 패턴을 발견했다. 수익 직후에는 늘 기준보다 더 서둘러 진입했고 손절 이후에는 기준 범위를 넘어선 넓은 포지션을 잡았다. 감정과 반응 모두 달라지지 않았다. 반복된 것은 판단의 오류가 아니라 감정을 구조화하지 못한 내 체계의 한계였다. 감정은 언제나 판단보다 앞서며 판단을 가장한 언어로 기준을 침투한다. 문제는 감정 자체가 아니라 그 감정을 언어로 해석하지 못한 나의 상태였다.

그래서 감정 로그와 기준 로그를 함께 작성하기 시작했다. 매매 전후의 감정 상태와 그 감정이 판단에 어떤 영향을 주었는지를 항목별로 정리했다. 감정을 기록하는 행위는 단순한 서술이 아니다. 그것은 감정이 판단을 왜곡한 순간, 기준을 가린 시점, 그리고 언어적 형태로 스며든 과정을 추적하는 작업이다.

"'나는 분노한다'는 감정과 자신을 동일시하는 것이고, '나는 분노를 느낀다'는 그 감정을 관찰하는 것이다. 그 차이가 우리를 자유롭게 한다." (Tara Brach, 『진정한 나로 살아갈 용기』, 2018)

감정은 기록되는 순간 형상이 드러나며 그때부터 제어의 범위 안으로 들어온다. 고수는 반복된 언어가 결국 원칙의 골격을 형성한다는 사실을 꿰뚫고 있다. 감정이 되풀이되듯 그것을 언어로 정형화해 시스템에 편입하는 과정이 필요하다. 이 순환 구조는 감정을 억제하지 않고 기준과 함께 작동하는 체계의 근간이 된다. 감정이 논리적 틀 안에 배치될 때 그것은 더 이상 변수나 위협이 아니라 판단 기준의 요소로 기능한다. 감정은 단순히 판단에 개입하는 것이 아니라 기준 언어로 해석되어 행동 신호로 작동한다.

고수는 감정을 단일 사건이 아니라 반복되는 심리 패턴으로 본다. 이 반복성에 대응하기 위해 반응 절차를 고정해 시스템에 통합한다. 그들은 감정을 제거하지 않는다. 오히려 감정을 예측 가능한 규칙의 일부로 정교하게 설계한다. 고수의 시스템은 감정을 배제한 비인간적인 틀이 아니라 감정을 체계적으로 배치한 자율적 인지 구조다.

시스템화된 감정 설계는 다음과 같은 반복 구조를 갖는다.

- 감정 로그화: 매매 전후의 감정 종류와 강도를 1~10점 척도로 기록
- 반응 매핑: 감정 강도가 기준치를 넘으면 자동 절차 발동 → 기대감 7 이상 시 기준 재확인 루틴 실행 및 조기 진입 제한
- 손절 후 자동 정지: 조급함 감지 시 10분간 매매 강제 중단 → 과잉 진입 차단
- 감정 강도 임계선 설정: 감정 지수가 8 이상일 경우 매매 전면 중지 → 기준 왜곡 예방
- 감정 중심 복기: 매매 리뷰 시 기술적 흐름보다 감정의 기원과 '왜 그런 판단을 했는가?'를 우선 분석

이 체계는 판단을 감정의 흐름에서 분리하면서 동시에 그 흐름을 구조화된 피드백 장치로 변환한다. 감정은 더 이상 불확실한 무형의 에너지가 아니다. 그것은 반복적으로 수치화되고 기록 가능한 데이터로 재구성된다. 이러한 반복 구조가 축적될수록 감정은 통제 불가능한 변수가 아니라 예측 가능하고 규범화되며 설계에 반영할 수 있는 정보로 진화한다. 감정이 기준과 함께 설계될 때 트레이더는 시장을 통제하려는 착각에서 벗어나 자기 조율 시스템을 완성한다.

시스템은 시장을 지배하지 않는다. 대신 내면의 감정 반응을 일정하게 유지하는 것을 목표로 한다. 이 내적 일관성이 기준을 지탱하고 지켜진 기준은 다시 감정을 보호하는 순환 구조를 만든다. 시스템은 감정을 억누르거나 무력화하는 도구가 아니다. 오히려 감정과 공존할 수 있도록 설계된 언어적 기반이자 실행 틀이다. 감정은 루틴과 결합될 때만 규칙 안에서 안정적으로 작동한다. 반대로 감정을 배제하려는 시도는 오히려 무의식적 침투를 허용하는 취약점이 된다.

감정을 시스템의 일부로 편입하는 순간 감정은 더 이상 변수나 방해물이 아니다. 그것은 결정 과정의 정식 요소로 전환된다. 이 시스템은 단순한 행동 규제 장치가 아니라 감정을 반복 가능한 상태로 인식하고 기술적 지표와 병렬 배치하는 통합 판단 구조다. 시스템화된 감정은 예측 가능성을 갖추며 루틴화된 기준은 감정의 파동 속에서도 안정적인 작동 능력을 유지한다. 결국 시스템이란 감정과 기준을 나란히 놓을 수 있는 심리적 설계 공간이다. 그리고 오직 그 공간 안에서만 판단은 흔들림 없이 실행될 수 있다.

고수는 시스템을 설계할 때 감정을 배제하지 않는다. 오히려 감정을 구조의 중심부에 배치한다. 기준은 단순한 기술적 조건의 나열이 아니다. 그것은 감정을 설계하고 반복 가능하게 만든 전체 시스템의 집약체다. 결국 기준이란 감정에 대응하기 위해 정제된 루틴의 고정값이며 감정을 억누르는 규율이 아니라 운용할 수 있게 하는 설계도다.

"감정은 판단을 방해하는 것이 아니라, 인식되고 구조화될 때 오히려 판단을 돕는 신호가 된다." (Antonio Damasio, 『느끼고 아는 존재』, 2021)

고수는 기준을 감정으로부터 자신을 보호하는 방어막으로 보지 않는다. 오히려 감정을 능동적으로 통합해 시스템의 핵심 조건으로 수용한다. 이때 기준은 차단 장치가 아니라 감정과 함께 작동하는 유연한 운용 구조로 재편된다. 감정을 억제하지 않고 설계의 중심 요소로 삼는 것, 그것이 바로 고수 시스템 설계의 본질이다.

그들은 기준을 반복하며 감정을 세밀하게 분석한다. 그러나 이 분석은 감정을 없애기 위한 것이 아니다. 고수는 감정의 흐름 속에서 드러나는 예측 가능한 패턴을 포착해 이를 운영 원리로 흡수한다. 시스템은 감정을 밀어내는 장벽이 아니라 그 흐름을 품으면서도 기준의 일관성을 유지하는 연결 장치다. 감정이 구조 안에 질서 있게 편입될 때, 그것은 기준을 위협하는 변수가 아니라 오히려 기준을 움직이는 리듬과 동력이 된다. 이렇게 감정은 조직된 흐름이 되고 기준은 그 흐름 위에서 정교하게 반복되는 방식으로 활성화된다.

결국 시스템은 감정을 억누르는 장치가 아니라 감정을 해석 가능한 패턴으로 구조화하는 인지 설계다. 고수는 이 구조를 통해 감정을 제거하지 않고 감정을 '기준화'한다.

매매 후 마지막 루틴에서 고수는 반드시 두 가지 질문을 기록한다.

- 오늘 가장 강하게 작용한 감정은 무엇이었는가? 그 감정이 기준을 흔들었는가?
- 이 감정이 다시 찾아온다면 진입을 3분 지연시키고 체크리스트를 재점검하겠다.

이 두 문장을 매일 반복해 쓰는 행위는 감정을 시스템으로 전환하는 루틴이며 동시에 기준을 강화하는 훈련이다.

"기준은 감정을 없애는 장치가 아니라, 감정을 해석하는 틀이다. 감정의 흐름 위에 기준이 놓일 때 비로소 시스템은 작동한다." (Mark Douglas, 『심리투자 불변의 법칙』, 2021)

반복된 감정에 반복 가능한 언어를 붙이는 일, 그것이 곧 감정 위에 기준을 세우는 방식이다. 고수는 감정을 피하지 않는다. 오히려 감정을 설계에 포함시키고 주기적 리듬으로 바꾸며 다시 찾아올 정서를 예측 가능한 범주로 정리한다. 이는 억제나 회피의 전략이 아니라 감정과 공존하기 위한 고차원적 인지 설계 절차다. 감정은 제거할 수 없다. 그러나 그것이 어떤 패턴으로 되살아나는지를 기록하고 그 되풀이 속에서 어떤 반응이 구조화되는지를 설계할 수 있다면 감정은 더 이상 위협이 아니라 설계 가능한 체계의 일부가 된다.

결국 반복적으로 나타나는 감정에 예측 가능한 방식으로 대응할 준비를 갖추는 것만이 감정 위에 기준을 세우는 유일한 길이다. 고수는 감정의 파도 앞에서 무력해지지 않는다. 그는 그 물결을 측정하고 추적하며 예측 끝에 흐름에 맞춰 항로를 정교하게 조정한다. 기준이란 감정을 제거한 냉정한 장치가 아니다. 감정 위에 그려낸 항해 지도다. 그리고 고수는 그 지도를 매일의 감정으로 다시 그린다.

감정은 변덕스럽다. 그러나 우리가 감정을 대하는 태도만큼은 되풀이 될 수 있어야 한다. 시스템이 없다면 감정은 언제든 기준을 무너뜨린다. 감정 설계란 감정을 없애는 작업이 아니다. 그것은 감정을 수용하고 패턴화해 시스템 안에서 반복 가능한 처리 구조로 정착시키는 과정이다. 감정은 통제 불가능한 예외가 아니라 반드시 구조화되어야 할 심리적 구성 요소다. 이 구조화의 반복이 일관성을 낳고 그 일관성이야말로 생존을 가능케 하는 기반이 된다.

감정을 시스템으로 옮기는 과정 자체가 곧 기준을 설계하는 행위다. 이때 기준은 감정을 차단하는 벽이 아니라 감정이 안정적으로 머물 수 있도록 설계된 구조물이다. 감정을 설계한 사람만이 그 기준을 일관되게 반복할 수 있으며 그 반복은 흔들림 없는 내면의 고유 리듬을 만들어 낸다.

되풀이되는 감정 자체는 위험하지 않다. 진짜 위협은 그 감정에 매번 다르게 반응하는, 일관성 없는 태도다. 고수는 감정을 예측하려 하지 않는다. 대신 감정에 대한 반응을 미리 설계하고, 재현 가능한 틀 속에 고정한다.

감정은 무질서가 아니다. 단지 아직 구조화되지 않은 반복일 뿐이다. 고수는 그 반복을 체계로 전환할 줄 아는 사람이다. 감정을 억누르지 않고, 설계와 구조화를 통해 다루는 사람이다.

흔들리지 않기 위한 사고의 설계 조건

많은 이들은 '흔들리지 않는 사람'을 감정이 결여된 존재로 착각한다. 그러나 실제로 시장에서 살아남는 사람은 감정을 제거한 이가 아니다. 오히려 그들은 누구보다 감정에 민감하게 반응하며 억누르지 않은 채 그 흐름을 기준 체계 속으로 받아들인다. 흔들리지 않는다는 것은 감정을 느끼지 않는 상태가 아니라 그 감정을 의식적으로 수용하고 그 안에서 판단 구조를 세우는 능력이다.

고수는 감정을 부정하지 않는다. 있는 그대로 받아들인 뒤, 그것이 기준을 침식하기 전에 구조로 변환한다. 이 능력이야말로 진정으로 흔들리지 않는 사람만이 가진 내면 설계 구조다.

감정을 완전히 제거하는 것은 불가능하다. 중요한 것은 감정이 떠오르는 순간을 회피하지 않고 의식의 전면으로 끌어올려 분석하는 힘이다. 감정을 인식하지 못하거나 외면하는 사람일수록 오히려 그 흐름에 더 깊이 휘둘린다. 반면 감정을 정직하게 받아들이고 그 작동 구조를 이해하는 사람은 감정의 진폭을 스스로 조절할 수 있다.

결국 '흔들리지 않는다'는 것은 감정을 없앤 상태가 아니다. 그 흐름을 다룰 수 있도록 사전에 체계화해 둔 상태, 즉 반복 훈련으로 구축된 심리적 시스템의 결과물이다.

"감정은 순간적 반응이 아니라, 행동의 패턴을 형성하는 근본적 신호다." (Antonio Damasio, 『느끼고 아는 존재』, 2021)

감정은 단순한 의지로는 사라지지 않는다. 그것은 심리적 에너지이며 억누를수록 반작용은 더욱 거세진다. 나 역시 감정을 억제할수록 더 크게 흔들렸다. 손실이 발생할 때마다 '괜찮다'는 말로 스스로를 속였고 기대가 치솟을 때마다 '이건 아니야'라며 감정을 밀어냈다.

그러나 억눌린 감정은 판단을 왜곡했고 결국 기준까지 흐리게 만들었다. 감정을 없애려는 태도는 오히려 그 감정을 더 깊이 받아들이는 역설적 경로가 된다. 감정은 무시할 대상이 아니라 구조화해야 할 정보다. 감정과 마주할 수 있을 때 비로소 기준도 생존할 수 있다.

반대로 감정을 솔직히 인정하고 구체적인 문장으로 기록하기 시작한 뒤, 훨씬 더 빠르게 중심을 회복할 수 있었다. 밀어낼수록 불안은 깊어졌지만, 받아들이고 기록할수록 기준은 한층 선명해졌다.

감정은 억제될수록 의식 아래로 숨어들어 무의식적인 행동을 조종하는 자동 반응력으로 작동한다. 그러나 언어화되는 순간, 감정은 판단의 배경 맥락으로 체계화되고 해석 가능한 단위로 변환된다. 감정은 제거해야 할 대상이 아니라 판단과 기준을 지지하는 심리적 기반이다.

따라서 감정을 다룬다는 것은 그것을 무력화하는 일이 아니라 그 실체를 드러내고 객관적으로 분석 가능한 정보로 바꾸는 작업이다. 이러한 과정이야말로 감정과 이성이 상호 보완적으로 작동하게 만드는 훈련이며 동시에 설계다.

고수는 감정을 감추지 않는다. 그들은 진입 전, 손절 직후, 수익 이후의 감정을 주기적으로 점검하고 기록하며 그 패턴이 기준에 어떤 영향을 미치는지 세심하게 추적한다. 감정을 무시하지 않기에 감정이 판단을 잠식하려는 순간을 누구보다 먼저 감지할 수 있다. 이 인식은 흔들림을 최소화하는 핵심 장치다.

감정이 판단보다 먼저 반응한다는 사실을 인정하는 순간, 기준은 단순한 방어막이 아니다. 그것은 감정을 포용하도록 설계된 실제 작동 시스템으로 전환된다. 감정은 판단을 앞서는 선행 신호이며 그 신호를 포착해 기준안에 체계화할 때 비로소 판단은 일관성을 확보한다.

"감정은 분석을 대신하지 않지만, 그 과정을 왜곡하며 개입한다." (Daniel Kahneman, 『생각에 관한 생각』, 2018)

흔들리지 않는다는 것은 감정이 없다는 뜻이 아니다. 그것은 감정이 작동하는 순간을 포착하고 곧바로 구조화된 루틴으로 전환해 대응하는 힘이다. 감정을 인식하지 못한 채 기준만 지키려는 시도는 오히려 감정과 판단의 충돌을 키운다. 감정과 기준을 하나의 구조로 묶어내는 사람, 바로 그가 흔들림 없는 판단력을 가진다. 감정은 기준의 적이 아니다. 오히려 기준을 점검하게 만드는 가장 정직한 이정표다. 고수는 감정을 일관된 서술형 루틴으로 관리한다.

감정이 솟구치는 순간 고수는 그것을 억누르지 않고 형태와 시점을 인식한 뒤 복기 문장으로 정리한다.

- 두려움이 기준보다 앞섰다.
- 조급함이 타이밍을 왜곡시켰다.

이처럼 감정을 서술형으로 남기는 일은 단순한 메모가 아니라 감정의 흐름을 사고 체계 안에 배치하는 통합 설계 과정이다. 특정 감정이 나타나면 미리 설계한 루틴에 따라 행동을 멈추거나 조정하고 그 순간을 기준 점검의 계기로 삼는다. 감성 로그는 기준 데이터와 결합되어 감정과 매매 흐름 사이의 상관관계를 분석하는 도구로 작동한다.

이러한 감정 중심 루틴은 판단의 일관성과 지속성을 강화하며 충동을 객관적 데이터로 변환한다. 감정을 판단 바깥에 두지 않고 내부의 핵심 요소로 배치하는 태도, 이것이야말로 고수의 내면 안정성을 만든다.

나 또한 감정을 루틴에 편입하기 전까지 늘 흔들렸다. 진입 직전 불안은 '기회를 놓치면 어쩌지'라는 생각으로 기준을 덮었고 손절 직후의 조급함은 판단 속도를 왜곡시켰다. 그러나 감정을 인식하고 이름을 붙여 기록하기 시작하면서 같은 상황에서도 중심을 유지할 수 있었다. 나를 흔든 것은 감정이 아니라 그 감정을 수용하지 못한 나 자신이었다.

고수는 감정의 흐름에 이름을 붙이고 그 이름에 맞는 대응을 사전에 설계해 둔 사람이다. 감정은 본질적으로 위험하지 않다. 위험은 감정을 인식하지 못할 때 발생한다. 감정을 회피하면 기준과 감정 사이의 단절이 생기고 그 단절은 결국 기준 붕괴라는 구조적 위기로 이어진다.

감정을 기록하고 반복하는 행위 속에서 고수는 감정을 내면의 언어로 전환한다. 이 언어는 구조화된 판단 체계의 일부로 편입되며 복기는 곧 기준을 복원하는 과정이 된다. 기준이 감정을 분석한 언어 위에 세워질 때 비로소 흔들림 없는 구조가 완성된다.

"훌륭한 트레이더는 감정을 억누르지 않는다. 오히려 감정을 시스템 안에 포함시켜 다룬다." (Mark Douglas, 『심리투자 불변의 법칙』, 2021)

흔들리지 않는다는 것은 감정을 없애는 것이 아니다. 감정을 통제 가능한 구조 안에 두고 그 흐름을 언어로 변환하는 일이다. 감정은 언제든 떠오를 수 있다. 그러나 기준을 침범하지 않도록 미리 정한 루틴을 반복한다면 순간적으로 흔들려도 중심은 잃지 않는다. 고수는 감정에 강한 사람이 아니다.

고수는 감정을 정직하게 직면하는 사람이다. 감정을 인정할 때 우리는 기준을 지킬 수 있다. 기준을 지키는 힘은 감정을 부정하는 데서 나오지 않는다. 오히려 감정과 함께 걸어갈 수 있는 내면의 유연성에서 비롯된다. 흔들림을 제어하는 것은 강한 멘탈이 아니다. 그것은 감정의 흐름을 인식하고 구조화된 언어로 전환하는 역량이다.

감정이 다뤄지고 언어화된 상태에서만 판단은 구축된다. 언어화된 감정을 기준과 통합하는 능력, 그것이 흔들림 없는 사고의 본질이다. 결국 흔들림 없는 판단은 감정이 배제된 상태가 아니라 감정이 다뤄지고 언어화된 상태에서만 완성된다.

참고 자료

Bradberry, T., & Greaves, J. (2009). Emotional Intelligence 2.0. TalentSmart.

Brown, B. (2022). The Gifts of Imperfection: 10th Anniversary Edition: Features a New Foreword and Brand-New Tools. Hazelden Publishing & Educational Services.

Damasio, A. (2018). The Strange Order of Things: Life, Feeling, and the Making of Cultures. Pantheon Books.

David, S. A. (2016). Emotional Agility: Get Unstuck, Embrace Change, and Thrive in Work and Life. Avery, Penguin Random House.

Steenbarger, B. N. (2002). The Psychology of Trading: Tools and Techniques for Minding the Markets. John Wiley & Sons.

Turner, T. (2007). A Beginner's Guide to Day Trading Online (2nd ed.). Adams Media Corporation.

고현석 역(2021). 느끼고 아는 존재: 인간의 마음은 어떻게 진화했을까 (원본: Antonio R. Damasio. Feeling & Knowing: Making Minds Conscious, 2021). 흐름출판.

김미정 역(2018). 자기통찰: 어떻게 원하는 내가 될 것인가 (원본: Tasha Eurich. Insight: Why We're Not as Self-Aware as We Think, and How Seeing Ourselves Clearly Helps Us Succeed at Work and in Life, 2018). JUST BOOKS.

박정태 역(2012). 최고의 주식, 최적의 타이밍 (원본: William J. O'Neil. How to Make Money in Stocks: A Winning System in Good Times or Bad, 1988). 굿모닝북스.

상진아 지음(2015). 감정에 지지 않는 법: 나를 압도하는 불편한 감정을 다스리는 48가지 심리의 기술. 센추리원.

이강국 역(2014). 비이성적 과열 (원본: Robert J. Shiller. Irrational Exuberance, 2000). 알에이치코리아.

이경식 역(2017). 에고라는 적: 인생의 전환점에서 버려야 할 한 가지 (원본: Ryan Holiday. Ego Is the Enemy, 2016). 흐름출판.

이경식 역(2021). 싱크 어게인: 모르는 것을 아는 힘 (원본: Adam M. Grant. Think Again: The Power of Knowing What You Don't Know, 2021). 한국경제신문.

이덕임 역(2012). 의지력의 재발견 (원본: Roy F. Baumeister & John Tierney. Willpower: Rediscovering the Greatest Human Strength, 2011). 에코리브르.

이시형 역(2020). 죽음의 수용소에서 (원본: Viktor E. Frankl. Man's Search for Meaning, 1946). 청아출판사.

이은경 역(2018). 진정한 나로 살아갈 용기 (원본: Brené Brown. Braving the Wilderness: The Quest for True Belonging and the Courage to Stand Alone, 2017). 북라이프.

이진원 역(2021). 심리투자 불변의 법칙 (원본: Mark Douglas. Trading in the Zone: Master the Market with Confidence, Discipline and a Winning Attitude, 2000). 더퀘스트.

이창신 역(2018). 생각에 관한 생각: 우리의 행동을 지배하는 생각의 반란 (원본: Daniel Kahneman. Thinking, Fast and Slow, 2011). 김영사.

임지원 역(2007). 스피노자의 뇌: 기쁨, 슬픔, 느낌의 뇌과학 (원본: Antonio Damasio. Looking for Spinoza: Joy, Sorrow, and the Feeling Brain, 2003). 사이언스북스.

임지원 역(2017). 불안: 불안과 공포의 뇌과학 (원본: Joseph E. LeDoux. Anxious: Using the Brain to Understand and Treat Fear and Anxiety, 2015). 인벤션.

장진영 역(2022). 노이즈: 생각의 잡음: 판단을 조종하는 생각의 함정 (원본: Daniel Kahneman, Olivier Sibony & Cass R. Sunstein. Noise: A Flaw in Human Judgment, 2021). 김영사.

조성숙 역(2020). 행동 투자학의 최전선에서 밝혀낸 제3의 부의 원칙 (원본: Daniel Crosby. The Behavioral Investor, 2018). 청림출판.

최호영 역(2015). 사회적 뇌: 인류 성공의 비밀 (원본: Matthew D. Lieberman. Social: Why Our Brains Are Wired to Connect, 2013). 시공사.

최호영 역(2017). 감정은 어떻게 만들어지는가? (원본: Lisa Feldman Barrett. How Emotions Are Made: The Secret Life of the Brain, 2017). 생각연구소.

시장보다 나를 먼저 읽는 법

흔들리지 않는 심리, 경제적 자유의 시작

1판 1쇄 인쇄 2025년 10월 24일

1판 1쇄 발행 2025년 11월 29일

지은이 양경배·근배

디자인 Yujin

펴낸곳 (재)한국의학원

등록 2014. 7. 15.(제2014-16호)

주소 (04352) 서울특별시 용산구 한강대로 88길 18

대표전화 02-703-1323 팩스 02-703-1324

이메일 naraciss@gmail.com.

홈페이지 www.kiom.org

ISBN 978-89-90799-24-1